汽车专业“十四五”精品教材

汽车电路分析

（微课版）

主　编　冯燕萍　杨　敏　熊　强
副主编　张婕姝　石绍清　王　伟

哈爾濱工程大學出版社
Harbin Engineering University Press

内容简介

本书知识与技能相融合，资料全面、数据严谨、车型丰富、易学易懂、配套完整。本书共分六章，主要内容包括汽车电路基本知识、汽车电路的基本组成元素、汽车电路图的识读、汽车电路故障诊断与检修、汽车主要电气系统的电路分析、汽车电子控制系统的分析与检测。

本书可作为应用型本科、职业院校汽车专业的通用教材，也可作为汽车类相关专业人员的参考用书。

图书在版编目（CIP）数据

汽车电路分析 ：微课版 / 冯燕萍，杨敏，熊强主编. —哈尔滨 ：哈尔滨工程大学出版社，2022.8

ISBN 978-7-5661-3656-5

I. ①汽… II. ①冯… ②杨… ③熊… III. ①汽车－电路分析－高等职业教育－教材 IV. ①U463.6

中国版本图书馆 CIP 数据核字（2022）第 140938 号

汽车电路分析（微课版）

QICHE DIANLU FENXI（WEIKE BAN）

责任编辑 苏 莉

封面设计 赵俊红

出版发行 哈尔滨工程大学出版社

社 址 哈尔滨市南岗区南通大街 145 号

邮政编码 150001

发行电话 0451-82519328

传 真 0451-82519699

经 销 新华书店

印 刷 唐山唐文印刷有限公司

开 本 889 mm×1 194 mm 1/16

印 张 13

字 数 332 千字

版 次 2022 年 8 月第 1 版

印 次 2022 年 8 月第 1 次印刷

定 价 49.80 元

http://www.hrbeupress.com

E-mail:heupress@hrbeu.edu.cn

前　言

汽车电气和电子控制系统已成为现代汽车的重要组成部分，随着它们在汽车上的应用不断增多，汽车电路也日趋复杂，汽车电路图已成为汽车维修人员维修时必备的基本资料，汽车电路检修也成为维修人员日常的工作。但是，汽车维修人员在面对复杂的汽车电路常感到束手无策，再加上各国汽车电路图的符号标注有差异，电路图的画法也不尽相同，导致汽车维修人员不能快速、准确地进行电路故障诊断。我们根据职业教育和高端技能型人才的成长规律，特编写了本书。本书主要具有以下特点。

（1）教育理念先进。强调知识与技能的融合，以适应职业教育突出技能培养的要求，旨在让学生掌握汽车电路的相关基础知识，掌握汽车电路图的识读方法，培养学生识读汽车电路图的能力，从而正确地进行汽车电路的故障诊断，并快速排除汽车电路故障。

（2）资料全面，数据严谨。本书电路图以当前主流车型的原厂维修手册为依据，着重介绍当前汽车的新技术，使学生能够掌握市场主流车型电路图的识读方法。

（3）品牌多样，车型丰富。本书内容包括不同品牌、不同车型的电路实例，包括汽车各个电气系统电路图、不同种类电路图、各大车系电路图的识读。

（4）易学易懂，配套完整。本书电路叙述详细，一看就懂，一学就会，并配有相关的视频、电子课件等立体化教学资源，使学生学习时更加轻松高效。

本书知识与技能相融合，资料全面、数据严谨、品牌多样、车型丰富、易学易懂、配套完整。本书共分六章，主要内容包括汽车电路基本知识、汽车电路的基本组成元素、汽车电路图的识读、汽车电路故障诊断与检修、汽车主要电气系统的电路分析、汽车电子控制系统的分析与检测。

本书由冯燕萍（抚州职业技术学院）、杨敏（贵州交通职业技术学院）和熊强（湖北信息工程学校）担任主编，由张婕姝（黄河科技学院）、石绍清（广西工商学校）和王伟（河南机电职业学院）担任副主编。

在本书编写的过程中，编者参阅了大量的参考文献，并进行了大量的调研和学习，在此对参考文献的作者表示真诚的感谢。本书的相关资料和售后服务可扫描封底微信二维码或登录www.jzzwh.com下载获得。

由于编者水平有限，书中难免有疏漏或不妥之处，恳请广大师生和读者批评指正。

编　者

2022 年 6 月

C ONTENTS

目录

CONTENTS
目录

CONTENTS
目录

第一章

汽车电路基本知识

本章导读

现代汽车的电路就像人的神经系统一样分布在汽车的各个部分，控制着各种机构、机件、器件有序协调一致地工作（运转）。随着汽车电子技术产品的广泛应用，汽车电路也日趋复杂，这给快速排查汽车电路故障增加了难度。因此，读懂汽车电路图，弄清楚电路的内在联系，找出其特点和规律，对诊断排除电路故障是非常重要的。

学习目标

1. 了解汽车电路的概念。
2. 掌握汽车电路的组成。
3. 掌握汽车电路的基本特点。
4. 了解汽车电路的类型。
5. 熟悉汽车电路图的类型。

第一节 汽车电路的组成、特点

随着汽车电子控制装置的增多，汽车电路也日趋复杂。但是任何复杂的汽车电路，其原理都基本相同，都是由两个电源（蓄电池、发电机）和用电设备组成。各种车型电路的主要不同点在于，它们的熔断丝形式、安装位置、灯光信号电路和辅助电气设备的数量及连接方法。

一、汽车电路的概念

为了使汽车的电气设备工作，就要按照各自的工作特性及相互间的内在联系，用导线和车体把电源、电路保护装置、控制器件及用电设备等装置连接起来，构成能使电流流通的路径，这种路径称为汽车电路。由于汽车上的电路主要是由导线连接的，因此汽车电路又称为汽车线路。

二、汽车电路的组成

汽车电路主要由电源、电路保护装置、控制器件、用电设备和导线组成。

（一）电源

汽车上装有两个电源，即蓄电池和发电机。其功能是保证汽车各用电设备在不同情况下都能投入正常工作。

（二）电路保护装置

电路保护装置主要有熔断丝（俗称保险丝）、电路断电器及易熔线等，其功能是在电路中起保护作用。当电路中电流超过规定时切断电路，防止烧坏电路连接导线和用电设备，并把故障限制在最小范围内。

（三）控制器件

除了传统的各种手动开关、压力开关、温控开关外，现代汽车还大量使用电子控制器件，包括简单的电子模块（如电子式电压调节器等）和微电脑形式的电子控制单元（如发动机电控单元、自动变速器电控单元等）。电子控制器件和传统开关在电路上的主要区别是电子控制器件需要单独的工作电源及需要配用各种形式的传感器。

（四）用电设备

用电设备包括电动机、电磁阀、灯泡、仪表、各种电子控制器件和部分传感器等。

（五）导线

导线用于将以上各种装置连接起来构成电路。此外，汽车上通常用车体代替部分从用电器返回电源的导线。

三、汽车电路的基本特点

汽车电路具有以下特点。

（一）低压

汽车电气系统的标称电压有 12 V、24 V 两种，轿车普遍采用 12 V，而重型柴油车多采用 24 V。对发电装置，12 V 系统的额定电压为 14 V。低压系统的主要优点是：安全；蓄电池单格数少，对减少蓄电池的质量和尺寸有利；白炽灯的灯丝较粗，寿命较长。

（二）直流

汽车采用直流系统的原因是发动机要靠起动机启动，起动机由蓄电池供电，而蓄电池的电能消耗后又必须用直流电充电，所以汽车电气系统为直流系统。

（三）单线制

单线制是指从电源到用电设备只用一根导线连接，用汽车底盘、发动机等金属机体作为另一根共用导线，线路简化清晰，安装和检修方便，且电器部件也不需与车体绝缘，所以现代汽车普遍采用单线制，但在特殊情况下，有时也需采用双线制。

（四）并联

为了让各用电器能独立工作、互不干扰，各用电器均采用并联方式连接，每条电路均有自己的控制器件及保险装置。控制器件保证每条电路的独立工作，保险装置是用来防止因电路短路或超载而引起导线及用电器的损坏。

（五）负极搭铁

采用单线制时，蓄电池的一个电极接到车体上，称为“搭铁”。若蓄电池的负极与车体连接，则称为负极搭铁；反之，则称为正极搭铁。现在国内外汽车均统一采用负极搭铁。

（六）由相对独立的分系统组成

汽车电路由相对独立的分系统组成，全车电路一般包括以下几部分。

1. 电源电路

电源电路是由蓄电池、发电机、调节器及工作状况指示装置（电流表、充电指示灯）等组成的电路。

2. 启动电路

启动电路是由起动机、启动继电器、启动开关及启动保护装置组成的电路。

3. 点火电路

点火电路是由点火线圈、分电器、电子点火器、火花塞、点火开关等组成的电路。此外，由发动机控制单元进行点火控制时，可以不使用分电器。

4. 照明与信号电路

照明与信号电路是由前照灯、雾灯、示宽灯、转向灯、制动灯、倒车灯、电喇叭等及其控制继电器和开关组成的电路。

5. 仪表与警报电路

仪表与警报电路是由仪表、传感器、各种报警指示灯及控制器组成的电路。

6. 电子控制装置电路

电子控制装置电路是由电控燃油喷射系统、自动变速器、制动防抱死系统、恒速控制及悬架平衡控制等组成的电路。

7. 辅助装置电路

辅助装置电路是为提高车辆安全性、舒适性、经济性等各种功能的电器装置组成的电路。因车型不同而有所差异。其一般包括挡风玻璃刮水/清洗装置、挡风玻璃除霜/防雾装置、启动预热装置、音响装置、车窗电动升降装置、电动座椅调节装置及中央电控门锁等装置。

第二节 汽车电路的类型

一、电源电路、搭铁电路、控制电路和信号电路

汽车电路根据各自的功能不同，一般可分为电源电路、搭铁电路、控制电路和信号电路。

（一）电源电路

电源电路主要是为电器部件提供电源，俗称电器部件的“火”线。如图 1－1 所示，用电设备作为电动机，电源作为蓄电池，从蓄电池正极到电动机之间的线路 AB 段为电器部件（电动机）的电源电路。

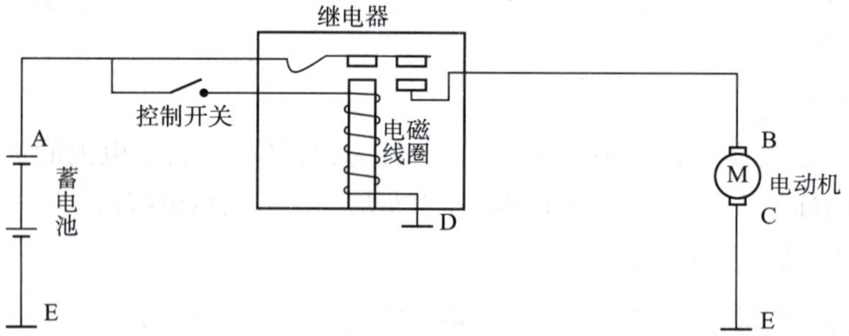

图 1－1　汽车电路的功能

电源电路分为常电源电路和条件电源电路两种情况，如图 1－2 所示。所谓常电源电路就是在蓄电池正常的情况下，均有规定电压的电源线，在电路图中一般采用 30 号线表示。所谓条件电源电路就是在一定的条件下（开关接通或继电器触点闭合）才有规定电压的电源线。当点火开关置于“ON”挡时，15 号线才有电；当点火开关置于“ON”或“ACC”挡时，15 A 号线才有电。

汽车电源一般是通过易熔线和熔断丝来给用电设备提供电能。

（二）搭铁电路

搭铁电路主要是为电器部件提供电源回路。如图 1－1 所示，从电动机到蓄电池负极之间的线路 CE 段为电器部件（电动机）的搭铁电路。搭铁电路在电路图中一般采用 31 号线表示（图 1－2）。

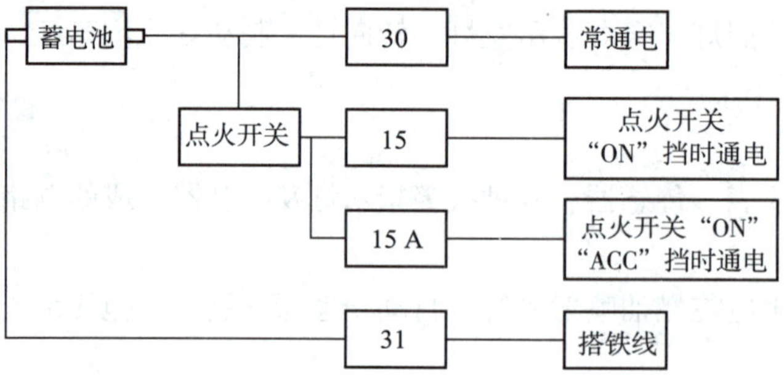

图 1－2　常电源电路和条件电源电路

汽车上有多个搭铁点，分布在汽车全身。每个搭铁点采用不同数字表示，并与电路图的相同数字搭铁点相互对应。如图 1－3 所示为三菱帕杰罗（6G72 发动机）的搭铁点。

由于搭铁点处的金属材料不同（如导线材料为铜，车身材料为铁），从而使搭铁点易形成电极电位差，从而产生电化学反应。另外，有的搭铁点易沾染泥水、油污或生锈，有的搭铁部位是很薄的钣金件，这些都可能引起搭铁不良，从而引起灯不亮、仪表不工作、喇叭不响等故障。

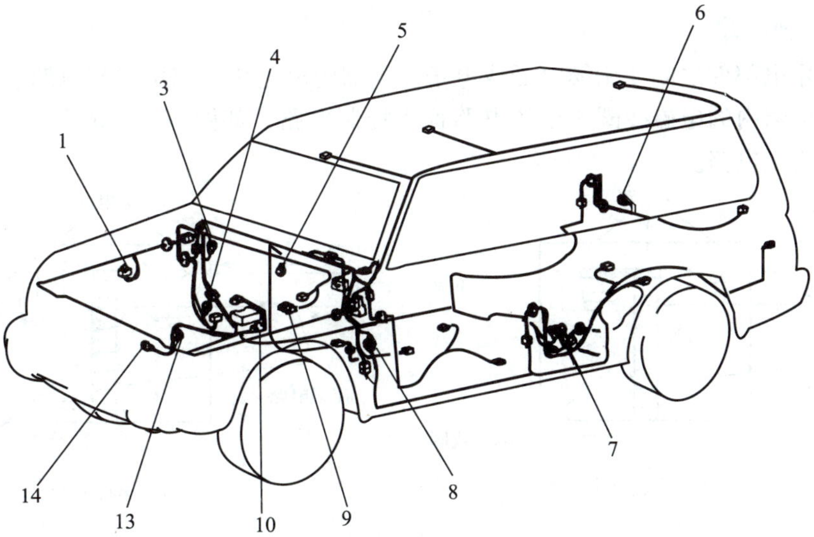

图 1－3　三菱帕杰罗（6G72 发动机）的搭铁点

随着塑料元件等非金属材料在汽车上的应用越来越多，现在很多汽车都采用公共接地网络线束来保证接地的可靠性，即将负载的负极线接到接地网络线束上，接地网络线束与蓄电池负极相连。

（三）控制电路

控制电路主要是控制电器部件是否工作。如图 1－1 所示，控制器件为控制开关和继电器，电器部件（电动机）的控制电路为经过控制开关和继电器电磁线圈线路 AD 段。

（四）信号电路

信号电路分为输入信号电路和控制信号电路。

汽车输入信号包括各种开关输入信号和传感器输入信号。传感器经常共用电源线、搭铁线，但绝不会共用信号线。在分析传感器电路时，可用排除法来判断电路，即排除其不可能的功能来确定其实际功能。如分析某一具有三根导线的传感器电路时，如果已经分析出其电源电路、搭铁电路，则剩余的电路必然为信号电路。

控制信号主要由电子控制单元送出，它分布在各个执行器电路中，如点火电路中的点火信号、燃油喷射控制电路中的喷油信号、自动变速器控制电路中的换挡信号、步进电机的怠速控制信号等。

二、直接控制电路与间接控制电路

根据控制器件与用电部件之间是否使用继电器，可分为直接控制电路和间接控制电路。

（一）直接控制电路

直接控制电路是最基本、最简单的电路，如图 1－4 所示。这种控制电路中不使用继电器，控制器件与用电器串联，直接控制用电器。直接控制电路为：蓄电池正极→电路保护装置→控制器件→用电部件（灯泡）→搭铁→蓄电池负极。

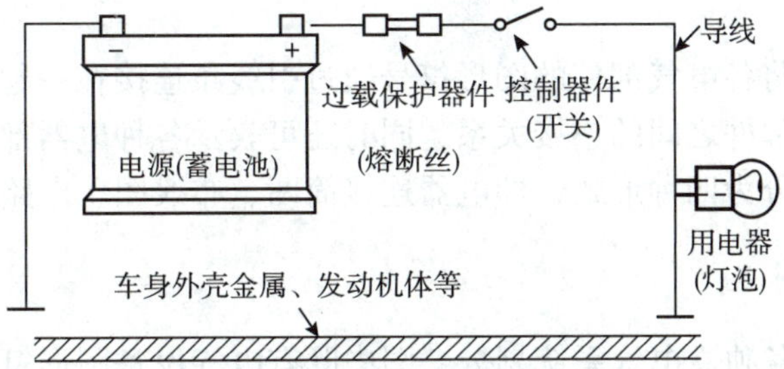

图 1－4　直接控制电路

（二）间接控制电路

在控制器件与用电部件之间使用继电器或电子控制器的电路称为间接控制电路。

控制器件和继电器内的电磁线圈所处的电路称为控制电路，如图 1 –5 所示。用电器和继电器内的触点所处的电路称为主电路。

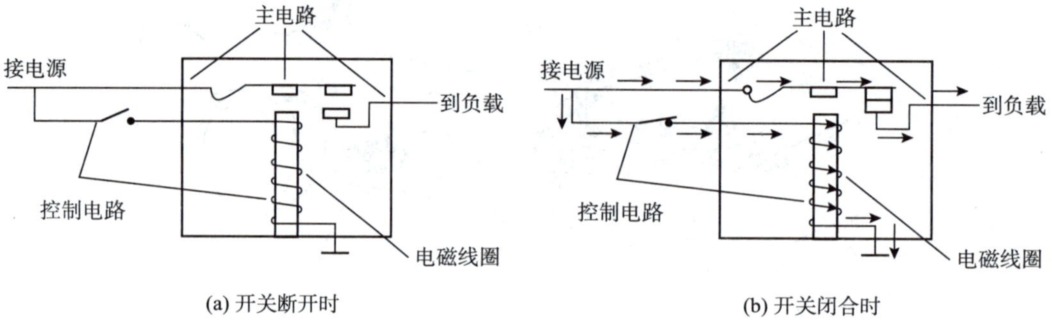

图 1 –5　继电器

继电器或电子控制器对受其控制的用电器来讲是控制器件，但继电器和晶体管同时又受到各种开关、电控单元等控制器件的控制，从这个意义上来讲，它们又是执行器件且具有双重性。

三、非电子控制电路与电子控制电路

（一）非电子控制电路

非电子控制电路指的是由手动开关、压力开关、温控开关及滑线变阻器等传统控制器件对用电器进行控制的电路。

汽车上的手动开关主要是点火开关、照明灯开关、信号灯开关和各控制面板与驾驶座附近的按键式、拨杆式开关及组合式开关等。

（二）电子控制电路

目前电子控制取代其他控制模式成为现代汽车控制的主要方式，如发动机的机械控制燃油喷射被电控燃油喷射所取代，自动变速器及 ABS 由液压控制转变为电子控制等。电子控制电路是指增加了信号输入元件和电子控制器件，由电子控制器件对用电器进行自动控制的一种电路，此时用电器一般称为执行器。

第三节　汽车电路图的类型

汽车电气设备电路图是将各电气部件的图形符号通过引线条连接在一起的关系图。主要用于表达各电气系统的工作原理及电器部件之间的连接关系，同时还可表示各种电器部件、线束等在车上的具体位置。汽车电气设备电路图可分为四种形式，即电器连接简图、布线图、电路原理图和线束图。

一、电器连接简图

电器连接简图是按全车各独立电气系统划分，图中既有电气设备图形符号，又有电气设备外形特征图形，使整个电路识读起来更为直观简便。

如图 1 –6 所示为日产（NISSAN）柴油货车充电和启动系统连接简图。其简图完整地表达了整车的电器及线路连接，但不能清晰、方便地反映各电器系统的工作原理，且识读所需间较长，随着汽车电路的日趋复杂，这类电路图越来越不实用。

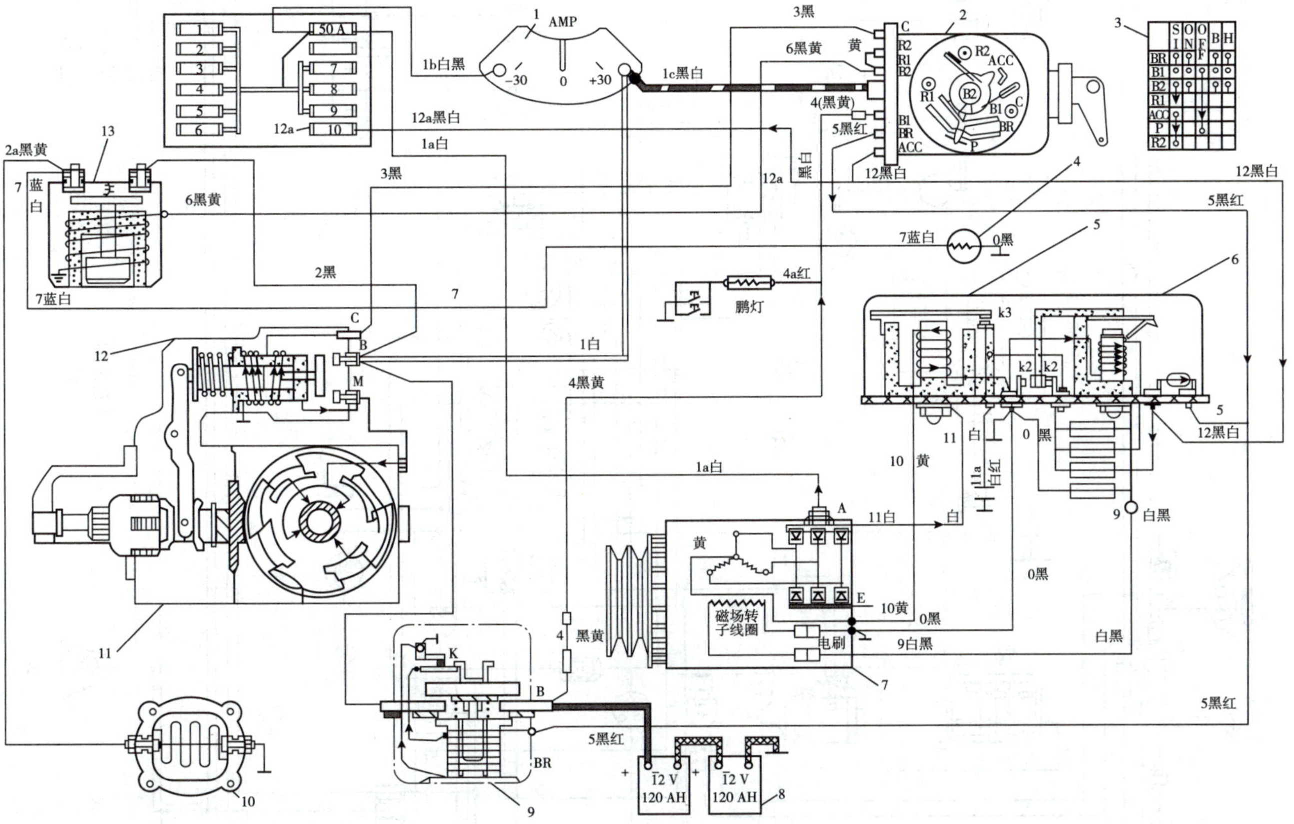

1 – 电流表；2 – 启动开关；3 – 启动开关接线端子；4 – 预热指示灯；5 – 磁场继电器；6 – 电压调节器；7 – 交流发电机；8 – 蓄电池；9 – 电源开关；10 – 空气预热器；11 – 起动机；12 – 起动机电磁开关；13 – 电磁预热开关。

图 1 –6　日产（NISSAN）柴油货车充电和启动系统连接简图

二、布线图

（一）布线图的特点

如图 1 –7 所示，汽车电气布线图是指专门用来标记汽车电气设备的安装位置、外形、线路走向等的指示图。它按照全车电气设备安装的实际方位绘制，部件与部件之间的连线按实际关系绘出，并将线束中同路的导线尽量画在一起。这样，汽车布线图就较明确地反映了汽车实际的线路情况，查线时导线中间的分支、接点很容易找到，为安装和检测汽车电路提供方便。但因其线条密集，纵横交错，给识图、查找、分析故障带来不便。

（二）布线图的绘制原则

（1）布线图中的元器件、部件、组件和设备等项目，应尽量采用其简化外形（如圆形、方形、矩形）来表示，为了便于识图，必要时也允许用图形符号表示。

（2）在布线图中，接线端子应用端子代号表示。

（3）导线可用连续线或中断线表示。连续线是用连续的实线来表示端子之间实际存在的导线。中断线是用中断的实线来表示端子之间实际存在的导线，并在中断处标明去向。

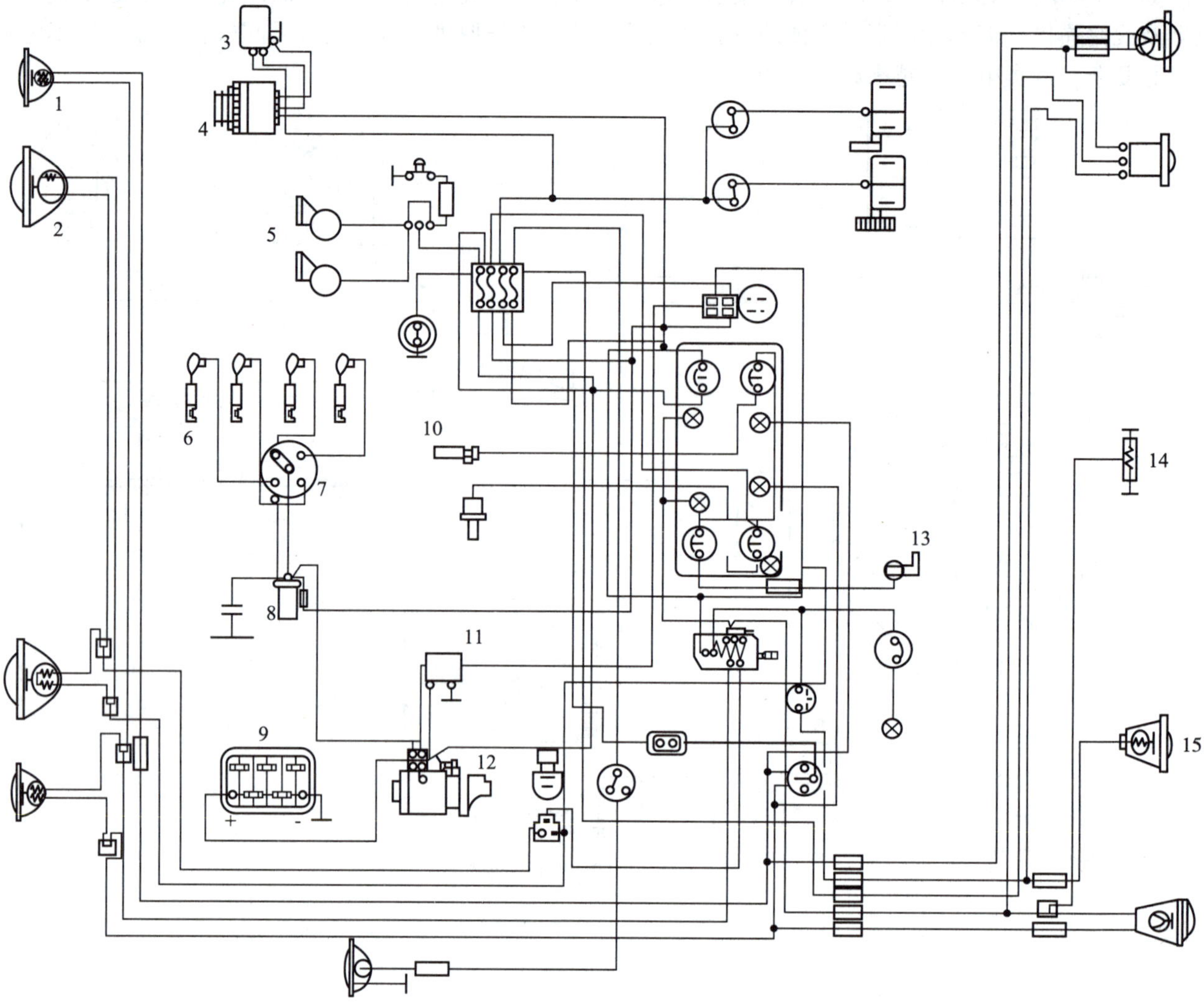

1－前小灯；2－前照灯；3－电压调节器；4－发电机；5－电喇叭；6－火花塞；
7－分电器；8－点火线圈；9－蓄电池；10－传感器；
11－启动继电器；12－起动机；13－燃油传感器；
14－牌照灯；15－制动灯。

图1－7　汽车电气布线图

三、电路原理图

（一）电路原理图的特点

电路原理图

如图1－8所示，汽车电路原理图可清楚地反映出汽车电气系统各部件的连接关系和电路原理，且具有以下特点。

（1）用电器符号表示各种电器部件。

（2）在大多数图中，电源线在图上方，搭铁线在图下方，电流方向自上而下。电路较少迂回曲折，电路图中电器串、并联关系十分清楚，电路图易于识读。

（3）各电器不再按电器在车上的安装位置布局，而是依据工作原理，在图中合理布局，使各系统处于相对独立的位置，从而易于对各用电设备进行单独的电路分析。

（4）各电器旁边通常标注有电器名称及代码（如控制器件、继电器、过载保护器件、用电器、铰接点及搭铁点等）。

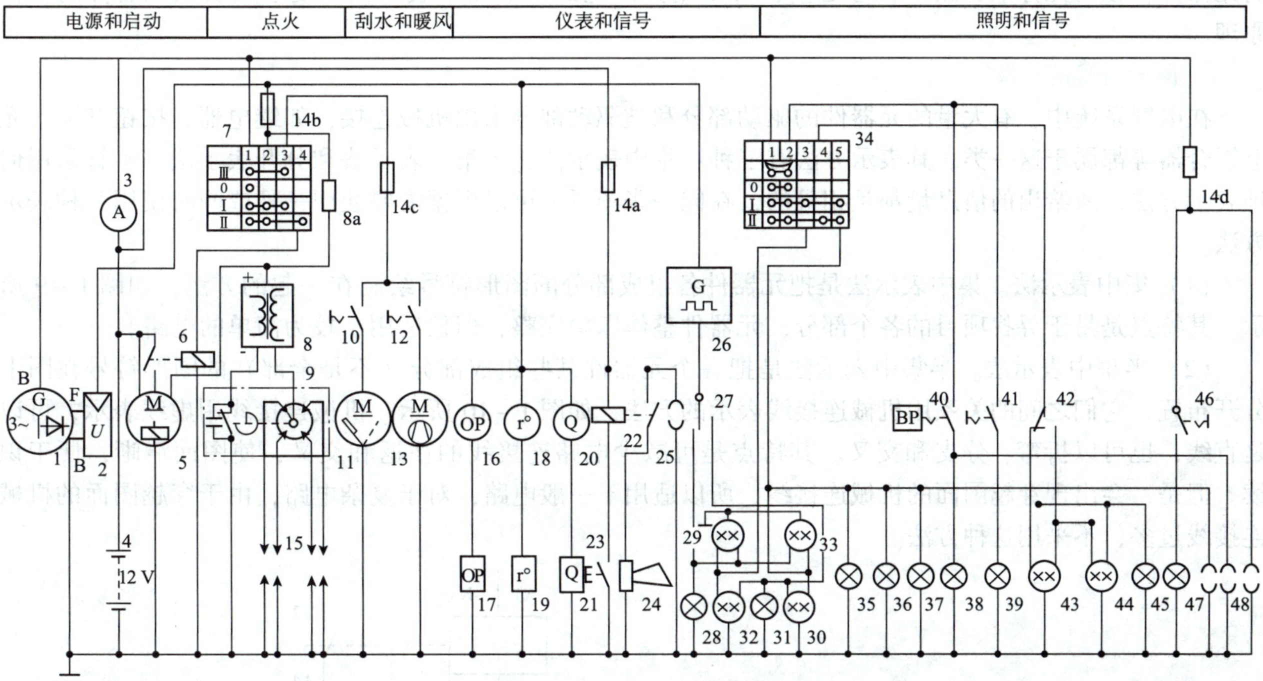

1－发电机；2－电压调节器；3－电流表；4－蓄电池；5－起动机；6－启动继电器；7－点火开关；8－点火线圈；
9－分电器；10－刮水器开关；11－刮水电动机；12－暖风开关；13－电动机；14－熔断丝盒；15－火花塞；
16－机油压力表；17－油压传感器；18－水温表；19－水温传感器；20－燃油表；21－燃油传感器；
22－喇叭继电器；23－喇叭按钮；24－电喇叭；25－工作灯插座；26－闪光器；
27－转向灯开关；28，31－转向指示灯；29，32－前小灯；30，33－室灯；
34－车灯开关；35－牌照灯；36，37－仪表灯；38－制动灯；
39－阅读灯；40－制动开关；41－阅读灯开关；
42－变光器；43，44－前照灯；45－远光指示灯；
46－防空/雾灯开关；47－防空/雾灯；
48－挂车导线插座。

图 1－8　汽车电路原理图

（5）电路原理图中所有开关及用电器均处于不工作的状态。例如，点火开关是断开的，发动机不工作，车灯关闭等。

（6）导线一般标注有颜色和规格代码，有的车型还标注有该导线所属电器系统的代码。根据以上标注，易于对照定位图找到该电器或导线在车上的位置。

（7）电路原理图有整车电路原理图和局部电路原理图之分。

整车电路原理图：为了需要，常常要尽快找到某条电路的始末，以便分析确定有故障的路线。在分析故障原因时，不能孤立地仅局限于某一部分，而要将这一部分电路在整车电路中的位置及与相关电路的联系都表达出来。

局部电路原理图：为了弄清汽车电器的内部结构，各个部件之间相互连接的关系，弄懂某个局部电路的工作原理，常从整车电路图中抽出某个需要研究的局部电路，参照其他详细的资料，必要时根据实地测绘、检查和试验记录，将重点部位进行放大、绘制并加以说明。

（二）电路原理图的绘制方法

1. 元器件的表示方法

电路图的一个重要特征是元器件采用国家标准所规定的图形符号来表示。绘图时国家标准中规定的图形符号均可选用。有些元器件没有国家标准对应的图形符号，可根据标准中给出的规则，使用一般符号、基本符号来派生所需要的新符号。对于不常用的符号，应增加文字注释，以便于理解。对于新研制的元器件，在尚无标准的图形符号之前，可采用其简化的外形图来表示，以便于反映该元器件的工作原理。

2. 图形符号的布置

在电气系统中，有大量的元器件的驱动部分和被驱动部分采用机械连接，如继电器、按钮开关、光电耦合器等都属于这一类。其表示方法有三种：集中表示法、半集中表示法和分开表示法，不管采用何种表示方法，所给出的信息量都是相等的，在同一张图纸上可以根据需要使用一种或同时使用几种表示方法。

（1）集中表示法。集中表示法是把元器件各组成部分的图形符号绘制在一起的方法，如图 1－9 所示。其特点是易于寻找项目的各个部分，元器件整体印象完整，但仅适用于较为简单的电路。

（2）半集中表示法。半集中表示法是把一个元器件某些组成部分（不是全部）的图形符号在图上分开布置，它们之间的关系用机械连接线表示的方法，如图 1－10 所示。机械连接线用虚线表示，可以是直线，也可以折弯、分支和交叉。其特点是可减少电路连接线的往返和交叉，使图面清晰，便于识读。但是，会出现穿越图面的机械连接线，所以适用于一般电路，对于复杂电路，由于穿越图面的机械连接线过多，不采用这种方法。

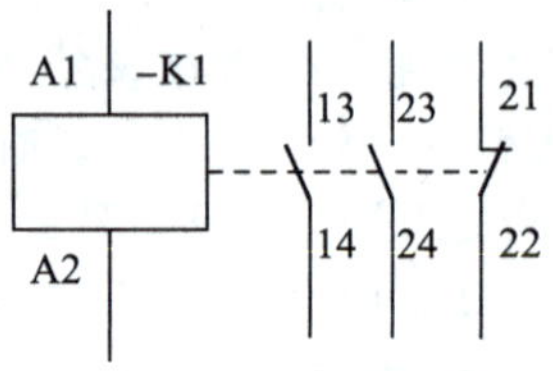

图 1－9　集中表示法示例

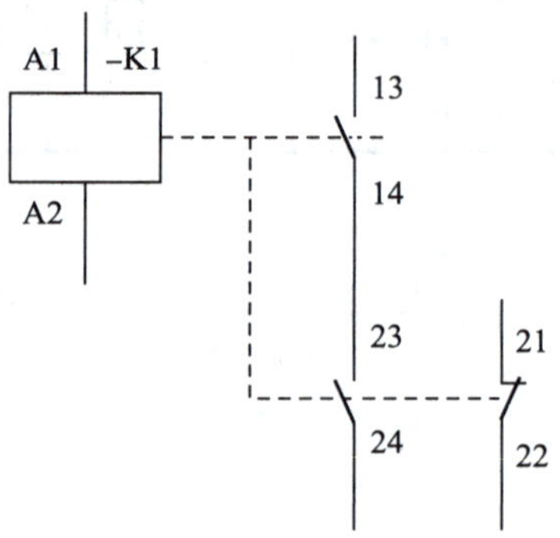

图 1－10　半集中表示法示例

（3）分开表示法。分开表示法是把一个元器件的各组成部分的图形符号在图上分开布置，它们之间各部分的关系用项目代号表示的方法，如图 1－11 所示。显然，分开表示法既减少了电路连接线的往返和交叉，又不会出现穿越图面的机械连接线，所以在实际中得到广泛应用。但是，为了寻找被分开的各部分，需要采用插图或表格等检索手段。

①插图的使用和绘制方法。如图 1－12 所示，插图就是把分散绘制在图中不同位置的同一项目不同部分的图形符号，集中绘制在一起并给出位置信息。插图可以与该项目的驱动部分的图形符号对齐，也可以集中布置在图的空白处，甚至还可以绘制在另一张图纸上，当然，把插图直接绘制在紧靠驱动部分的图形符号旁，看图是最方便的。

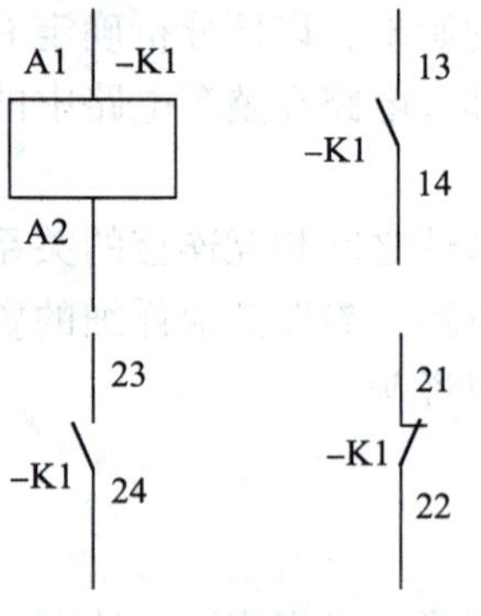

图 1－11　分开表示法示例

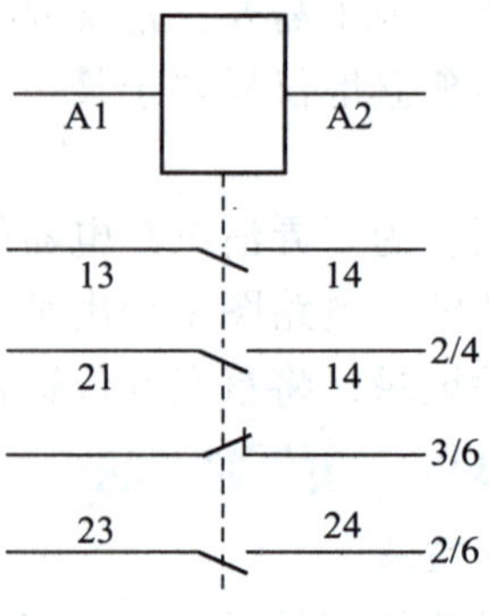

图 1－12　插图示例

②表格的使用和绘制方法。在图上，把分散绘制在图中不同位置的同一项目不同部分的图形符号，集中在一张表格中，绘制方法如图 1 – 13 所示。表格中的名称可以用图形符号来代替，表格应与驱动部分的图形符号对齐。在采用电路编号法表示图中元器件位置的图上，表格中的位置信息就是电路编号。

3. 电路与导线的排列

电路的安排要有清楚、一目了然的图示效果，各个电路的排列必须优先采用从左到右、从上到下的原则，尽可能用直线、无交叉点、不改变方向的标记方式。另外，作用方向应与电路图边沿平行，如果出现许多平行线重叠成堆的情况，那么可将其编组，通常是把三条线集中为一组，留出距离，再表示下一组线，如图 1 – 14 所示表示多条平行线的分组画法。

常开触点(—/—)	常闭触点(—/L—)	位置
13–14		
21–22		2/4
	21–22	3/6
23–24		2/6

图 1 – 13　表格示例

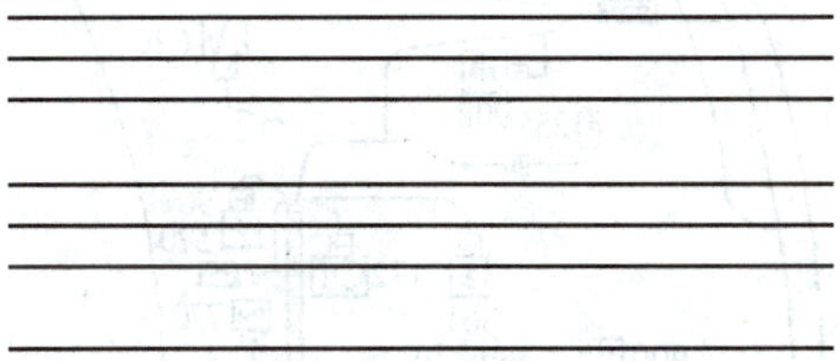

图 1 – 14　多条平行线的分组画法

4. 分界线与边框

电路的各部分用点画线或边框线限制，以此表明仪器、部件功能或结构上的属性。在汽车电气设备中，用点画线表示仪器和电路中不导电的边框，这种图示可以不与外壳相一致，也不用来表示仪器的搭铁线。

5. 区段识别

区段识别符号标注在电路图的下沿，有助于更方便地寻找电路部件，以往区段识别标记也称为电路，可能的标记方式有 3 种。

（1）用连续数字以相同的距离从左到右标注，如 1，2 ，3 ，4，5 ，6 ，7 等。

（2）标明电路区段的内容，如电源、启动装置、点火装置等。

（3）以上两种方法的结合。汽车电路大多数都在电路图中指明电路区段的内容。

6. 标注

利用字母和数码可对设备、部件或电路图中的线路符号作标注，标注位于线路符号的左边或下边，如果设备的定义明确，标准内所规定的几种设备可不作标注。

四、线束图

在汽车上，为了安装方便和保护导线，将同路的许多导线用棉纱编制物或聚氯乙烯塑料带包扎成束。线束图是根据电气设备在汽车上的实际安装部位绘制的全车电路图。

（一）线束图的特点

整车电路线束图常用于汽车厂总装线和修理厂的连接、检修与配线，如图 1 – 15 所示为 TU5JPK 发动机线束图。线束图主要表明电线束与各用电器的连接部位、接线端子的标记、线头、插接器（连接器）的形状及位置等。这种图一般不去详细描绘线束内部的电线走向，只将露在线束外面的线头与插接器作详细编号或用字母标记。它是一种突出装配记号的电路表现形式，非常便于安装、配线、检测与维修。如果再将此图各线端都用序号、颜色准确无误地标注出来，并与电路原理图和布线图结合起来使用，则会起到更大的作用且能收到更好的效果。

（二）线束图的绘制

由于线束安装图主要是以线束的形式出现的，图面的线条较少，各部件之间连接的表达就成为其主要的内容。

（1）汽车线束图由多个线束组成，有主线束、分线束。在绘制线束图时应表现出每个线束上有几个分支，每个分支上有多少根线，导线的颜色及条纹是什么。

（2）汽车上的电器数量多而复杂，为使连线正确，各个连接点都应标注接线端子的代号，以便于连接。

（3）线束的长度包括线束的总长、每个分支的长度和两个线端间隔的长度。

（4）插接器。由于线束有多条，线束与线束、分支与线束或分支与电器之间都是通过插接器进行连接的，应表示出每个插接器上有几条导线，每条导线位于插接器接线孔的什么位置，插接器的形状是什么样的，相邻的几个插接器是否容易混淆。

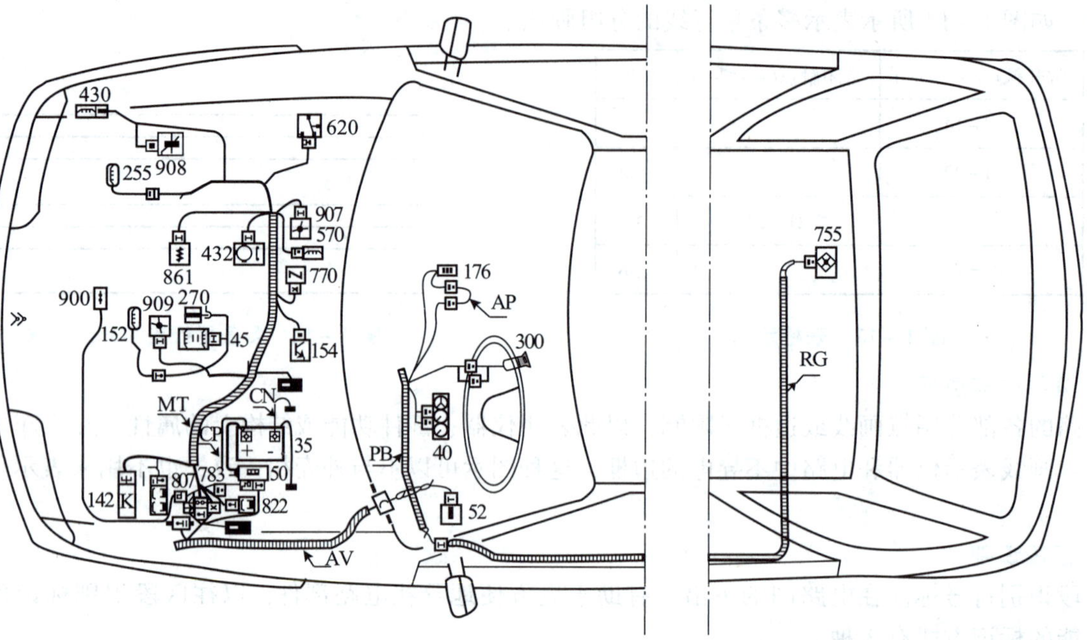

35－蓄电池；40－仪表板；45－点火线圈；50－电源盒；52－内接熔断丝盒；142－发动机电控单元；152－曲轴位置传感器；154－车速传感器；176－防盗密码控制盒（选装）；255－空调压缩机离合器；270－点火线圈上的电容器；300－点火开关；430－碳罐控制阀；432－怠速控制阀；570－喷油器；620－惯性开关；755－燃油泵；770－节气门位置传感器；783－故障自诊断插座；807－主继电器；822－空调压缩机继电器；861－进气预热器；900－氧传感器；907－进气温度传感器；908－进气压力传感器；909－水温传感器。

图 1－15　TU5JPK 发动机线束图

实践操作

识图作业

由指导老师提供多种汽车电路原理图、线路图、线束图，根据汽车电路图完成表 1－1。

表 1－1　汽车电路图的特点及使用场景

汽车电路图种类		电路图的特点	使用场景
原理图	全车原理图		
	局部原理图		
线路图	布线图		
	接线图		

续表

汽车电路图种类		电路图的特点	使用场景
线束图	线束结构图		
	线束定位图		
	线束布线图		

课程思政

夏季汽车保养应定期检查电路

人们常说汽车需要“七分养、三分修”，就是指通过积极的检查和维护，可以发现并避免一大部分故障和隐患。夏季来临，做汽车保养时，应该定期检查电路、油路等零部件是否老化、漏油，避免引起汽车自燃。

据了解，夏季是汽车自燃的高发期，最常见的汽车自燃事故起因是电线短路，其发生概率在60%以上。汽车自燃一般都是因油路、电路及改装部件损坏等引起的。“防止汽车自燃首先要定期给汽车做保养，检查发动机、电路和油路，检查是否有老化和漏油情况。”某汽车4S店维修部负责人王先生表示，“尽量不要将打火机、空气清新剂等易燃物品长时间置于车内。尽管现在很多打火机上都标注了防爆，但是在特定情况下还是会有一定爆炸风险。其次，香水等物品也不宜长时间置于车内，避免因膨胀而引发物理爆炸。”

如果在行车的过程中遇到车有焦煳味，或者冒出浓烟的话，应立即靠路边停车，找出故障原因。如果火不是太大的话，可以用灭火器扑灭；如果火势很大的话，应马上远离现场，并拨打119报警。

（来源：西部晨风）

思考练习

一、填空题

1. 汽车电路根据功用的不同，一般可分为________、________；根据控制器件与用电部件之间是否使用继电器，可分为________、________；按照在电路中是否采用电子控制器件，可分为________、________。

2. 汽车电路图主要有四种形式，即________、________、________、________。

二、简答题

1. 汽车电路主要由哪些部件组成？
2. 汽车电路有何特点？
3. 请简述常电源和条件电源？
4. 电子控制电路有何特点？
5. 电路原理图有哪些特点？
6. 如何绘制电路原理图？
7. 汽车线束图有哪些特点？

第二章

汽车电路的基本组成元素

本章导读

无论多么复杂的汽车电路系统，都是由最基本的电路元器件以一定的方式连接在一起组合而成。本章主要介绍汽车电路的基本组成元素，依次完成对汽车电路中导线、线束、插接器、电路开关、电路保护装置、继电器与配电盒的学习，从而实现对汽车电路基础结构的初步认知。

学习目标

1. 了解汽车电路的基本组成。
2. 熟悉汽车电路各元器件的作用。
3. 掌握汽车导线、插接器的拆装方法。
4. 掌握汽车电路基本元器件的检测方法。

第一节 汽车用导线、线束与插接器

一、导线

汽车电系的导线有高压线和低压线两种，两者均采用铜质多心软线。

（一）低压导线

1. 导线的型号与规格

普通低压导线有采用聚氯乙烯作为绝缘包层的 QVR 型，也有采用聚氯乙烯 - 丁腈复合物作为绝缘包层的 QFR 型。这两种绝缘层的耐低温性、耐油性和阻燃性都比较好，尤以后者为佳。

普通低压导线采用多股铜质线芯结构，这是由于铜质多股线芯能够反复弯曲而不易折断，制成线束后的柔性仍较好，安装方便。汽车用低压线的型号与规格见表 2 - 1。

表 2 - 1　汽车用低压导线的型号与规格

型号	名称	标称截面积/mm^2	心线结构		绝缘层标称厚度/mm	导线最大外径/mm
			根数	直径/mm		
QVR	聚氯乙烯绝缘低压导线	0.5			0.6	2.2
		0.6			0.6	2.3
		0.8	7	0.39	0.6	2.5
		1.0	7	0.43	0.6	2.6
		1.5	17	0.52	0.6	2.9
		2.5	19	1.41	0.8	3.8
QFR	聚氯乙烯 - 丁腈复合物绝缘低压导线	4	19	0.52	0.8	4.4
		6	19	0.64	0.9	5.2
		8	19	0.74	0.9	5.7
		10	49	0.52	1.0	6.9
		16	49	0.64	1.0	8.0
		25	98	0.58	1.2	10.3
		35	133	0.58	1.2	11.3
		50	133	0.68	1.4	13.3

2. 导线的选择

汽车上各种电器设备所用的连接导线，通常是根据用电设备的负载电流大小来选择导线的截面积。其选择的原则是：长时间工作的电器设备可选用实际载流量 60% 的导线；短时间工作的用电设备可选用实际载流量 60% ~100% 的导线。

在选用导线时，还应考虑电路中的电压降和导线发热等情况，以免影响用电设备的电气性能和超过导线的允许温度。对于一些工作电流很小的电器，为保证导线具有一定的机械强度，汽车电系中所用导线截面积不得小于0.5 mm^2。各种低压导线截面积所允许的负载电流见表2-2。

表2-2　低压导线截面积允许的负载电流值

导线标称截面积/mm^2	0.5	0.8	1.0	1.5	2.5	4.0	6.0	10	16	25	35	50
允许电流值/A（60%）	7.5	9.6	11.4	14.4	19.2	25.2	33	45	63	82.8	102	129
允许电流值/A（100%）	12.5	16	24	24	32	42	55	75	105	138	170	215

所谓标称截面积是经过换算而统一规定的线芯截面积，不是实际线芯的几何面积，也不是各股线芯几何面积之和。

汽车12 V电系主要线路导线标称截面积推荐值见表2-3。

表2-3　12 V电系主要线路截面积推荐值

标称截面积/mm^2	用　途
0.5	尾灯、顶灯、指示灯、仪表灯、燃油表、刮水器电动机、电钟、水温表、油压表等电路用的导线
0.8	转向灯、制动灯、停车灯、分电器等电路用的导线
1.0	前照灯、喇叭（3 A以下）等电路用的导线
1.5	前照灯、电喇叭（3 A以上）等电路用的导线
1.5~4.0	其他5 A以上的电路用的导线
4~6	柴油机电热塞电路用的导线
6~25	电源电路用的导线
16~95	启动电路用的导线

3. 导线的电气特性

导线电气特性主要是指对低压电路的电压降。如果某一电路由于导线造成过大的电压降，将严重影响用电设备的正常工作和电源的供电效能。在汽车低压线路中，对起动机线路，一般要求每100 A电流产生的电压降不得大于0.1~0.15 V，在起动机启动时的电压降不允许超过0.5 V。发电机处于额定负载时，线路压降不得大于0.3 V。整车线路的总电压降，在不计接触电阻的情况下，不得超过0.8 V。从压降的角度看，在许可的条件下，导线越短越好。当线芯长期工作温度不超过70 ℃、环境温度在-40~70 ℃范围内时，导线的正常车用寿命不得低于（6~8）$\times 10^4$ km。

4. 导线的颜色

为便于汽车电系的连接和维修，汽车用低压线的颜色，必须符合有关标准。单色线的颜色由表2-4规定的颜色组成。双色线的颜色由表2-4规定的两种颜色配合组成。双色线的主色所占比例大些，辅助颜色所占比例小些。辅助色条纹与主色条纹沿圆周表面的比例为1:3~1:5。双色线的标注第一色为主色，第二色为辅色。

表2-4　汽车用电线颜色

电线颜色	黑色	白色	红色	绿色	黄色	棕色	蓝色	灰色	紫色	橙色
代号	B	W	R	G	Y	Br	Bl	Gr	V	O

国外汽车厂商在电路图上多用英文字母来表示电线外皮的颜色及其条纹的颜色。日本常用单个字母表示，个别用双字母表示，如是双字母，后一个是小写字母。美国常用2~3个字母表示一种颜色，如果电线上有条纹，则要书写较多字母。德国汽车电线颜色代号，各厂商甚至各牌号不尽一致，奥迪、宝

马、奔驰、桑塔纳的颜色代号各不相同，在读图时要注意区别。也有的厂商，如菲亚特汽车电线采用数字代号表示颜色。各国（厂家）电线颜色代号见表2－5。

表2－5 各国（厂家）电线颜色代号

颜色 国家及 车系	国家									部分汽车公司车系					
	中国	英国	美国	日本	德国	法国	俄罗斯	奥地利	波兰	奔驰	宝马	奥迪	帕萨特	本田	通用	菲亚特
黑	B	Black	BAK	B	SW	BL	ч	B	N	BK	SW	sw	BK	BLK	BLK	
白	W	White	WHT	W	WS	W	6，Б	C	B	WT	WS	ws	WT	WHT	WHT	22－－
红	R	Red	RED	R	RT	R	ЛК	A	R	RD	RT	ro	RD	RED	RED	77－－
绿	G	Green	GEN	G	GN	GN	з	F	V	GN	GN	gn	GN	GRN	GRN	88－－
黄	Y	Yellow	YEL	Y		Y	ж	D	G	YL	GE	ge	YL	YEL	YEL	33－－
棕	Br	Brown	BRN	Br	BK		KOP	L	M	BR	BR	br	BN	BRN	BRN	00－－
蓝	Bl	Blue	BLU	L	BL	BU	г	I	A	BU	BL	bl	BU	BLU	BLU	11－－
灰	Gr	Grey	GRY	Gr		G	c		H	GY	GR	gr	GY	GRY	GRY	44－－
紫	V	Violet	PPL	Pu	VI	VI		G	Z	VI	VI	li	PL	PUR		66－－
橙	O	Orange	ORN	Or			o		C		OR		OG	ORN	ORN	55－－
粉红	P	Pink	PNK	P			P	N	S	PK	RS		PK	PNK	PNK	99－－
深绿		Dark Green	DAK GRN										DKGN		DK GRN	
浅绿		Light Green	LT GRN	Lg									LTGN	LT GRN	LT GRN	
深蓝		Dark Blue	DK BLU										DKBU		DK BLU	
浅蓝		Light Blue	LT BLU	Sb				K	L				LTBU	LT BLU	LT BLU	
棕褐		Tan	TAN			Br									TAN	
无色		Clear	CLR										CR		CLR	

（二）高压导线

高压导线是指点火系统中承担高电压传送任务的导线。由于工作电压一般在15 kV以上，电流强度较小；因此，高压导线一般绝缘包层厚，线芯截面较小，耐压性能高。

1. 高压导线的种类

国产汽车用高压导线有铜芯线和阻尼线两种。高压阻尼线又称为半导体塑芯高压线，线芯具有一定的电阻，通常要求不大于20 kΩ/m。带阻尼的高压线可抑制和衰减点火系统产生的高频电磁波，降低对无线电设备及电控装置的干扰。

2. 高压导线的电气性能

高压导线的绝缘性能是高压导线的主要指标，因此选择高压导线的依据是导线应有足够的耐压值。高压导线的耐压值应在15 kV以上。高压导线耐潮湿性能应良好，将其浸入温水中保持3 h，取出后以50 Hz、15 kV的交流电压试验5 min，导线不应被击穿。

高压导线应在 $-40\sim70$ ℃的环境温度中仍能正常工作。一般正常的车用寿命为 $(4.5\sim5)\times10^4$ km。

二、线束

在汽车上，为了使全车线路不零乱、安装方便，以及保护导线不被水、油侵蚀和磨损，汽车导线除高压线和蓄电池导线外，都用绝缘材料包扎成束，称为线束。

汽车用的线束是将各电器之间的连线选择最短的途径，并把同一路径的若干导线用绝缘带包扎而成。故其主要由各种颜色的低压导线，以及相关连接插件、接线端子、绝缘包扎材料等组成。

包扎线束的绝缘材料通常采用棉纱编织的套管或聚氯乙烯胶带，有的还在包扎好的线束外面再套上一根波纹管。

（一）汽车线束的制作

线束的制作通常按以下程序进行。

1. 下线

先根据线束图上所给出的各电器设备所需的导线颜色、截面积线路走径和距离，将各种导线从整捆线上截取，备齐待用。

2. 压接分支

对于有分支的线路应先连接好，连接方法有两种，一种是压接，另一种是锡焊。但无论采用哪一种方法，都必须保证分支连接处的良好接触和牢固性。分支线线头有的先做有记号，以免搞混。

3. 上模板捆扎

根据线束图，将各导线按图上的分布情况，在模板上分路、分段集中排列好，经检查无误后，先用绳带每隔一段距离捆扎一次，有分支的地方也应先捆一下，然后用白布带或塑料绝缘胶带采用半叠包扎法依次包紧即可。如用白布带包扎，还必须再浸绝缘漆以增强绝缘性能。

所谓半叠包扎法，就是包带的后层与前层都重叠一半带宽，如图2-1所示。在导线较长、导线根数较少或无分支的情况下，亦可视情况套上塑料套管，仅将两头包好。

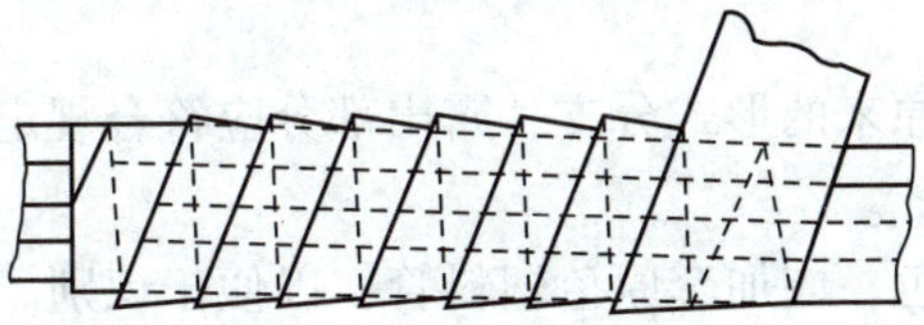

图2-1　线束半叠包扎方法

4. 套玻纹管

现在有些汽车的线束，仅在模板上用塑料绝缘胶带将分支处进行捆扎，距离较长的束线每隔一段距离捆扎一次，然后直接用玻纹管套在束线上，在玻纹管的外层用塑料绝缘胶带每隔一段距离捆扎一下，并将玻纹管各端头包裹好。

5. 压装接线端子

包扎好的线束按规定的距离去掉多余部分，除去导线端头的绝缘包层，根据线束图上的要求焊接或压装上各种接线端子。一般对拆卸机会少的线头，采用闭口式接线端子，而对经常拆卸的线头，多采用开口式接线端子。

在焊接或压装接线端子之前，一般还在导线上先套一适当长短和粗细的绝缘管，以便罩封其裸露的部分，防止与其他电路短路或搭铁，如图 2－2 所示。

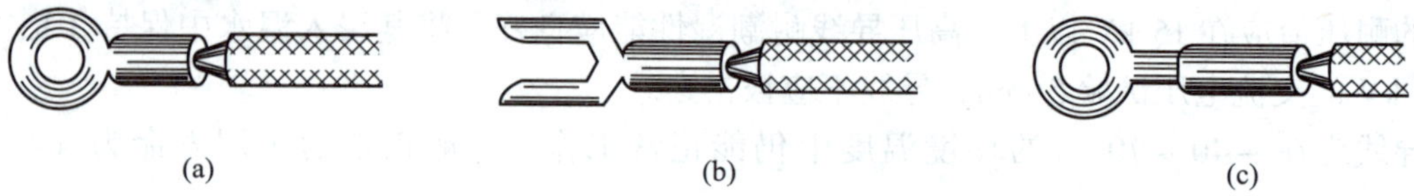

图 2－2　接线端子形状及加绝缘套管示意图

现代汽车上的线束接头多采用插件式。插件的插座外壳一般用聚乙烯制成，由于带锁舌，故不易松动。插座大小各异，且又为非对称结构，由此可避免插错插头而造成故障。

（二）汽车线束的安装

安装汽车线束时，应注意事项如下。

（1）线束应用卡簧和绊钉固定，以免松动磨坏。

（2）线束在拐弯处或有发生相对移动的部件不应拉得太紧。

（3）在穿过洞口和绕过锐角处，应用橡皮、毛毡类垫子或套管保护，使其不被磨损而造成搭铁、短路甚至火灾等危险。

（4）各个接线端子必须连接可靠、接触良好。

（三）维修线束时应注意的问题

汽车线束在长期的使用过程中，由于水、油的浸蚀及磨损，容易使其外面的包皮损坏或导线折断，这就需要重新更换导线、包扎线束。

1. 有图自制电线束方法

重新自制电线束时，如有线束图，自制线束就很方便。可先按原线束的规格（导线直径、长度、颜色等）备齐导线。而后将应扎在一起的导线集中，并按线束原来的形式，该分支的分支，该留头的留出规定长度，从而布置成形。在各分支处的交叉点及线束端，用胶布缠好，以免包扎时松散零乱。然后用白纱带或塑料绝缘胶带进行包扎。再将各线头上套以不同颜色的塑料管，焊上接线端子或各种插件接头。用白纱带包扎的线束，最后还应在纱布层上涂一层青漆，经晾干后即可上车使用。

2. 无图自制电线束方法

进口汽车线束和国产汽车线束的结构基本相同，但往往缺少这类电线束图。修理时需重新自制线束，如没有尺寸根据，可将旧线束拆下，实测出各部分的长度，也可在汽车上直接测量大概尺寸（通常从车前端往后测量）。

在包扎电线时，应按照线束原来的形式分支，露出部分应符合规定长度，接头不能有裸露部分，焊接的地方应加绝缘套管并进行包扎。

各电线的接头处如不是原颜色，应加套原色塑料管，以便于识别。线束和电器设备接头处的插接器应匹配，如原件仍可利用，则可用原件。如原件已不能用或有锈蚀现象，均应换新件，实在无新件可用时，也应对原件进行彻底清洗后再用。

三、插接器

插接器又称为连接器，由插头和插座组成。插接器是汽车电路中线束的中继站，线束与线束（或导线与导线）、线束（导线）与电器部件之间的连接一般采用插接器进行连接。

（一）汽车用插接器的类型

为了便于拆装或避免装错，特将插接器制成不同形状、规格和型号，并用不同颜色进行区分。插接器可供几条到几十条导线使用，有长方体、多边体等不同形状。如图 2－3 所示为几种插接器的形式。

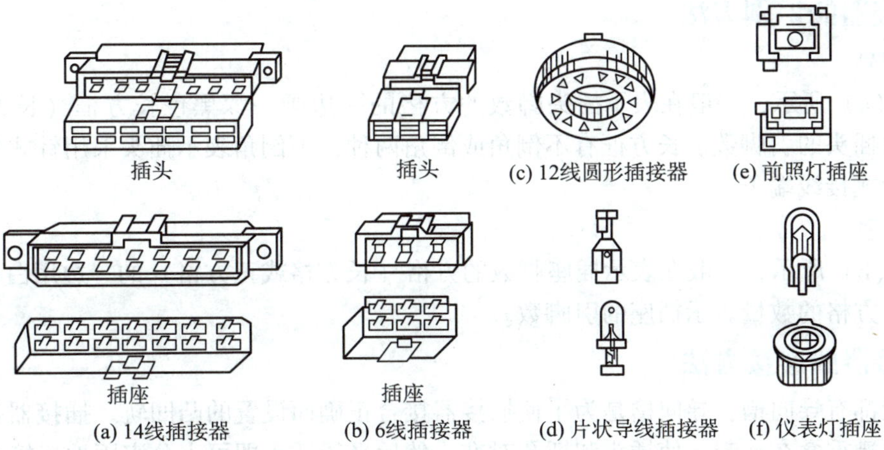

图 2－3　几种插接器的形式

插接器的插头和插座均由接头（或端子）和护套组成，接头与导线采用冷铆或锡焊连接；护套为多孔塑料件或橡胶件，用以放置导线接头。在导线接头上带有倒刺，当嵌入护套后会自动锁止；在护套上也有锁止结构，当插头和插座接合后也会自动锁止，以防止脱开，如图 2－4 所示。

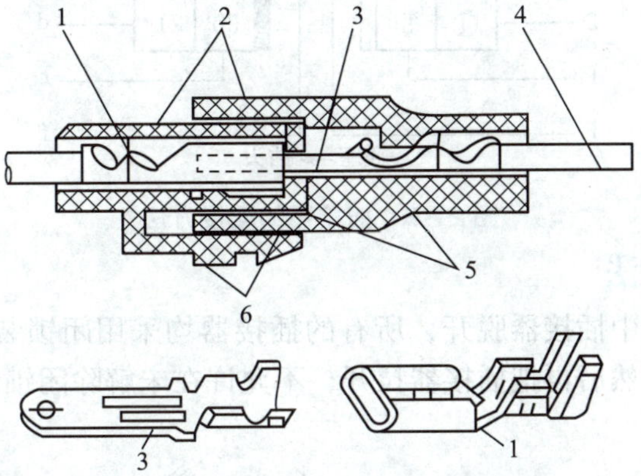

1－插座；2－护套；3－插头；4－导线；5－倒刺；6－锁止机构。

图 2－4　插接器结构

（二）插接器的表示方式

插接器的表示方式如图2－5（a）、图2－5（b）所示（这里仅以6线插头和8线插座为例，其他插头或插座的表示方法与此类同，仅是导线数量不同），如图2－5（c）所示为实物示意图。

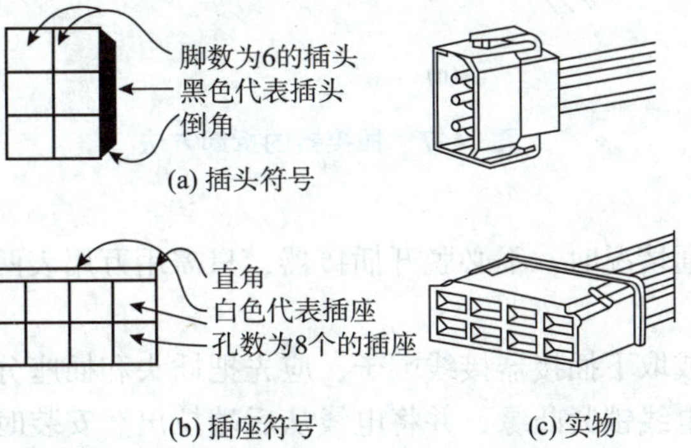

图 2－5　插接器的表示方式和实物示意图

（三）插接器的识别方法

1. 插头的识别

如图 2-5（a）所示，一般在表示插头脚数的方格的一边画一深黑色长方框（长方格或正方格），方格的数量表示插头的引脚数。长方框有不倒角或倒角两种，不倒角表示插头采用针式接线端子，倒角表示插头采用片式接线端子。

2. 插座的识别

如图 2-5（b）所示，一般在表示插座脚数的方格（长方格或正方格）的一边用白色画一不倒角或倒角的长方框，方格的数量表示插座的引脚数。

（四）插接器的连接方法

插接器一般都有导向槽，导向槽是为了使插接器接合正确而设置的凸凹轨。插接器接合时，应把插头与插座的导向槽重叠在一起，使插头和插孔对准，然后平行插入即可十分牢固地连接在一起。

插接器连接后，其导线的连接关系如图 2-6 所示。例如，A 线的插孔①与 a 线的插头①′是相配合的，其余以此类推。

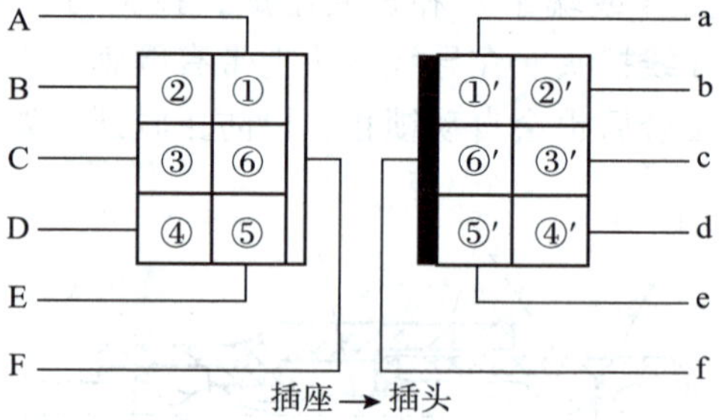

图 2-6 插接器的连接方法

（五）插接器的拆卸方法

为了防止汽车在行驶过程中插接器脱开，所有的插接器均采用闭锁装置。如图 2-7 所示，要拆开插接器时，首先要解除闭锁，然后再把插接器拉开，不允许在未解除闭锁的情况下用力拉导线，这样会损坏闭锁装置或连接导线。

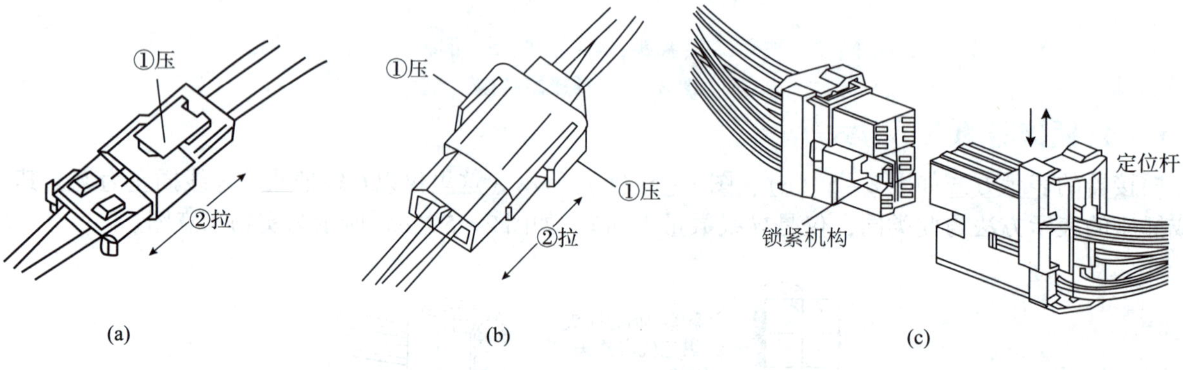

图 2-7 插接器的拆卸方法

（六）插接器的检修

在检查线路的电压或导通情况时，不必脱开插接器，只需用万用表两表针插入插接器尾部的线孔内进行检查即可。

修理中如需要更换电线或取下插接器接线端子，应先把插头和插座分开，再用小螺丝刀插入插头或插座的尾部的线孔内，撬起电线锁紧凸缘，并将电线从后端拉出。安装时，将电线头推入，直至接线端子被锁住为止，然后向后拉动电线，以确认是否锁紧。

第二节　汽车电路开关

汽车电路开关与继电器控制着复杂的汽车电路系统，在汽车的日常使用中操作比较频繁，与汽车保护装置一样，是汽车电路中的易损元件。

一、汽车电路开关的类型

（一）按操作方式不同划分

汽车电路开关根据其操作方式的不同可分为手动开关、压力控制开关、温度控制开关、机械控制开关等类型。

手动开关：为汽车驾驶员手动操作的开关。

压力控制开关：常用在机油压力过低报警电路中。

温度控制开关：常用在冷却液高温报警电路中。

机械开关：如汽车倒车时，倒车信号电路与照明电路中的倒挡信号控制开关，会在变速杆处于倒挡位置时接通。

（二）按开关的通断状态划分

按开关的通断状态，汽车电路开关可分为常开开关与常闭开关。汽车电路中大部分开关为常开开关。少数，如机油压力报警电路开关，为常闭开关。在发动机工作机油压力正常时，机油压力开关处于断开状态，机油压力报警灯不亮，只有机油压力过低时才会触发压力开关闭合，机油压力报警灯亮起。

（三）按开关功能的不同划分

按照开关功能的不同，汽车电路开关可分为独立开关、复合开关和组合开关。

独立开关：内部只有一个开关触点，通常只控制一条电路，识别与检测较为简单。

复合开关：内部有两个或两个以上的触点，控制多条电路，开关动作有两挡或两挡以上，如点火开关、风扇开关等。

组合开关：为了操作更加方便而将多种开关集装在一起，便形成了多功能组合开关，可对照明、信号、刮水器与洗涤器等多条电路进行控制。

二、点火开关

点火开关用来控制点火电路、发电机励磁电路、仪表的电源电路、启动电路。点火开关的基本控制挡位如下。

锁止挡（LOCK）：锁住方向盘转轴。

附件挡（ACC）：主要接通收音机、点烟器、USB 外接充电等电路。

电源挡（ON）：接通仪表电源。

启动挡（ST/START）：接通启动电路，如果用于柴油机则增加预热挡（HEAT）。

锁止挡（LOCK）、附件挡（ACC）、电源挡（ON）都可以自行定位，而启动电路与预热电路所消耗的电流很大，开关在启动挡与预热挡挡位不易接通过久，所以这两个挡位设置有弹簧，在操作时必须用手扳住钥匙才能接通电路，电路接通发动机即启动点火，手松开后开关自动弹回到电源挡（ON）挡位。

点火开关的结构如图 2－8 所示。

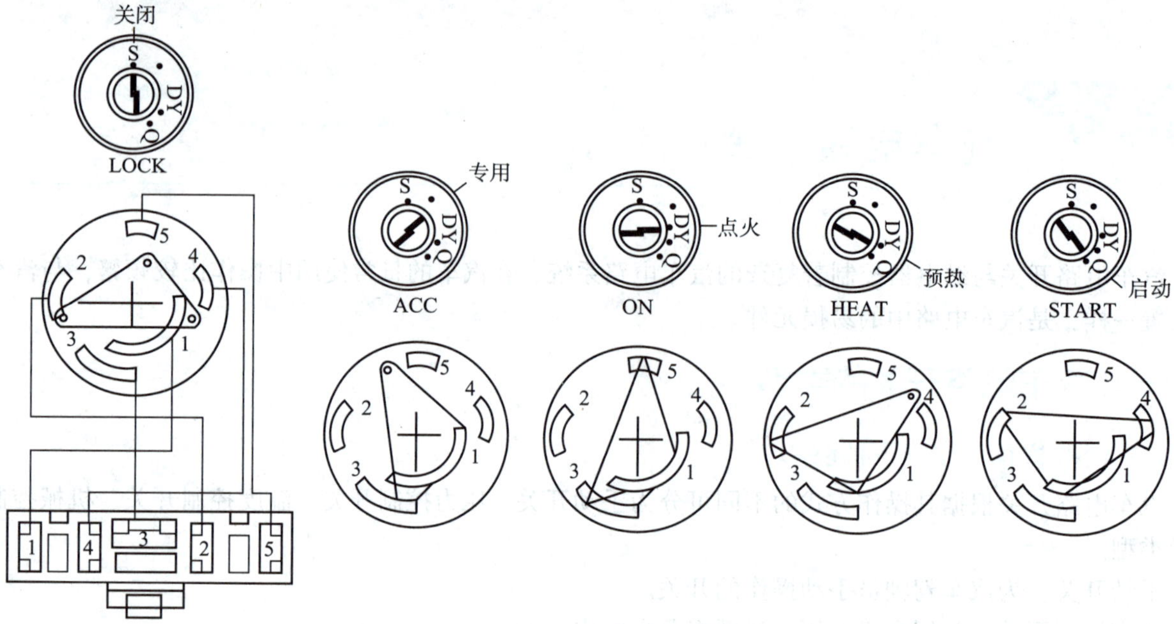

图 2－8　点火开关的结构

三、风扇开关

风扇开关具有多个挡位，属于复合开关。风扇开关的接线原理图如图 2－9 所示，表 2－6 说明了风扇开关各挡位的工作状态。

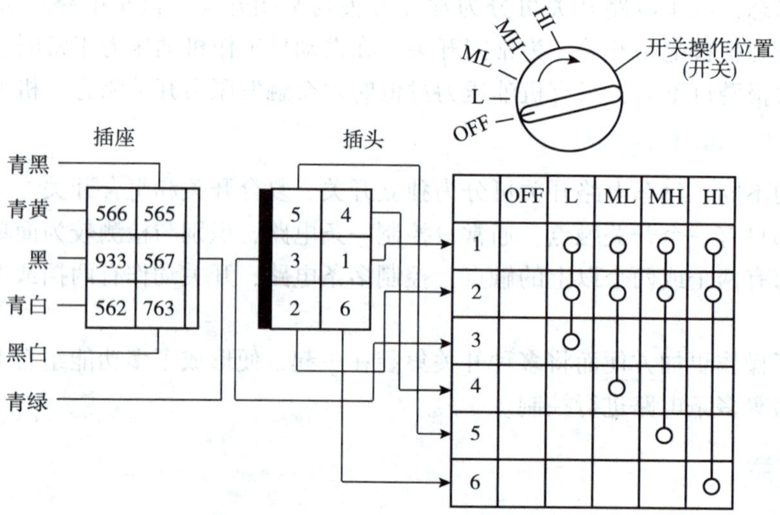

图 2－9　风扇开关的接线原理图

表 2－6　风扇开关各挡位的工作状态

开关挡位	开关内部插头触点	插座接线
OFF	所有触点均不导通	插座内所有端子均不导通
L	1—2—3 导通	933—763—567 导通（黑—黑白—青绿）
ML	1—2—4 导通	933—763—566 导通（黑—黑白—青黄）
MH	1—2—5 导通	933—763—565 导通（黑—黑白—青黑）
MI	1—2—6 导通	933—763—562 导通（黑—黑白—青白）

四、组合开关

JK322A 型组合开关的工作状态如图 2－10 所示，组合开关将转向灯开关、警示灯开关、车灯开关、刮水器与洗涤器开关等组合为一体，安装在便于驾驶员操作的转向柱上。

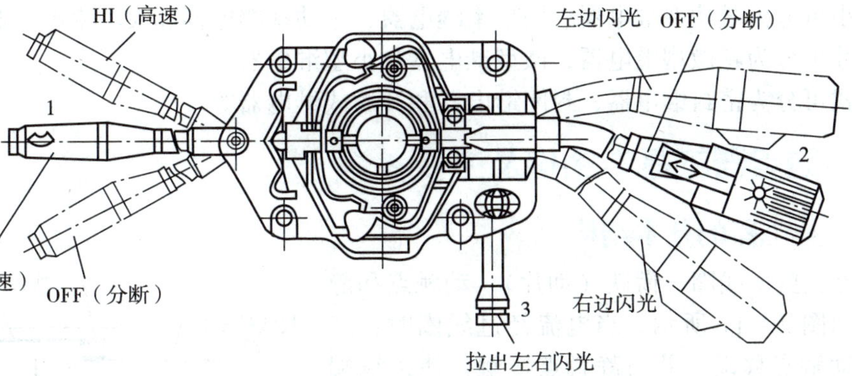

(a) 前后方向工作状态

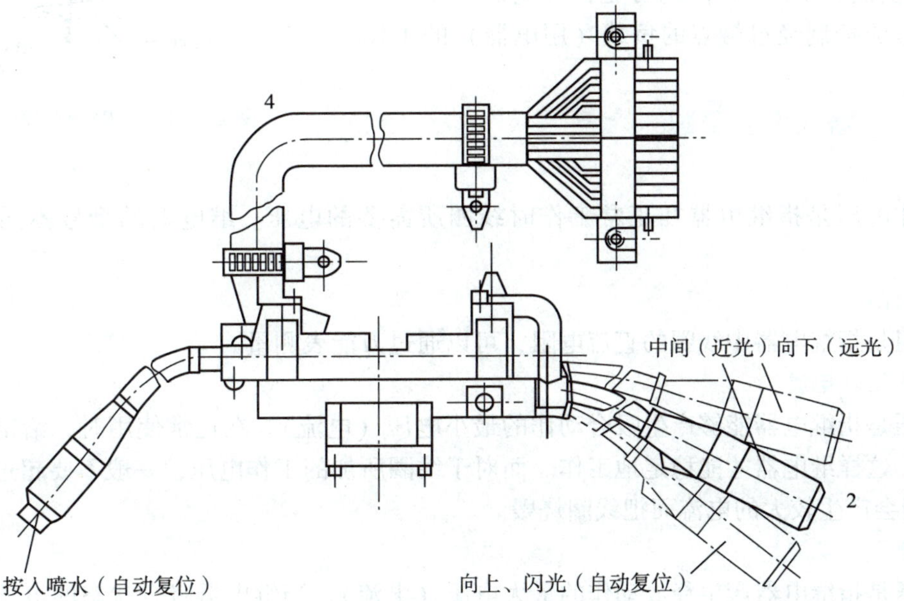

(b) 上下方向工作状态

1—刮水器与洗涤器开关；2－转向、车灯及变光开关；3－危险警告灯开关；4－组合开关线束。

图 2－10　JK322A 型组合开关的工作状态

第三节　继电器

继电器是一种当输入量（电、磁、声、光、热）达到一定值时，输出量将发生跳跃式变化的自动控制器件。

一、继电器的类型

按工作原理可分为电磁继电器、热继电器、温度继电器、固态继电器和电子混合式继电器等。但目前汽车行业使用最多的还是电磁继电器，以及部分电子混合式继电器。电磁继电器分为电压型和电流型两种。

按负载大小可分为微功率继电器、弱功率继电器、中功率继电器和大功率继电器等。

按外形尺寸可分为超微型继电器、微型继电器和小型继电器等。

按防护形式可分为密封继电器、封闭继电器和开放式继电器等。

二、电磁继电器的基本结构及主要参数

（一）电磁继电器的基本结构

电磁继电器主要由线圈、衔铁（动片）、动触点和静触点等组成，如图 2－11 所示。当电流经过线圈时，产生磁场，吸引动触点移动，并与静触点接触，使接线端子 3 和接线端子 4 导通，于是主电路形成回路，从而使被控制的用电器投入工作。由此可见，继电器的作用是通过线圈的电流控制经过触点的负载（用电器）的工作电流。

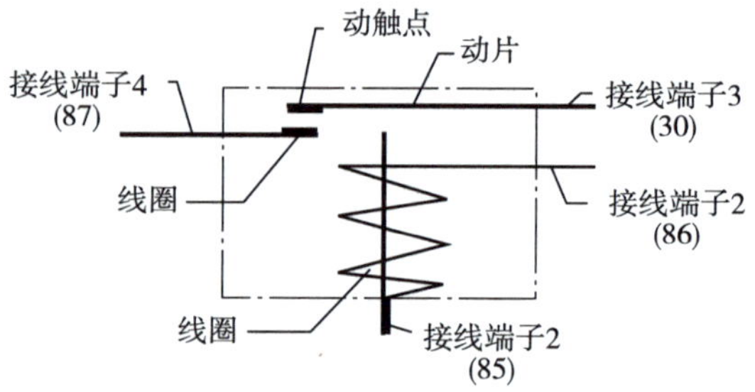

图 2－11　电磁继电器的基本结构

（二）继电器的主要参数

1. 额定工作电压

额定工作电压是指继电器在正常工作时线圈所需要的电压。继电器的型号不同，其直流电压也不同。

2. 直流电阻

直流电阻是指继电器中线圈的直流电阻，可以通过万能表测量。

3. 吸合电压（电流）

吸合电压是指继电器能够产生吸合动作的最小电压（电流）。在正常使用时，给定的电压必须略大于吸合电压，这样继电器才能稳定地工作。而对于线圈所加的工作电压，一般不要超过额定工作电压的 1.5 倍，否则会产生较大的电流而把线圈烧毁。

4. 释放电压（电流）

释放电压是指继电器产生释放动作的最大电压（电流）。当继电器吸合状态的电压减小到一定程度时，继电器就会恢复到未通电时的释放状态。这时的电压远远小于吸合电压。

5. 触点切换电流

触点切换电流是指继电器允许加载的电流。它决定了继电器所能控制电流的大小，使用时不能超过此值，否则很容易损坏继电器的触点。

三、继电器的识别

（一）继电器的符号

继电器在电路图中用电器符号表达（图 2－12），符号由线圈与开关组成，线圈与开关用虚线连接，表示此开关受该线圈控制。继电器中的开关一般表现为该系统处于不工作状态时的位置，也就是开关如断开，即为常开继电器，反之则为常闭继电器。

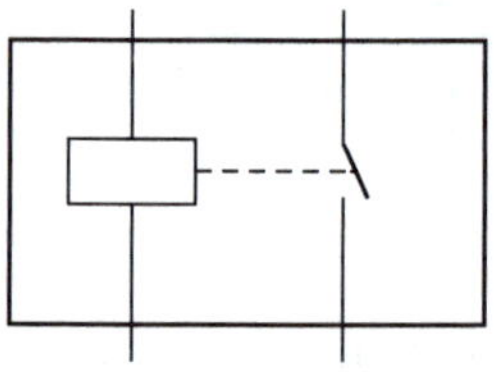
图 2－12　继电器的电器符号

（二）继电器的标识

1. 产品规格

在汽车继电器上一般标 DC12V 或 DC24V 等，代表继电器的额定工作电压，即加在线圈两端的电压分别为直流 12 V 或 24 V。

2. 负载能力

继电器触点通过负载的能力一般用电流的大小来表示，如“NO40A”或“NC/NO40/30A”。其中，NO 表示触点常开（normal open），NC 表示触点常闭（normal close），40 A 或 30 A 表示触点端可以带的负载额定电流，一般指阻性负载，感性负载则会根据冲击电流倍数而相应减小。

3. 接线端子

如图 2－13 所示为继电器的接线端子标识，30 代表可动端，87 代表常开端，87a 代表常闭端，85、86 代表线圈端。也可用 1～5 表示，1、2 代表线圈端，3 代表可动端，4 代表常闭端，5 代表常开端。

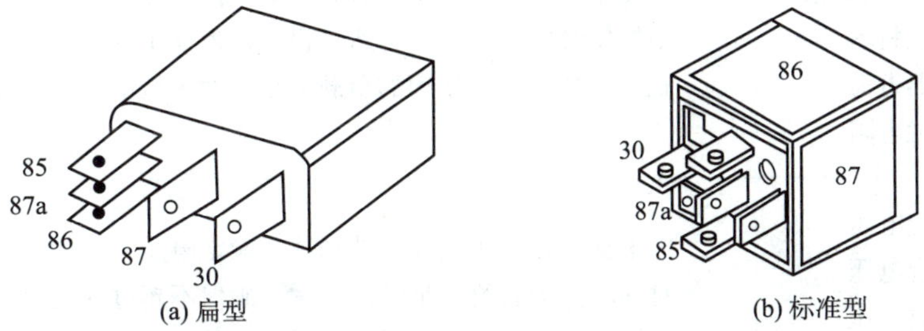

图 2－13　继电器的接线端子标识

四、电流型继电器

电流型继电器的特点是电磁线圈通过的电流较大，而经过触点的电流较小。如舌簧继电器如图 2－14 所示，圆管玻璃内有两个舌形触点，玻璃管外有粗导线线圈。电磁线圈通电时，触点闭合；电磁线圈断电时，触点断开。它常用于对灯的监测电路（图 2－15），电磁线圈和灯泡串联，触点控制仪表板上的相应故障指示灯的工作。

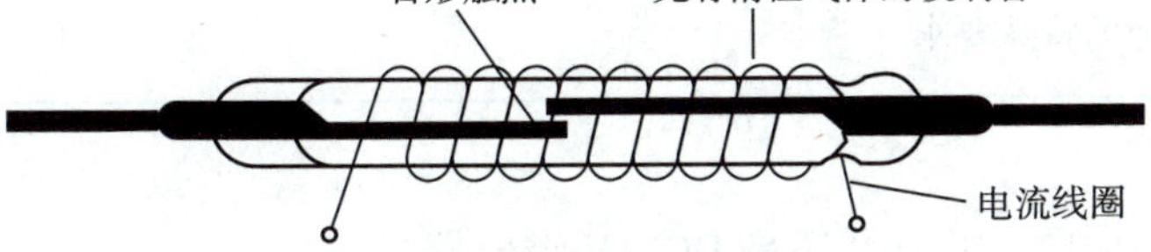

图 2－14　舌簧继电器

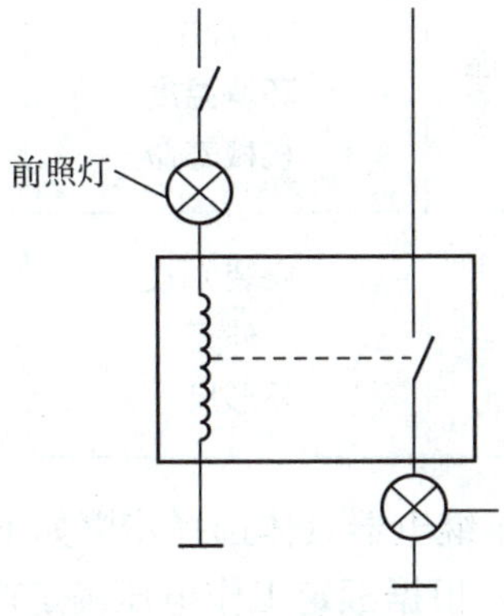

图 2－15　前照灯监测电路

五、电压型继电器

电压型继电器的特点是电磁线圈通过的电流较小，而经过触点的电流较大。电压型继电器一般有以下几种。

（1）常开式继电器：电磁线圈通电时，触点闭合。

（2）常闭式继电器：电磁线圈通电时，触点断开。

（3）切换式继电器：同一继电器内有两对触点，一对触点常开，另外一对触点常闭。电磁线圈通电时，常开触点闭合，常闭触点断开。

（4）有多个电磁线圈的继电器：即多个电磁线圈共同控制一对触点，常用于多个控制器件控制同一用电器。

六、继电器的选用

继电器

由于汽车继电器的工作环境较为恶劣，要求继电器必须具有寿命长、性能可靠、体积小、能耗低，同时还要具有电磁兼容性、阻燃性、响应速度快等特点。在设计汽车电路时，汽车继电器选择原则见表2-7。

表2-7　汽车继电器选择原则

性能及项目		选择原则
触点	组合方式 触点额定负载值 触点材料 电器寿命 接触电阻	应使用等于或多于所需触点数的产品； 最好使继电器的寿命与所用设备的寿命平衡； 触点材料应符合使用的负载类型，对于低电平或中等电流应提出特殊要求
线圈	额定电压 吸合电压 释放电压 最大连续工作电压 线圈直流电阻	应根据实际使用电源的波动选择额定电压； 对环境温度要给予足够的考虑，确保不超过规定值； 当用于与半导体连接时，应考虑有足够的功率能够驱动继电器； 线圈工作电压不应超过规定的范围
动作时间	动作时间 释放时间 开断频率	回跳时间应短于响应时间及相应的操作时间； 开断频率不应超过规定值
机械性能	耐振动 耐冲击 环境温度 机械寿命	应考虑使用现场的冲击、振动条件； 当在高温环境下使用继电器时，应要求绝缘耐热等级
其他项目	安装方式 外壳 外形尺寸	选择标准的连接方式； 在有害气体或其他易污染的环境中使用继电器时应优选塑封继电器； 提出其他的特殊要求

汽车继电器具体选择步骤如下。

（1）根据额定工作电压确定产品规格是DC12V继电器还是DC24V继电器。

（2）根据控制要求确定触点形式，如选择常开触点还是常闭触点或切换触点。

（3）根据被控回路多少确定触点的对数和组数。

（4）根据负载性质和大小确定触点的负载电流的大小。

（5）根据环境温度选用继电器。目前继电器的工作环境温度主要有-40～85℃和-40～125℃两种，可根据实际使用情况进行选用。通常在驾驶舱使用，选择-40～85℃的继电器；在发动机舱使用，则选用-40～125℃的继电器。

（6）根据环境情况选用继电器。现代汽车一般采用配电盒，内部集成了汽车中使用的大部分的继电器。配电盒本身具有一定的防潮、防尘效果，其继电器一般是采用普通的防尘外壳继电器。当有特殊要求时，可选用密封性继电器。

(7) 继电器可分为短时工作继电器（如预热继电器、启动继电器等）和连续工作继电器（如油泵继电器），选择的时候应注意区分。

(8) 根据负载工作时间的先后，发电机发电前工作的继电器，其动作电压（吸合电压）要小一些，12 V 车型一般在6.5 ~7.5 V 之间，如油泵继电器，甚至要求动作电压小于5.5 V。发电机发电后工作的继电器，其动作电压要略高于此，12 V 车型一般在7.0 ~8.5 V 之间，可根据实际需要进行选用。

七、继电器的安装与连接

（一）继电器的安装

1. 安装方向

在安装继电器时，要使继电器的触点轴向与地面平行，这样可以避免触点飞溅物、碳化物落在触点表面，从而能够提高接触的可靠性。多组继电器应避免小负载触点位于大负载触点下方，建议使冲击方向垂直于触点和衔铁的运动方向，这样能够有效提高非励磁状态下的常闭触点的耐振耐冲击性能。

2. 安装距离

近距离安装多个继电器时，其间距一般为 2 mm。

3. 继电器的固定

(1) 单独安装的继电器，不能取下外壳先安装，为防止松动、破损、变形，需使用弹簧垫圈。拧紧力矩需在0.5 ~70 N · m。

(2) 插入式继电器插入强度建议为40 ~70 N。

（二）继电器的连接

继电器的连接方式有接柱式和插入式两种。接柱式继电器触点容量可做得较大，在大中型货车的启动电路、进气预热电路中很常见。插入式继电器因安装方便、体积较小，在汽车上得到了广泛的应用。几种插入式继电器的内部结构和安装示意图如图 2 –16 所示。

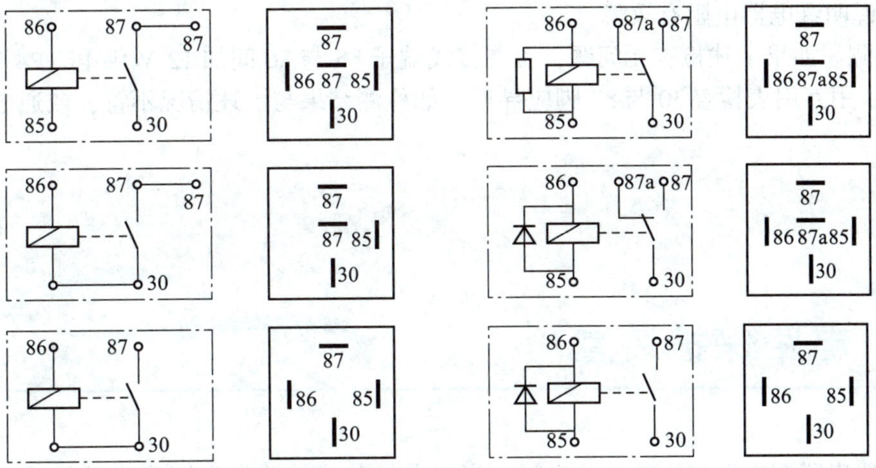

图 2 –16　几种插入式继电器的内部结构和安装示意图

当电子控制器件和继电器组装成一体时，要注意区分继电器的各接线端，哪些是属于电子控制器件的，哪些是属于继电器电磁线圈的，哪些是属于继电器触点的。如图 2 –17 所示为桑塔纳轿车刮水器继电器，图中 1、T、53S 都与电子控制器件有关。其中 1、T 由刮水器开关分别控制供电，而 53S 则受电子器件控制。1 或 T 根据使用要求，提供信号给电子控制器件。由电子控制器件对 53S 进行控制，从而实现间隙摆动或清洗摆动的功能。

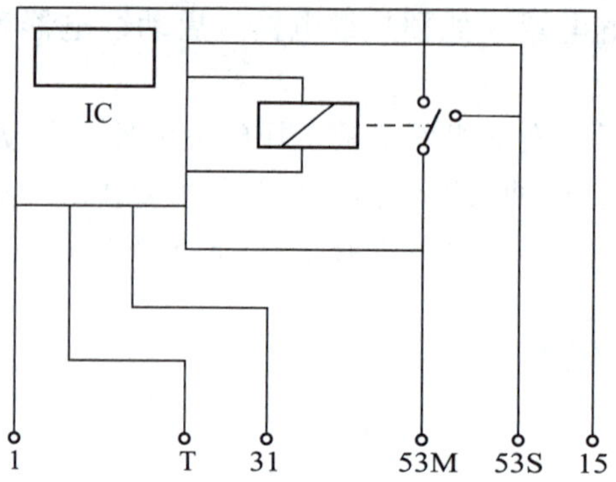

图 2－17 桑塔纳轿车刮水器继电器

八、继电器故障与检修

（一）继电器的故障

继电器的常见故障现象有：线圈烧断、线圈匝间短路（绝缘老化）、触点烧蚀、触点接触不良等。

（二）继电器的检修

1. 继电器需进行检修的简便判断方法

接通控制开关，然后用耳朵或听诊器倾听控制继电器内有无吸合声，或者用手感受一下继电器有没有振动感。如有说明继电器工作基本正常，用电器不工作是由于其他原因引起的；否则，说明该继电器工作失常。

2. 继电器的检测

（1）检测电阻。可用万用表电阻挡判断继电器电阻的好坏。以图 2－16 左下角继电器为例，用万用表 $R\times100\ \Omega$ 挡检查接线端子 85 与 86 脚应导通，而接线端子 30 脚与 87 间电阻应为∞。如检测结果与上述情况不符，说明继电器电阻有故障。

（2）通电检测。如果上述检查无问题，可在接线端子 85 与 86 间加 12 V 供电（24 V 电系汽车施加 24 V 电源电压），用万用表检查 30 与 87 脚应导通。如检测结果与上述情况不符，或通电后继电器发热，均说明其已损坏。

第四节 电路保护装置

电路保护装置串联在电源与用电设备之间，当用电设备或线路发生短路或过载时，切断电源电路，以免电源、用电设备和线路损坏。汽车上广泛使用的电路保护装置有熔断丝、易熔线和电路断电器。

一、熔断丝（保险丝）

熔断丝又称为熔断器或保险丝。如图 2－18 所示，熔断丝用于对局部电路进行保护，按形状可分为丝状、管状和片状。

（一）熔断丝的熔断特性

熔断丝能承受长时间的额定电流负载，在过

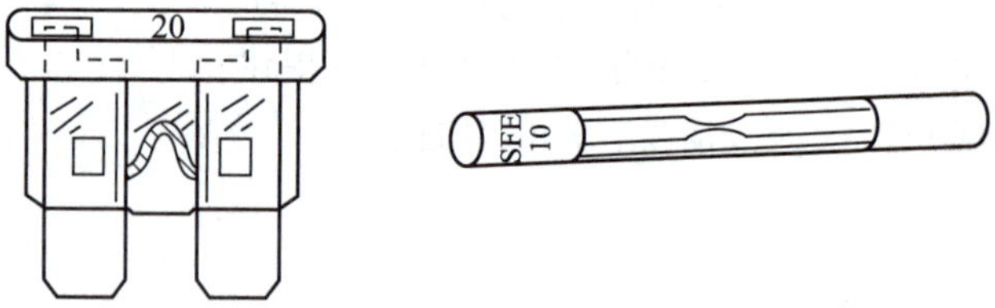

图 2－18 熔断丝

载的情况下，熔断丝会很快熔断，见表 2－8。熔断丝的熔断时间，包括两个动作过程，即熔体发热熔化过程和电弧熄灭过程。这两个过程进行的快慢，取决于熔断丝中流过的电流值的大小和本身的结构参数。很明显，当电流超过额定值倍数较大时，发热量增加，熔体很快就达到熔化温度，熔化时间大为缩短，反之，在熔断丝过载倍数不是很大时，熔化时间将增长。

表 2－8　熔断丝的熔断特性

流过熔断丝的电流（标注电流）	熔断丝的熔断时间
流过的电流为标注电流 110% 时	不熔断
流过的电流为标注电流 135% 时	在 60 s 内熔断
流过的电流为标注电流 150% 时	20 A 以内的熔断丝，15 s 以内熔断
	30 A 熔断丝，30 s 以内熔断

（二）熔断丝的检查和检修

1. 熔断丝的检查

熔断丝熔断后，一般用观察法就可发现。对于较隐蔽的故障，需要进行详细检查。具体方法是用万用表电阻挡测量熔断丝是否熔断，也可用试灯进行检查。熔断丝只能一次作用，每次烧断必须更换。检查熔断丝时应注意以下几点。

（1）熔断丝熔断后，必须真正找到故障原因，彻底排除故障。

（2）更换熔断丝时，一定要与原规格相同；不要随意使用比原规定容量大的熔断丝。在汽车上增加用电设备时，不要随意改用容量大的熔断丝，对于这类情况，最好另外再安装熔断丝。

（3）熔断丝支架与熔断丝接触不良会产生电压降和发热现象。因此，特别要注意检查熔断丝支架有无氧化现象和脏污。有脏污和氧化物时必须用细砂纸打磨光，使其接触良好。安装时要保证良好接触。

2. 熔断丝的应急修理

（1）熔断丝熔断后，在没有备用熔断丝的情况下，绝不能用香烟盒内的锡箔纸或其他金属箔或丝代替熔断丝。如果装上锡箔纸，即使流过锡箔纸 50 A 以上的电流，锡箔纸也只会发热变红，却不会熔断，这将会引起火灾，十分危险。

（2）在应急修理时，可用细导线代替熔断丝。可把汽车上使用的 0.5 mm^2 烯树脂多股绞合线拆开，使用其中的一股。这种细导线一般相当于 15 A 的熔断丝。

上述是一种行驶途中的应急修理方法，一旦回到目的地或有新熔断丝时，应及时换上。

二、易熔线

易熔线是一种截面一定的、可长时间通过额定电流（如 30 A、40 A、60 A 等）的合金导线，用于保护总体线路或较重要电路。如北京切诺基汽车设有五条易熔线，分别保护充电电路、预热加热器、灯光、雾灯及辅助装置电路。

（一）易熔线的规格

易熔线的规格通常用颜色来加以区别，几种常见易熔线的规格见表 2－9。

表 2－9　几种常见易熔线的规格

颜色	尺寸/mm	心线结构	长度 1 m 时的电阻值/Ω	连续通电电流/A	5 s 以内熔断时的电流/A
茶	0.3	ϕ0.32×5 股	0.047 5	13	约 150
绿	0.5	ϕ0.32×7 股	0.032 5	20	约 200

续表

颜色	尺寸/mm	心线结构	长度 1 m 时的电阻值/Ω	连续通电电流/A	5 s 以内熔断时的电流/A
红	0.85	ϕ0.32×11 股	0.020 5	25	约 250
黑	1.25	ϕ0.5×7 股	0.014 1	33	约 300

（二）易熔线故障检查和处理方法

1. 检查和维修注意事项

（1）易熔线在 5 s 内熔断时的电流为 150～300 A，因此，不论在任何条件下绝对不允许换用比规定容量大的易熔线。

（2）易熔线熔断时，可能是电源电路或大电流电路等主要电路发生短路。因此需要仔细检查，找出短路原因，彻底排除故障隐患。

（3）易熔线的四周绝对不能缠绕聚氯乙烯绝缘带，更不能和其他用电设备的导线绞合在一起，也不能和材料是乙烯树脂或橡胶的元件相接触。

2. 易熔线熔断后应急修理方法

易熔线熔断后，如一时无相同规格的易熔线可换，可以暂时用同容量的熔断丝串接在电路上或用粗导线代用，但过后一定要及时换用符合要求的易熔线。

三、电路断电器

对于那些在平常工作时容易过载的电路，一般用电路断电器保护。有些电路断电器需手工复原，如图 2－19 所示；有些则必须撤了电源才能复原，如图 2－20 所示。双金属片循环式电路断电器如图 2－21 所示，是自己复原的。此种电路断电器利用双金属片对过电流起反应的特性，当出现过载或电路故障引起过电流时，双金属片被流过的大电流加热而弯曲，触点副随之张开。触点一旦张开，电流便不再流过双金属片，双金属片自然冷却而再次将触点副闭合。如果电路仍然引起过电流，电路断电器触点再次张开，如此，电路断电器便周期性地张开和闭合，直至不过载为止。

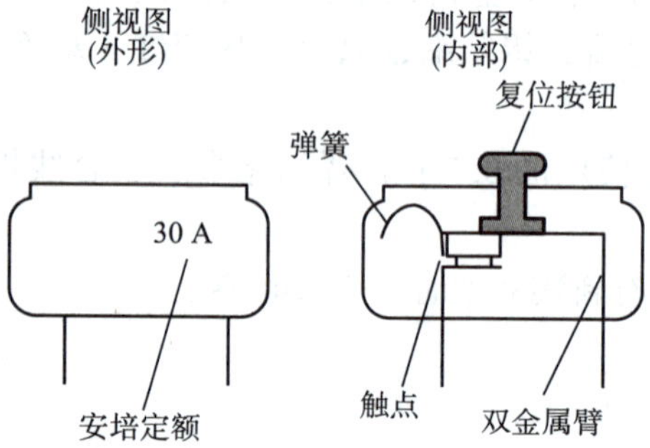

图 2－19　手工复原的电路断电器

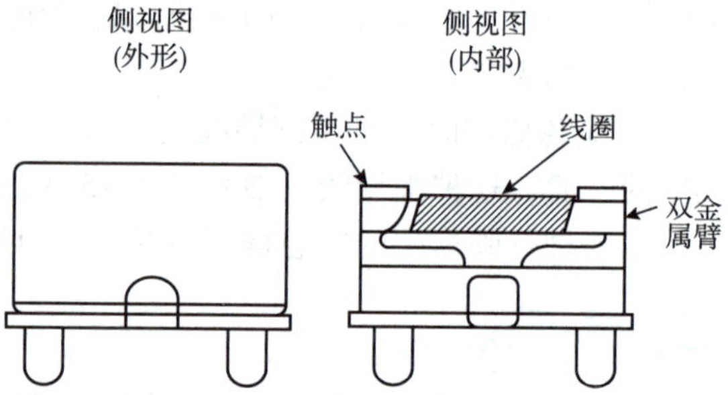

图 2－20　撤电源才复原的电路断电器

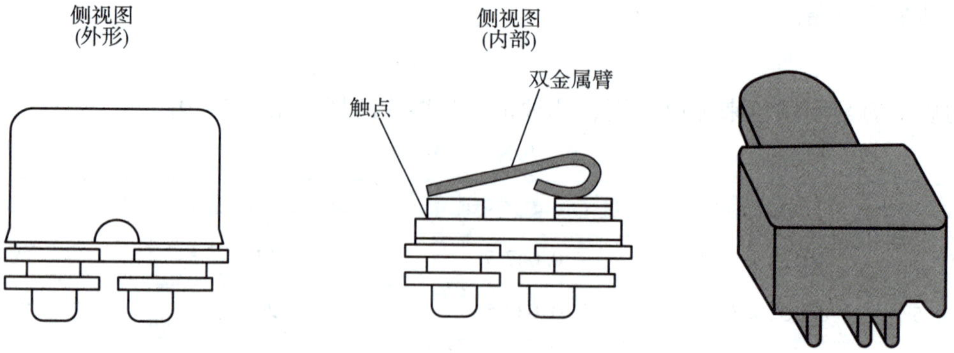

图 2－21　双金属片循环式电路断电器

第五节　汽车配电盒

一、汽车配电盒的组成

汽车配电盒又称为汽车接线盒或熔断丝/继电器盒，汽车电气系统以配电盒为核心进行控制。大部分继电器和熔断丝都安装在汽车配电盒正面，当发生故障时，便于更换和检修。汽车配电盒上一般标有线束和导线插接位置的代号及接点的数字号，主线束从汽车配电盒背面插接后通往各用电设备。

汽车配电盒由配电盒盖、座及配电盒主体组成，在配电盒盖上标有各熔断丝和继电器的位置及功能说明。配电盒总成一般安装在散热良好、方便插接的地方，大多安装在车辆前风窗玻璃外左下角、发动机舱盖的下面，或安装在驾乘室内驾驶员腿上方护罩夹层中。

二、汽车配电盒的识别

桑塔纳轿车汽车配电盒的正面如图 2－22 所示。在汽车配电盒下方安装有 22 个熔断丝，各熔断丝都标明了该熔断丝的编号、被保护的电路和额定电流，见表 2－10（备注：车型和出厂年代不同，熔断丝数量和安装装置有所不同）。

表 2－10　桑塔纳轿车中央线路板上熔断丝的编号、被保护的电路和额定电流

编号	被保护的电路	颜色	额定电流/A	备注
S_1	冷却风扇电机	绿色	30	
S_2	制动灯	红色	10	
S_3	点烟器、收放机、时钟、室内灯、后备厢灯	蓝色	15	
S_4	危险报警灯	蓝色	15	
S_5	燃油泵	蓝色	15	
S_6	前雾灯	蓝色	15	
S_7	左示宽灯、左尾灯	红色	10	
S_8	右示宽灯、右尾灯	红色	10	
S_9	右前照灯远光	红色	10	
S_{10}	左前照灯远光	红色	10	
S_{11}	刮水器和洗涤器	蓝色	15	
S_{12}	电动门窗电机	蓝色	15	
S_{13}	后窗除霜器	黄色	20	
S_{14}	鼓风机（空调）	黄色	20	
S_{15}	倒车灯、车速传感器	红色	10	

续表

编号	被保护的电路	颜色	额定电流/A	备注
S_{16}	双音喇叭	蓝色	15	
S_{17}	怠速截止电磁阀、进气预热器	红色	10	
S_{18}	驻车制动、阻风门指示灯	蓝色	15	
S_{19}	转向灯	红色	10	
S_{20}	牌照灯、杂物箱照明灯	红色	10	
S_{21}	左前照灯近光	红色	10	
S_{22}	右前照灯近光	红色	10	
S_{23}	后雾灯	红色	10	
S_{24}	空调	绿色	30	
S_{25}	自动天线	红色	10	
S_{26}	电动后视镜	紫色	3	
S_{27}	ECU	红色	10	

注：$S_{23\sim27}$为桑塔纳2000GSi型轿车的编号，插在中央线路板的旁边。

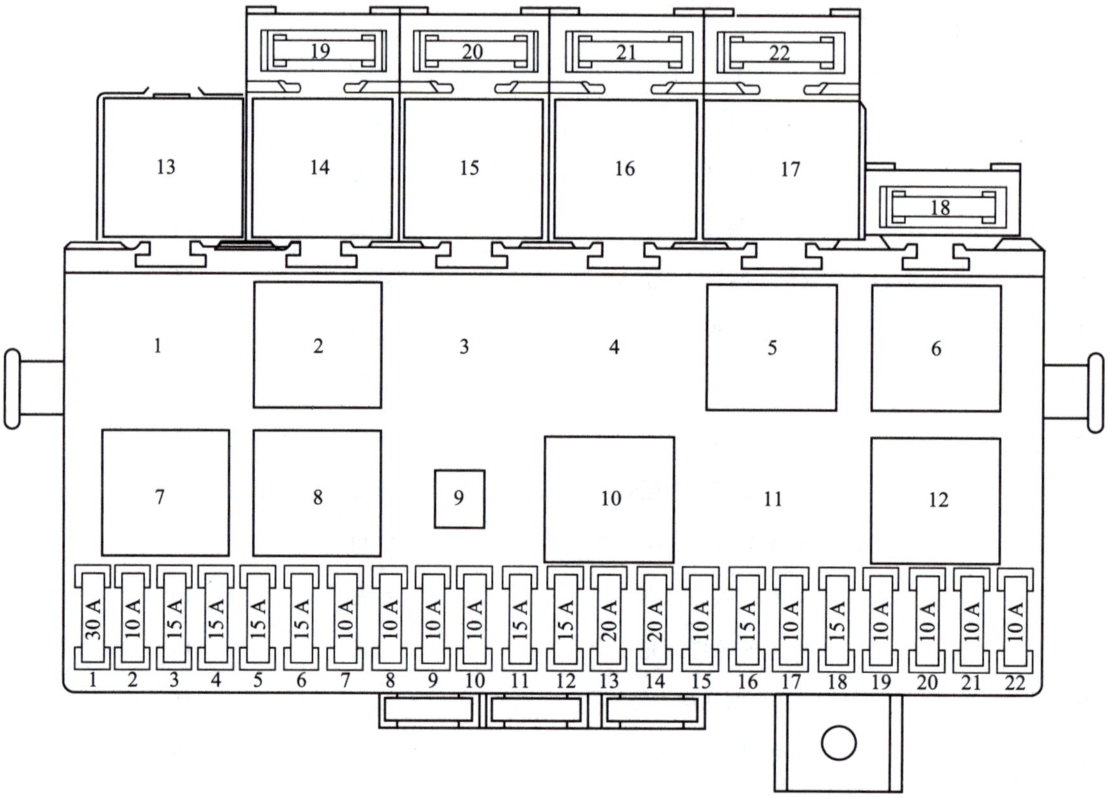

1－空位；2－进气歧管预热继电器；3，4，11－空位；5－空调继电器；6－双音喇叭继电器；
7－雾灯继电器；8－减荷继电器；9－拆卸熔断丝专用工具；10－前风窗刮水和清洗器继电器；
12－报警、转向继电器；13－冷却风扇继电器；14－门窗电机自动继电器；
15－门窗电机延迟继电器；16－内部照明继电器；17－冷却液液面指示控制器；
18－后雾灯熔断丝；19－热保护器；20－空调熔断丝（30 A）；
21－自动天线熔断丝（10 A）；22－电动后视镜熔断丝（3 A）。

图2－22　桑塔纳轿车汽车配电盒正面图

在继电器上面标有阿拉伯数字，该数字表示该继电器在汽车配电盒正面的插接位置。如小圆圈中的数字为5，表示该继电器应当插接在中央线路板正面的5号继电器位置上。继电器端子上标有诸如“3/49a”等字样，其中分子3表示继电器位置上的3号插孔，49a表示继电器或控制器的49a号端子（插头），分子与分母是一一对应的，设计继电器插座与插头时已经保证不会插错。

桑塔纳轿车汽车配电盒背面的结构如图2－23所示，各种插接器的插座均固定在中央线路板背面，与相应的线束插头连接后通往各个电器部件。每个插座的位置代号均用英文字母标注在线路板上，各连接器的颜色及插座与线束插头代号见表2－11。插接线束插头时，线束插头字母代号必须与相同字母的插座连接，以便检查与维修。

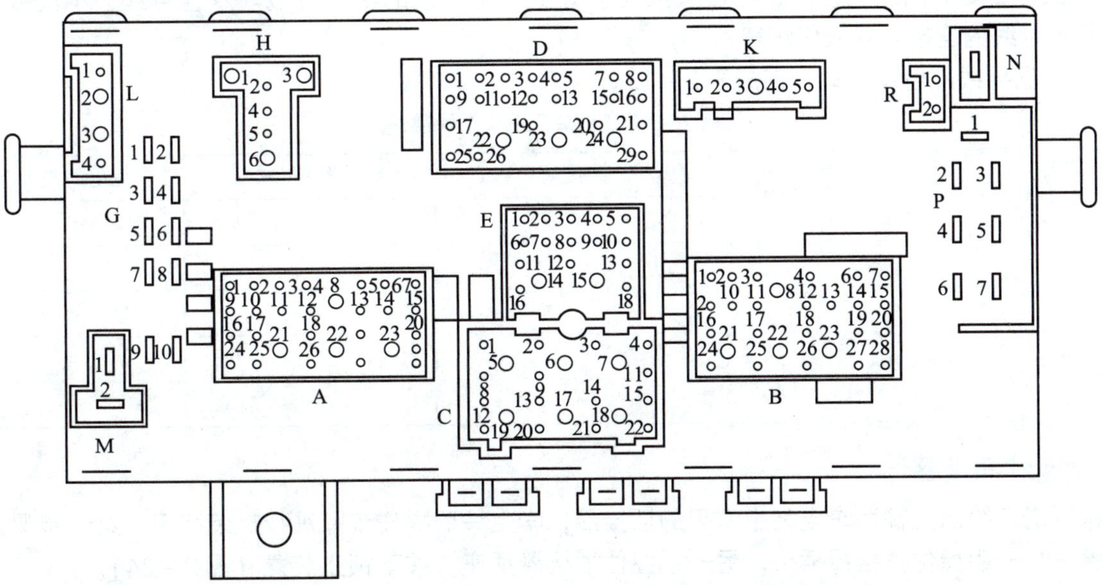

图2－23　桑塔纳轿车汽车配电盒背面布置图

表2－11　中央线路板连接器插座代号及其连接线束的名称

插接器代号	颜色	连接对象
A	蓝色	仪表盘线束
B	红色	仪表盘线束
C	黄色	发动机室左侧线束
D	白色	发动机室右侧线束
E	黑色	车辆的后部线束
G	不定	单端子插座（主要用于连接冷却液不足指示控制器电源线）
H	棕色	空调系统线束
K	不定	安全带与报警系统线束
L	灰色	喇叭线束
M	黑色	车灯开关“56”端子与变光开关56b端子线束
N	不定	单端子插座（主要用于连接进气预热器加热电阻电源线）
P	不定	单端子插座（连接蓄电池与中央线路板“30”号电源线，中央线路板“30”端子与点火开关“30”端子电源线）
R		备用连接器插座

实践操作

识图作业

一、认知汽车导线

由指导老师给出多条不同颜色的汽车导线，请同学们根据实物完成以下任务。

（1）区分各导线的颜色、形状与接头类型，对于不同颜色的单色导线与双色导线、不同截面积的导线及各种导线的连接方式应仔细辨别。

（2）根据导线颜色及代码，完成表 2－12。

表 2－12　汽车导线状态信息表

序号	导线颜色	代码	所属国别/车系	适用的电路系统
1				
2				
3				
4				
5				

二、拆装插接器

由指导老师给出几种汽车电路中常用的插接器，学生按照操作步骤进行拆装练习，具体步骤如下。

步骤一：一手握住插接器插头，另一手握住插接器插座，按下锁止装置（图 2－24）。

步骤二：轻轻拉开插接器，观察插接器内部插脚数量与排列方式。

步骤三：将插头与插座相对，沿导向槽向里推进直到插接器进入锁止状态。

步骤四：轻轻拉动导线，确认插接器已锁紧。

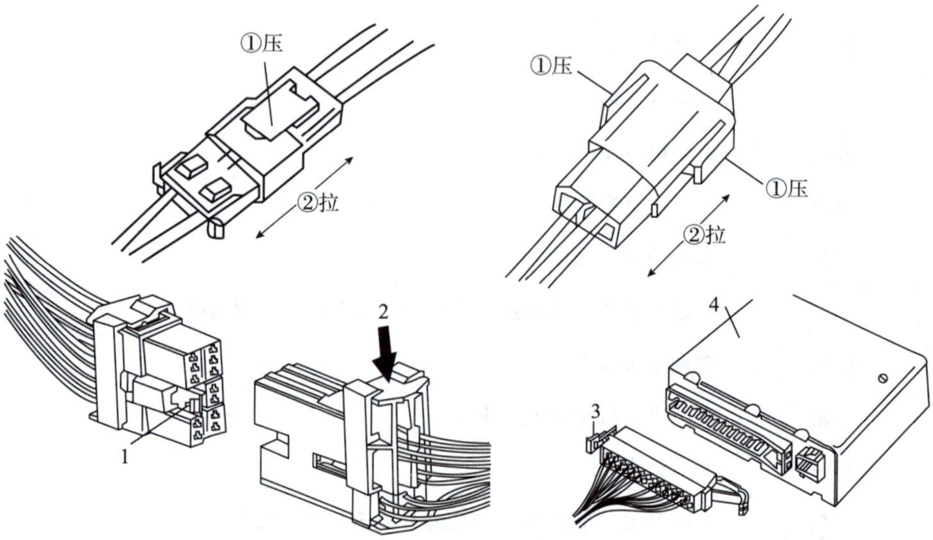

1－锁紧插接器的锁栓；2－拔下定位杆；3－电子控制单元；4－插接器固定锁栓。

图 2－24　插接器的拆装

课程思政

工信部：联合集成电路、半导体器件等关联行业研究发布汽车芯片标准体系

2022年初，工业和信息化部装备工业一司公布《2022年汽车标准化工作要点》（以下简称《要点》），其中提到将联合集成电路、半导体器件等关联行业研究发布汽车芯片标准体系。

具体来看，《要点》要求加快新兴领域标准研制，助力产业转型升级。在新能源汽车领域，启动电动汽车动力蓄电池安全相关标准修订工作，进一步提升动力蓄电池热失控报警和安全防护水平；加快推进电动汽车远程服务与管理系列标准研究，修订燃料电池电动汽车碰撞后安全要求标准，进一步强化电动汽车安全保障。全面推进燃料电池电动汽车能耗及续驶里程、低温启动性能、动力性能试验方法等整车标准以及燃料电池发动机性能试验方法、车载氢系统技术条件等关键系统部件标准研究，支撑燃料电池电动汽车关键技术研发应用及示范运行。

同时，加快构建完善电动汽车充换电标准体系，推进纯电动汽车车载换电系统、换电通用平台、换电电池包等标准制定；开展电动汽车大功率充电技术升级方案研究和验证，加快推进电动汽车传导充电连接装置等系列标准修订发布。

在智能网联汽车领域。开展汽车软件在线升级管理试点，组织信息安全管理系统等标准试行验证，完成软件升级、整车信息安全和自动驾驶数据记录系统等强制性国家标准的审查与报批。完成封闭场地、实际道路及模拟仿真等试验方法类标准的制定发布，面向L2级组合驾驶辅助系统开展标准验证试验。协同推动智慧城市网联基础设施相关标准制定，支撑智能网联汽车与智慧城市基础设施、智能交通系统、大数据平台等的互通互联。

在汽车芯片领域。开展汽车企业芯片需求及汽车芯片产业技术能力调研，联合集成电路、半导体器件等关联行业研究发布汽车芯片标准体系。推进MCU控制芯片、感知芯片、通信芯片、存储芯片、安全芯片、计算芯片和新能源汽车专用芯片等标准研究和立项。启动汽车芯片功能安全、信息安全、环境可靠性、电磁兼容性等通用规范标准预研。

《要点》还要求推动燃气汽车燃气系统安装规范、间接视野装置性能和安装等标准发布，加快灯光系列标准整合以及机动车乘员用安全带及固定点、机动车儿童乘员用约束系统等标准修订。推进乘用车制动系统、前后端防护装置、顶部抗压强度、行人碰撞保护、侧面碰撞乘员保护、后碰撞燃油系统安全要求、防盗装置等标准制修订，进一步强化乘用车安全要求。加快商用车驾驶室外部凸出物标准、专用校车安全、专用校车学生座椅及其车辆固定件强度等标准制修订。

此外，还要持续完善标准顶层设计，加强各方统筹进一步优化汽车行业“十四五”技术标准体系，持续完善新能源汽车、智能网联汽车等重点领域标准体系建设指南，研究制定智能网联汽车测试装备标准体系，加快构建汽车芯片标准体系。高度重视汽车标准的交叉融合问题，推动建立跨行业跨领域工作协同机制，进一步强化行业协同、上下联动，大力推动电动汽车充电、汽车芯片、智能网联汽车等重点领域标准的统筹协调，不断提升标准工作开放性和加强标准技术来源和行业需求研究，鼓励行业机构、业界企业、社会公众等提出标准需要和意见建议。

（来源：人民网）

思考练习

一、填空题

1. 汽车电系的导线有高压线、低压线两种，两者均采用________多心软线。
2. 插接器由________与________组成。
3. 点火开关的挡位中________与________电流较大，不易长时间接通。
4. 近距离安装多个继电器时，其间距一般为________。
5. 汽车上广泛使用的电路保护装置有________、________和________。

二、简答题

1. 如何选择低压导线？
2. 如何选用继电器？
3. 电路保护装置有哪些类型？它们各自的特点是什么？
4. 汽车配电盒主要由哪些部件组成？主要功能是什么？
5. 安装线束时应注意哪些事项？

第三章

汽车电路图的识读

本章导读

汽车电路图是根据汽车电路的结构特点描绘而成，直观地展现了汽车电路的基础构造与工作原理，对学生学习与检修汽车电路至关重要。汽车电路图的表达方式多种多样，通过本章的学习将掌握不同汽车电路图的特点与识读技巧。

学习目标

1. 了解汽车电路的基本特点。
2. 了解汽车电路图的基本类型。
3. 熟悉汽车电路图的基本识读方法。
4. 能够对基本的汽车电路图进行识读。

第一节 了解汽车电路图

一、汽车电路的基本特点

虽然目前市面上的汽车种类繁多，不同国家、不同车系的汽车电路构造不尽相同，但是都有以下共同特点。

汽车电路的基本特点

（一）低压

汽车电路的标称电压有 12 V 与 24 V 两种。汽油汽车普遍采用 12 V 电源供电，而重型柴油车辆多用 24 V 电源供电。

知识链接

在一些重型载货柴油车辆中，只有柴油发动机的起动机采用 24 V 电源供电，而其他电气设备通过电源转换器来改变电源供电电压，仍采用 12 V 电源供电。

汽车电路采用低压电源供电的工作方式，其主要的优点是安全。另外由于低压电源电路中蓄电池的单格数量少，有利于减小蓄电池的质量与尺寸。

（二）直流

由于发动机需要靠起动机来启动，而起动机由直流电源蓄电池供电，蓄电池在消耗电能后又必须用直流电进行充电，故汽车电路均采用直流电源供电。

（三）设备并联

汽车电路中的各电气设备都是相互并联连接的，每条电路都有自己的控制器件与保护装置，以保证各电气设备能独立工作，互不干扰。

（四）各系统相对独立

由于汽车电路各电气设备相互并联，电气设备组成的电路系统之间的工作方式也相互独立。汽车全车电路一般可以分成以下几个相对独立的电路系统。

电源电路：由蓄电池、发电机、调节器及工作状况指示装置（电流表、充电指示灯）等组成。

启动电路：由起动机、启动机继电器、启动开关及启动系统保护装置等组成。

点火电路：由点火线圈、分电器、电子点火器、火花塞、点火开关等组成。

照明与信号电路：由前照灯、雾灯、示廓灯、转向灯、制动灯、倒车灯、电喇叭及相应的控制继电器与开关等组成。

仪表指示电路：由仪表、传感器、各种报警指示灯及控制器组成。

电子控制电路：由电子控制燃油喷射系统、自动变速系统、制动防抱死（ABS）系统、自动巡航系统及悬挂控制系统等组成。

辅助电路：因车型不同，配置会有差异。辅助电路一般包括电动雨刮器系统、挡风玻璃除霜系统、电动座椅控制系统、电动天窗控制系统、电动后视镜控制系统、启动预热系统及中控门锁系统等。

（五）单线连接、负极搭铁

单线连接是指电源（蓄电池与发电机）正极与电气设备之间只用一根导线连接，并利用发动机、车身及车架等金属机件作为公共回路与电源负极连接。即电流是从电源的正极出发，经导线流入到电气设备后，通过金属机件流回电源负极形成电流回路。汽车电路一般采用单线连接。

知识链接

单线连接可使线路简化，组装与检修更方便。但是在某些特殊情况下也需要采用双线连接。

单线连接时，电源负极与汽车发动机、车身等金属机件相连接，称为负极搭铁；反之，若电源正极与金属机件相连接，称为正极搭铁。我国汽车行业标准中规定，汽车电气系统统一为负极搭铁。

（六）网络控制

随着汽车电子技术的发展，汽车电路多数电气设备的工作已不再由单一信号控制，而是由具有一定逻辑信号的多个信号共同控制，这些控制信号构成了一个网络，组成电子控制单元（ECU）。各 ECU 连接着指定部位的传感器，每个传感器提供一路信号，某些信号是多线路共用的，所以各 ECU 也要靠网络技术连接。

随着汽车日趋智能化与自动化，汽车拟人思维的功能控制所需要的信号越来越多，其逻辑关系也日趋复杂，网络结构不断发展。目前汽车车载网络结构在向 CAN 总线方式过渡。

二、汽车电路图的类型

汽车电路图的形式多样，主要分为原理图、线路图、线束图三大类别。

（一）原理图

汽车电路原理图用以表明汽车电路各电气设备的工作原理，是按照各国家规定的图形与符号，根据电路原理，把电源及电气设备按一定的原则合理地连接起来组成的电路图。电路原理图中的导线只表明各元件之间相互连接，并不表示其在汽车中的实际安装位置及接线方式，电路中的各元器件也都以图形或符号的形式表示。如图 3－1 所示为东风 EQ1090 型载货汽车的整车电路原理图。

在图中引入电位高低的概念，电源一般画在最左边，从电源出发，在电源正极电位最高，正极导线用电路图最上方的导线表示；负极搭铁，电位最低，在电路图最下方。电流基本都是由上而下，其路径是：电源正极→控制开关→电气设备→搭铁→电源负极。

汽车电路原理图为了图面清晰、简洁，减少了导线的曲折与交叉，图形符号直接体现了元器件在电路中的作用，易读易懂。

汽车电路原理图可分为全车电路原理图与局部电路原理图。全车电路原理图展示整个汽车电路及工作原理，是分析汽车电路故障的主要依据。局部汽车电路原理图是为了表述汽车电路中局部电路的工作原理，从整车电路原理图中分离出来绘制而成的电路原理图。

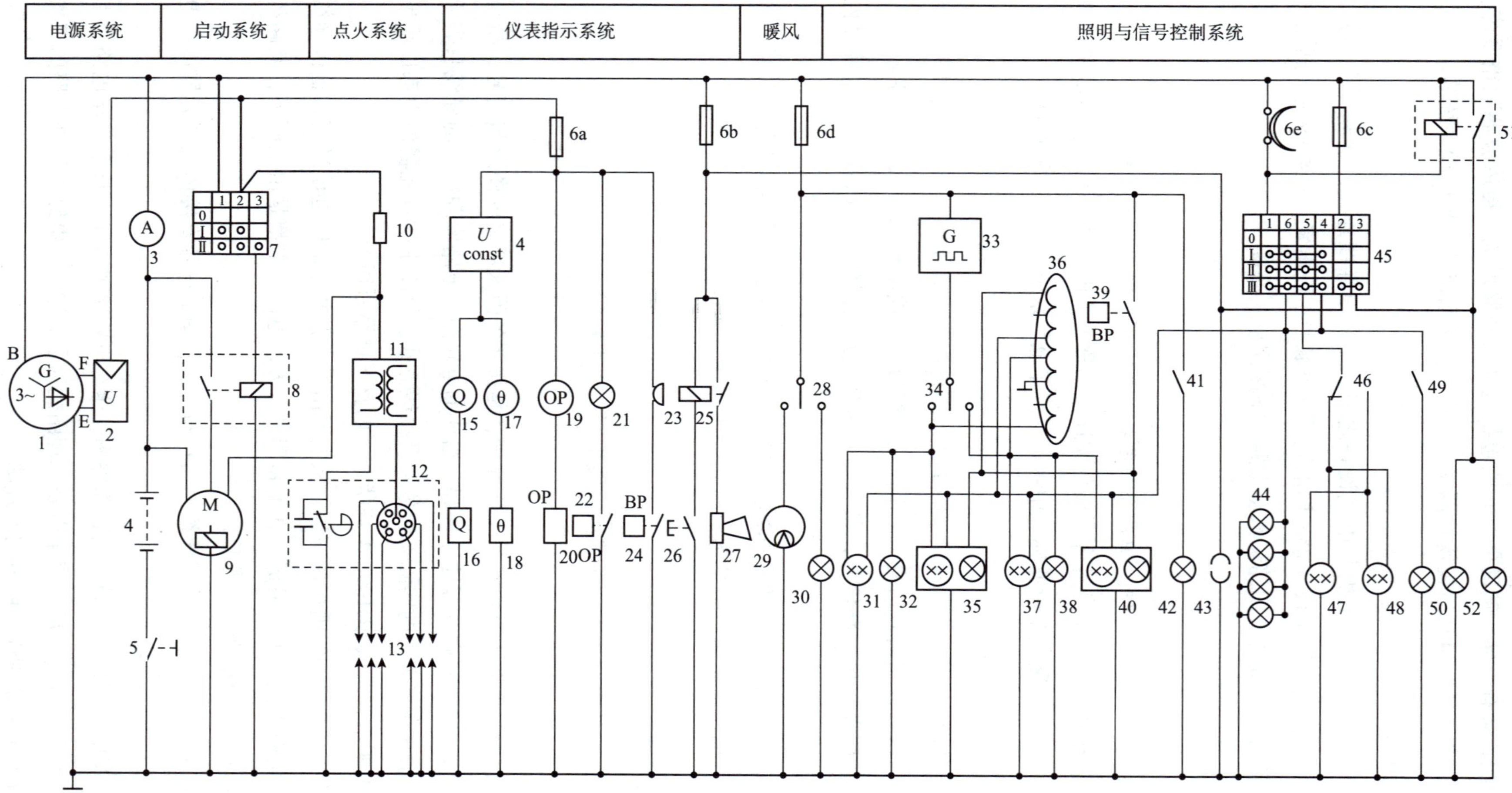

1 – 交流发电机；2 – 交流发电机调节器；3 – 电流表；4 – 蓄电池；5 – 电源总开关；6a ~ 6d – 熔断器；6e – 双金属片式断路器(20 A)；7 – 点火开关；8 – 启动继电器；9 – 启动机；10 – 附加电阻丝；11 – 点火线圈；12 – 分电器；13 – 火花塞；14 – 仪表稳压器；15 – 燃油表；16 – 燃油表传感器；17 – 冷却液温度表；18 – 冷却液温度传感器；19 – 油压表；20 – 油压表传感器；21 – 油压过低指示灯；22 – 油压过低警报开关；23 – 气压过低蜂鸣器；24 – 气压过低警报开关；25 – 喇叭继电器；26 – 喇叭按钮；27 – 喇叭；28 – 后照灯和暖风电动机开关；29 – 暖风电动机；30 – 后照灯；31 – 左前组合灯；32 – 左转向指示灯；33 – 闪光器；34 – 转向灯开关；35 – 左后组合灯；36 – 挂车插座；37 – 右前组合灯；38 – 右转向指示灯；39 – 制动灯开关；40 – 右后组合灯；41 – 驾驶室顶灯开关；42 – 驾驶室顶灯；43 – 工作灯插座；44 – 仪表灯；45 – 车灯开关；46 – 变光开关；47 – 左前照灯；48 – 右前照灯；49 – 发动机罩下灯开关；50 – 发动机罩下灯；51 – 灯光继电器；52 – 前侧灯。

图 3 – 1　东风 EQ1090 型载货汽车的整车电路原理图

（二）线路图

汽车电路线路图可分为布线图与接线图。

1. 布线图

布线图是用来表示汽车电气设备的大致位置与线路的连接情况的，优点是能体现出各电气设备在汽车中的大致分布位置与线路的实际连接情况；缺点是线路密集，交错复杂，查找线路与进行电路原理分析比较困难。如图 3-2 所示为汽车电路布线图。

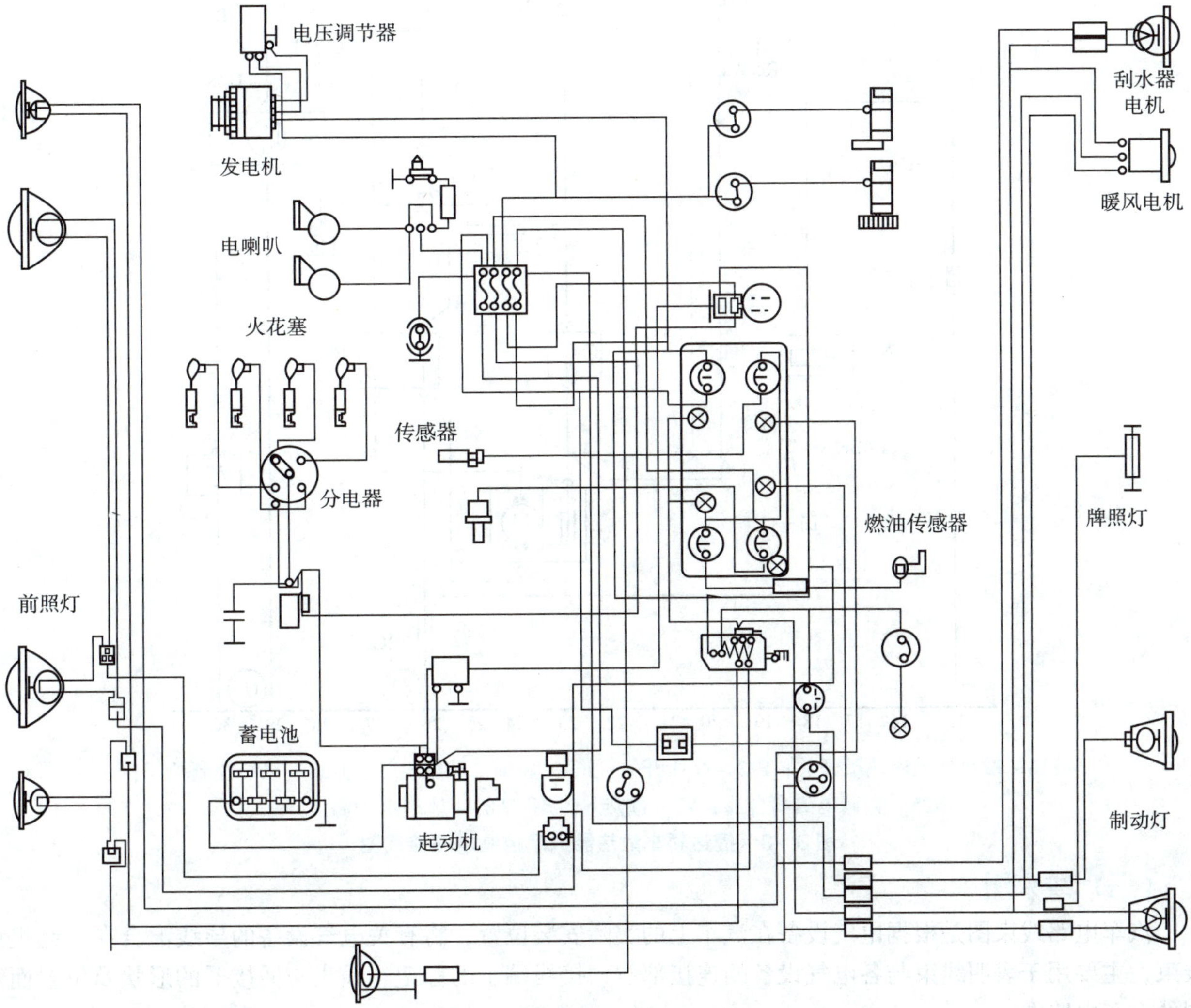

图 3-2　汽车电路布线图

2. 接线图

接线图是用来表示各电气设备与电源之间的实际连接情况的，但是对各设备的位置与线路的布置等都做了简化。接线图的优点是方便故障查询，比汽车电路布线图简单易懂，在汽车电气设备的安装及汽车电路系统的检修中使用较多。如图 3-3 所示为捷达轿车散热器风扇控制电路的接线图。

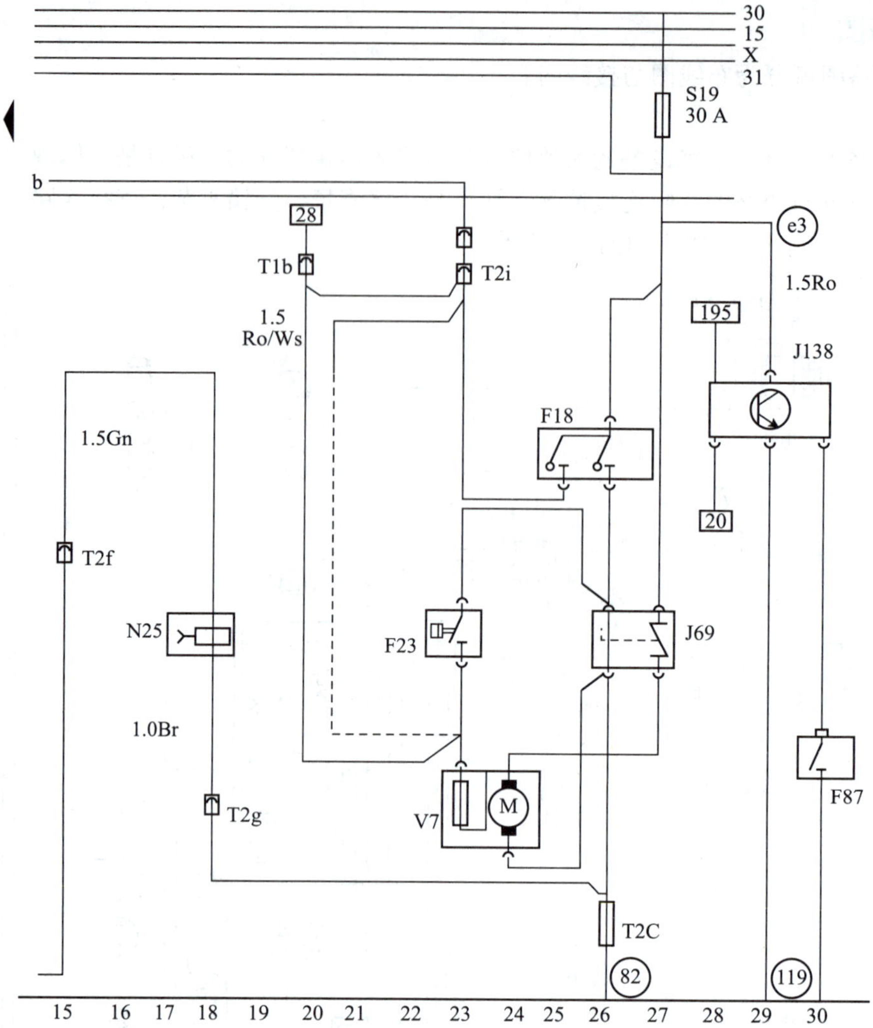

F18－散热器风扇热敏开关；F23－高压开关；J69－风扇二挡继电器；J138－风扇控制单元；
N25－空调电磁离合器；V7－散热器风扇；F87－风扇启动温度开关。

图 3－3　捷达轿车散热器风扇控制电路接线图

（三）线束图

汽车电路线束图是根据电气设备在汽车上的实际安装位置，将有关电气设备的导线汇合在一起组成线束，主要用于表明线束与各电气设备的连接部位、接线端子的标记、线头与插接器的形状及位置而绘制的全车电路图。

汽车电路线束图根据所表述内容的侧重点不同，可分为线束结构图、线束定位图、线束布线图 3 种。

1. 线束结构图

用于表述汽车电路的线束内部结构，如图 3－4 所示为东风 EQ1090 汽车电路线束结构图。

2. 线束定位图

用于表述一条或几条电路线束的走向、连接点以及电路线束的固定等信息，如图 3－5 所示为富康轿车 TU5JP/K 发动机电路线束定位图。

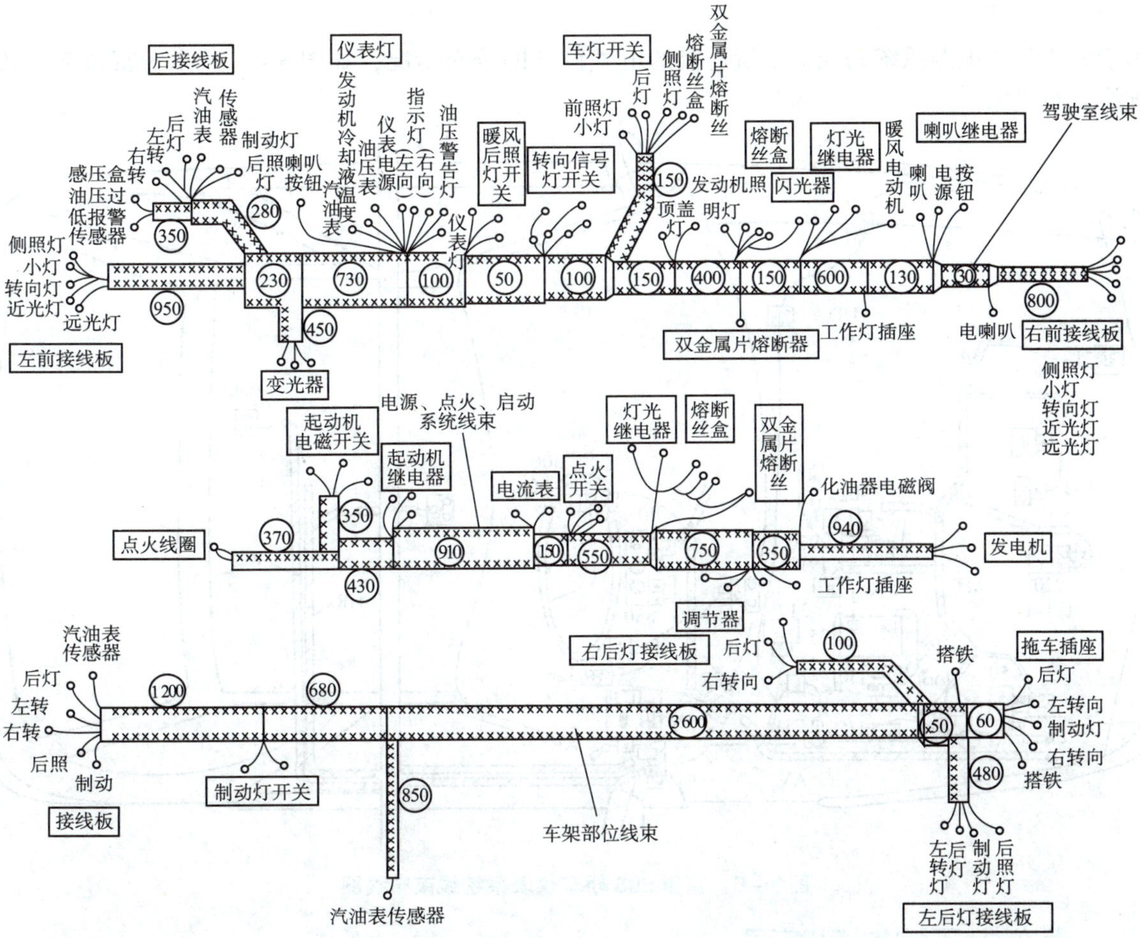

图 3-4 东风 EQ1090 型汽车电路线束结构图

注：○内数字为该段线束包扎的长度，单位为 mm。

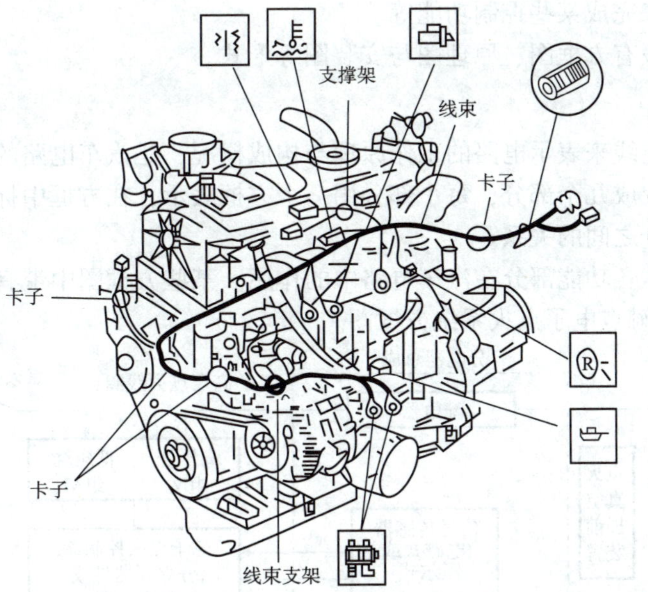

图 3-5 富康轿车 TU5JP/K 发动机电路线束定位图

3. 线束布线图

用于表述某个电路系统的线束及所连接的电气设备的分布情况，如图 3－6 所示为富康 998 轿车仪表系统线束布线图。

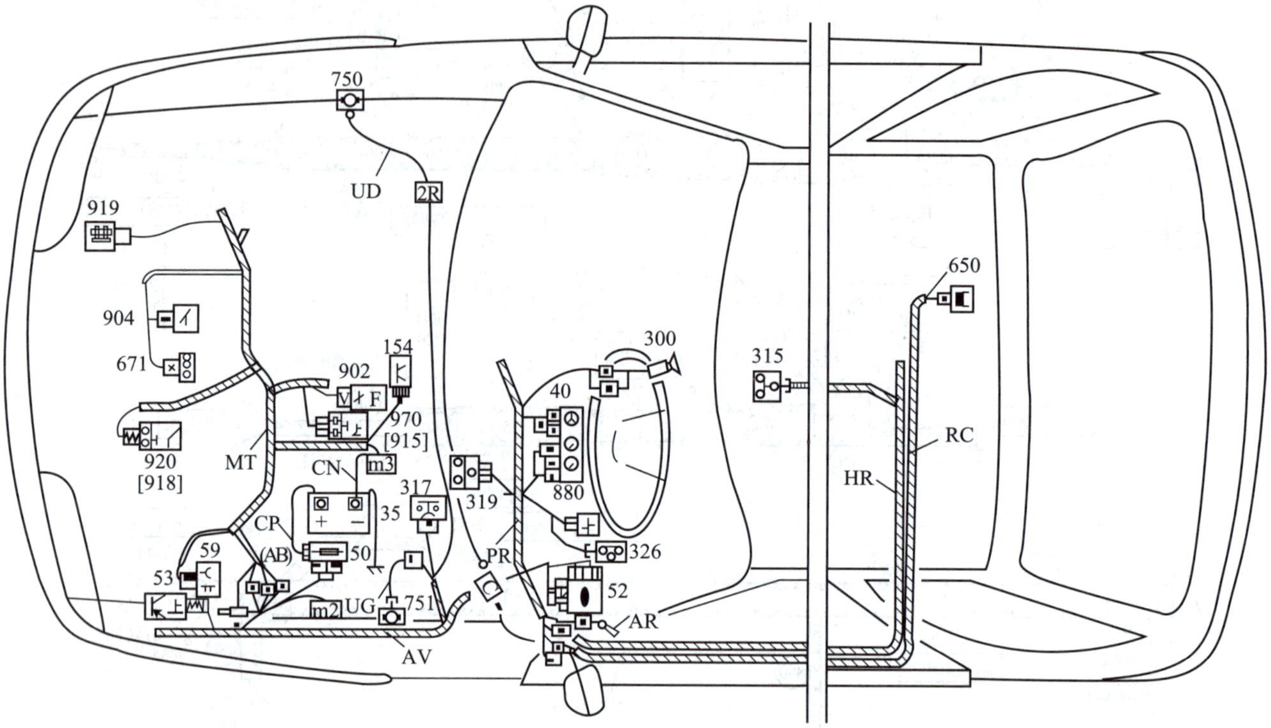

图 3－6　富康 998 轿车仪表系统线束布线图

三、汽车电子控制电路图

带电子控制的汽车电路又称汽车电子控制电路，是汽车电路的重要组成部分，是由各种电子元器件组成的，具有电子电路的基本特征，同时也有其自身的特点，如机电一体化结合紧密、多以密封组件的形式出现在汽车上、用来完成某些控制功能等。

汽车电子电路图一般有方框图、原理图与安装图等形式。

（一）方框图

方框图是用方框与连线来表示电路的工作原理与构成概况，是汽车电路的一种电路简图。它简单地将汽车电路按照功能划分成几个部分，每个部分用一个方框表示，在方框中标注有文字说明，在方框之间用连接线来说明各部分之间的关系。

方框图能直观地表达各功能部分在汽车电路中的作用。某些方框图中带有箭头，表示信号的传输方向，如图 3－7 所示为无触点电子点火系统方框图。

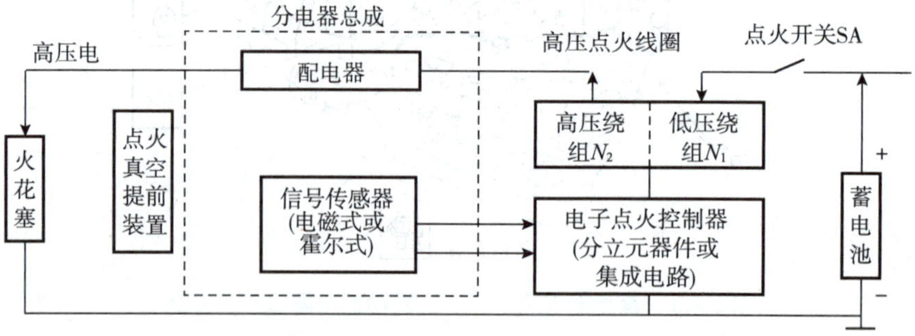

图 3－7　无触点电子点火系统方框图

从图 3－7 中可以看出，点火系统电路主要由蓄电池、电子点火控制器、高压点火线圈、分电器总成、点火真空提前装置等组成。箭头方向表示了信号的传输方向，信号传感器产生的信号送给点火控制器，点火控制器根据接收到的信号控制点火线圈初级电路的通断，点火线圈产生的高压经过高压线送给配电器，再由配电器经高压线送给各缸火花塞。

（二）原理图

汽车电子控制电路按结构组成可分为：分立电子元器件组成的电子电路、集成电路组成的电子电路、微处理器组成的电子电路。

1. 分立电子元器件电路原理图

如图 3－8 所示为 CA1091 型汽车所用的 JFT106 型晶体管电压调节器电路原理图。

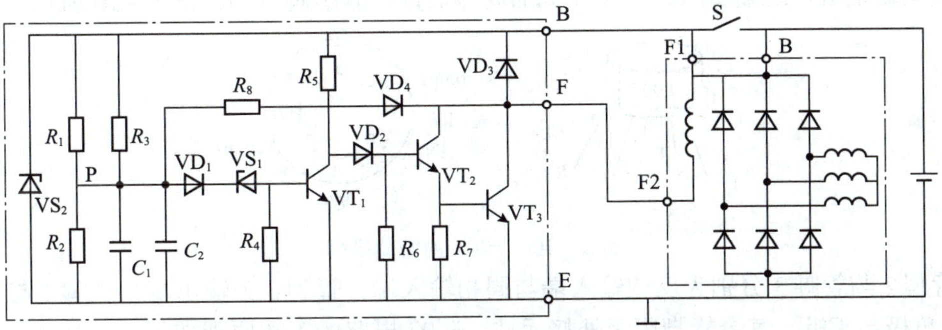

图 3－8 JFT106 型晶体管电压调节器电路原理图

从图 3－8 中可以看出，JFT106 外面有 3 个接线柱：B（电源接线柱）、F（磁场接线柱）、E（搭铁接线柱），分别与点火开关、磁场绕组、搭铁端连接。其工作流程如下。

闭合点火开关 S，启动发电机。此时蓄电池通过分压器将电压加在稳压管 VS_1 两端，且该电压值低于稳压管 VS_1 的稳压值，所以 VS_1 截止，VT_1 截止，VD_2 承受正向电压导通，为 VT_2 提供基极电流，VT_2 导通，VT_3 导通，这时蓄电池经大功率三极管 VT_3 供给励磁电流，其励磁电流电路为：蓄电池正极→点火开关 S→“F1”→励磁绕组→“F2”→调节器“F”接线柱→VT_3 的集电极→VT_3 的发射极→搭铁→蓄电池负极。

发动机带动发电机，发电机端电压随发动机转速而逐步升高。当发动机端电压值高于蓄电池端电压且达到调节电压值时，VS_1 反向击穿而导通，使 VT_1 导通，导致 VD_2 正极搭铁而截至，无法为 VT_2 提供基极电流，故 VT_2 截止，VT_3 截止，发电机励磁电路断开，励磁电流迅速减小，磁场衰减，发电机端电压下降。当发电机端电压下降到调节电压值以下时，VS_1 截止，VT_1 截止，VT_2，VT_3 导通，励磁电路导通，发电机端电压重新上升。

通过以上流程的循环，在发动机转速变化时，通过晶体管 VT_3 的导通与截止，就能自动调控发电机的端电压。若转速提高，调节器控制 VT_3 截止的时间增长，发电机的平均励磁电流减小，从而使发电机的电压保持稳定，达到调节电压的目的。

2. 集成电路原理图

集成电路在汽车电子控制电路中应用较多，例如，电源系统中的 L 系列（L485，L9480）与 JFT 系列集成电路电压调节器，点火系统用到的 L 系列（L482，L497）与 M，MC 系列点火控制集成电路，另外很多辅助电路也会用到集成电路。

如图 3－9 所示为一种用 F007 控制的照明顶灯渐暗电路，其特点是当车门关闭后，车内的照明灯不会马上熄灭，而是自动由亮慢慢变暗，直至完全熄灭。

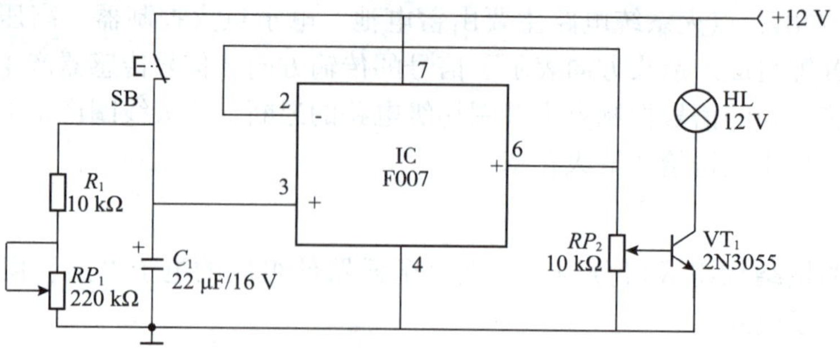

图 3-9　F007 照明顶灯渐暗控制电路

F007 集成电路是由 8 线金属圆壳封装而成的固体器件，其引脚排列如图 3-10 所示。

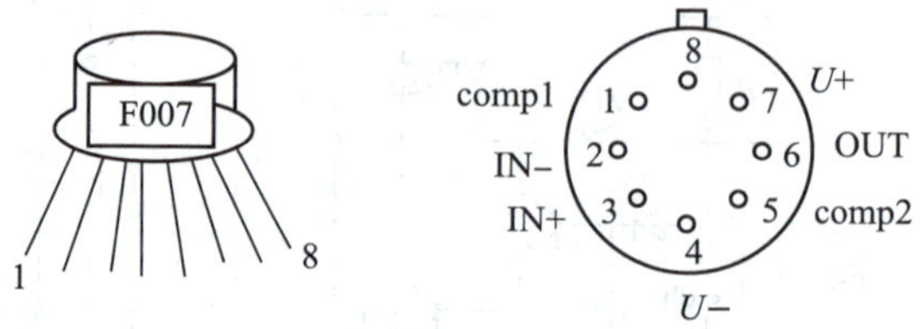

图 3-10　F007 的管脚排列

F007 的管脚 2 与管脚 3 分别为反相输入端与同相输入端，管脚 6 为输出端，管脚 4 与管脚 7 分别为外接直流电源负极与正极，其余管脚用于外接元件。F007 电路的工作原理如下。

（1）车门打开：车门控制开关 SB 受压闭合，电路导通，形成电流回路为蓄电池 +→熔断丝→SB→C_1→搭铁，于是 C_1 快速充电，导致 IC 的 3 号脚电位逐渐上升。当充电结束时，6 号脚的电位近似为 12 V，VT_1 导通，车内灯 HL 最亮。

（2）车门关闭：SB 断开，这时 C_1 通过 R_1 与 RP_1 的回路开始放电。C_1 两端的电压随着不断放电而下降，IC 的输出电压也随之降低，VT_1 的集电极电流减小，车内顶灯的亮度逐渐变暗。当放电结束时，3 号脚电位为 0，6 号脚的电位也为 0，VT_1 截止，灯 HL 熄灭。

（三）安装图

在汽车电路中，一般把电子元器件安装在印制电路板上，所以电子控制电路的安装图就是在电路板上用实物图或符号画出每个元器件及需焊接的焊孔位置的印制电路板图，包括电路板正面对应的实体安装图及电路板背面的接线图。如图 3-11 所示为 LM358N 芯片组成的遥控接收器电路印制板图。

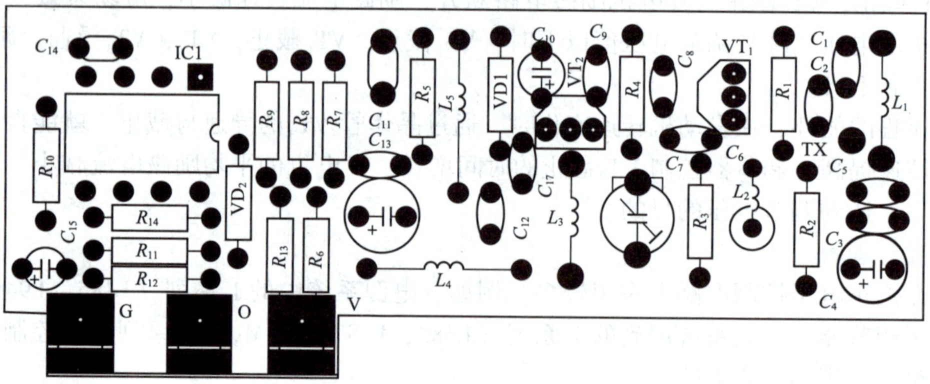

图 3-11　LM358N 芯片组成的遥控接收器电路印制板图

印制电路板图有导线电路分布和机械加工尺寸等内容，通常用元器件符号来代替实物，表示元器件之间的关系。

四、汽车电路图形符号

目前世界各国汽车电路图的图形符号并未完全统一。我国使用的图形符号可分为：限定符号，导线、端子与导线连接线的连接符号，电气元件符号，触点与开关符号，传感器符号，仪表符号，电气设备符号等7种，如表3－1～表3－5所示。

表3－1　限定符号和导线、端子与导线连接线的连接符号及名称

名称	图形符号	名称	图形符号	名称	图形符号	名称	图形符号
直流	—或---	正极	+	磁场	F	磁场二极管输出端子	D
交流	~	负极	—	搭铁（接地）	⊥		
交直流	≂	中性点	N或				
接点	•	导线的跨越		交流发电机输出接线柱	B	断开的连接片	
端子	○						
可拆卸端子	⌀	插座的一极		多极插头与插座（图示为三极）		边界线	
导线的连接		插头的一极					
导线的分支连接		插头和插座				屏蔽（护罩）	
导线的交叉连接				接通的连接片		屏蔽导线	

表3－2　电气元件符号及名称

名称	图形符号	名称	图形符号	名称	图形符号	名称	图形符号
电阻器		加热元件电热塞		光电二极管		一个绕组电磁铁	
可变电阻器		电容器		PNP型三极管			
压敏电阻器	U	可变电容器		集电极接管壳三极管（NPN型）		两个绕组电磁铁	
		极性电容器					
热敏电阻器	θ	穿心电容器		具有两个电极的压电晶体管			
滑线变阻器		半导体二极管		电感器、线圈、绕阻、扼流圈		不同方向的绕组电磁铁	
分路器（带分流或分压的电阻器）		单向击穿二极管/电压调整二极管（稳压管）		带磁芯的电感器			
				熔断器		触点常开的继电器	
滑动触点电位器		发光二极管		易熔线			

续表

名称	图形符号	名称	图形符号	名称	图形符号	名称	图形符号
仪表照明调光电阻		双向二极管（变阻二极管）		电路断路器（双金属片式）		触点常闭的继电器	
				永久磁铁			
光敏电阻		三极晶体管闸流管		操作器件			

表3-3　触点与开关符号及名称

名称	图形符号	名称	图形符号	名称	图形符号
动合（常开）触点		先断后合的触点		双动合触点	
动断（常闭）触点		中间断开的双向触点	或	双动断触点	
定位（非自动复位）开关		一般机械操作		制动压力控制	BP
按钮开关（不闭锁）		钥匙操作		液位控制	
能定位的按钮开关		液位控制开关		凸轮控制	
拉拔开关（不闭锁）		机油滤清器报警开关	OP	联动开关	
旋转、旋钮开关（闭锁）		热敏开关动合触点	θ	手动开关的一般符号	
单动断双动合触点		热敏开关动断触点	θ	旋转多挡开关位置	0 1 2
双动断单动合触点		双金属片自动开关动断触点		推拉多挡开关位置	0 1 2
一般情况下手动控制		热继电器触点		钥匙开关（全部定位）	0 1 2
拉拔操作		热执行器操作		多挡开关，点火、启动开关瞬时位置为2能自动返回到1（2挡不能定位）	0 1 2 0,1
旋转操作		温度控制	θ		

表 3－4　仪表和传感器符号及名称

名称	图形符号	名称	图形符号	名称	图形符号
推动操作	E---	压力控制	P---	节流阀开关	
指示仪表（星号按规定字母或符号写入）	*	空气温度传感器	θ_A	温度表	θ
电压表	V	水湿传感器	θ_W	燃油表传感器	Q
电流表	A	空气压力传感器	AP	油压表传感器	OP
电压/电流表	A/V	欧姆表	Ω	空气质量传感器	m
传感器的一般字符（星号按规定字母或符号输入）	*	瓦特表	var	空气流量传感器	AF
		油压表	OP		
温度表传感器	θ	转速表	n	制动压力传感器	BP
燃油表	Q	数字式电钟	8	转速传感器	n
车速里程表	V	氧传感器	λ	速度传感器	v
电钟		爆燃传感器	K	传声器一般符号	
缓冲传感器	PA	洗涤液液位传感器	WF	蓄电池传感器	B
燃油滤清器、积水传感器	W	制动器摩擦片传感器	F	制动灯传感器	BR
尾灯传感器	T				

表 3－5　电气设备符号及名称

名称	图形符号	名称	图形符号	名称	图形符号
加热定时器	H T	星形连接的三相绕组	或Y	燃油喷射控制微机（柴油）	EDIC
点火电子组件	I G	三角形连接的三相绕组	或△	排气控制微机	EC

续表

名称	图形符号	名称	图形符号	名称	图形符号
空调鼓风电动机（室内用，可调风量与风向）	M	定子绕组为星形连接的交流发电机	G 3~	水平驱动电动机	M
				水平偏转驱动电动机	M
刮水电动机	M	定子绕组为三角形连接的交流发电机	G 3~	垂直偏转驱动电动机	M
天线电动机	M	外接电压调节器的交流发电机	G 3~ U	车门锁电动机	M
直流伺服电动机	SM	整体式交流发电机	G 3~ U	空调系统空气流向控制电动机（伺服）	M
直流发电机	G	燃油喷射控制微机（汽油）	EFI	空气冷凝器与散热器电风扇	M
振荡器	~	喷油器		直流电动机	M
变换器、转换器		防盗报警系统		串激直流电动机	M
光电发生器	G	天线一般符号		压力调节器	P
空气调节器		发射机		安全带开关定时器	ATM
滤波器		收音机		加热定时器（非电子）	HT
仪表稳压器	U const	内部通信联络及音响		自动阻风门	
间歇刮水继电器		热继电器		车速指示继电器	V
带电钟的自记车速里程表	V	点火线圈		超速报警继电器	n>
点烟器		分电器	图示为4缸	功率放大器	W
门窗电动机（垂直驱动）	M	火花塞		空调控制器	A–C

续表

名称	图形符号	名称	图形符号	名称	图形符号
座椅安全带装置		电压调节器	U	防抱死制动微机	ABS
电子门锁（中央集控门锁）	EC	转速调节器	n	并激直流电动机	M
真空度开关	VP	温度调节器	θ	永磁直流电动机	M
无线电话		收放机		启动机（带电磁开关）	M
灯泡自动检测器		汽车底盘与吊机间电路滑环与电刷		燃油泵电动机、洗涤电动机	M
点火正时传感器		集电环或换向器上的电刷		晶体管电动燃油泵	
照明、信号、仪表、指示灯		信号发生器	G	自记车速量程表	V
双丝灯		脉冲发生器	G	三丝灯	
荧光灯		闪光器	G	霍尔信号发生器	
组合灯		遥控继电器		加热器（除霜器）	
磁感应信号发生器		蓄电池		预热指示器	
扬声器		蓄电池组		空调压缩机的电磁离合器	
元件、装置、功能元件（填入或加上适当符号或代号）		蜂鸣器		用电动机操纵的急速调整装置	M
		电磁阀一般符号		过电流保护装置	$I>$
温度补偿器	θ COMP	报警器、电警笛		过电压保护装置	$U>$

第二节 汽车电路图的识读

一、汽车电路图的识读方法与注意事项

汽车电路中的电气设备众多，线路、控制方式较为复杂，不同国家、不同车系的汽车电路图的绘制方法、符号标识等不尽相同，所以各汽车制造商给出的汽车电路图差异较大，且电路图种类多样，同一车型的汽车电路图都有多种描绘方式，但它们有很多共性，在电路图的识读上也有很多通用的方法与技巧。

为了方便识图，现将汽车电路图的识读技巧概括如下。

（一）认真读图注与电气图形符号

图注是用来说明汽车电路图中的电气设备的名称及其数码代号的。通过读图注可以了解电路图中用到了哪些电气设备，然后再通过电气设备的数码代号找出其在电路图中的位置，进而找出相互连线、控制关系。

在电路原理图中，电气图形符号是用来表示其内部构成与工作原理的，因此必须了解电气图形符号的含义，才能读懂汽车电路原理图。

（二）牢记汽车电路的基本特点

汽车电路的基本特点是单线、并联、负极搭铁，在识图与故障分析中应该时刻牢记。

电气设备都是由一根导线与电源正极相连接的，如果该电气设备的电源线还连接了其他的电气设备，则是与其他电气设备共用电源线，电气设备与电源之间还经常串联熔断器、开关与继电器等，但是与其他电气设备都是并联关系。

（三）牢记回路原则

任何一个完整的电路必须构成回路才能正常工作，电路中包含了电源、熔断器、开关、控制装置、电气设备与导线等，电流沿着导线从电源正极出发，经过熔断器、开关、控制装置、电气设备等最终到达电源的负极形成回路。

根据电流回路原则，可以从电路图中的电源出发，沿着电流依次查看各开关、控制装置、电气设备等，最后回到电源负极；也可以逆着电流方向，从电源负极依次查找，顺藤摸瓜，直到电源正极。

在查找过程中必须注意：从电源正极出发后，最后又回到电源正极（或从负极到负极）是不能形成电流回路的，这样的电路也不会导通工作。

在汽车电路中，电路电源包括了发电机与蓄电池，两者不能混为一谈，即不能从发电机正极到蓄电池负极，同样蓄电池正极到发电机负极也不能形成电流回路，必须是发电机的正极到发电机的负极，或者蓄电池的正极到蓄电池的负极。

（四）化整为零，分割电路

在识读电路图时，根据组成电路的各电气元件的基本功能与电气特性，在初步掌握电路全图基本原理的基础上，可以将电路图中一个个相对独立的单元系统分割开来，对分割的每一个子系统进行重点分析，就能够掌握它们的主要功能及特性，从而对电路全图深化了解。

在分割电路图时，一定要遵守回路原则，不要遗漏子系统中的组件，也不能包括其他系统的组件。各系统中只有电源与总开关是公用的，各系统必须是完整的、相互独立的电流回路。但是在汽车电路工

作时，各系统又会相互影响。

例如，启动发动机时，由于发电机瞬间电流很大，导致蓄电池内阻压降增大，蓄电池输出电压降低，因而会影响其他电路的正常工作；如果发电机输出电压过高，就会造成分电器触点烧蚀、灯泡烧坏等故障。

因此，在分析汽车电路图时不仅要掌握各分割系统的组成、特点，还要了解各系统之间的联系与相互影响。

（五）掌握开关与继电器的状态与作用

在汽车电路中，有些电气设备由两个以上的独立开关（或继电器）控制，有些电气设备是由多挡位的复合开关控制，当开关的接线柱较多时，应先从电源正极方向来的接线柱分析，再逐个分析其他的接线柱及其所连接的电气设备，查看其所处的挡位，从而确定它们之间的控制关系。对于组合开关，实际线路是在一起的，但是在电路图中按其功能又将其划分到了各自的局部电路中，在分析电路图时必须仔细识读。

继电器在电路图中都是按照其初始状态（即继电器线圈未通电时触点的状态）画出的，当继电器线圈通电后，继电器开关触点状态改变，其所控制的电路工作状态也发生改变，电路功能也随之改变。

故在分析带有继电器的电路时，可以先分析继电器线圈所在电路的电流路径，再分析继电器开关触点的电流路径。

（六）弄清信号路径及作用

电路中的信号主要有输入信号、输出信号与控制信号等。电路电源为整个电路供电，为连接电源的元器件提供了输入信号，经过该元器件后变成其输出信号，同时也成为下一个元器件的输入信号。

在分析电路时，必须弄清楚电路中的各种信号、信号的来源和去向以及经过不同的元器件后发生的变化。

（七）先易后难

在电路图中，可能会有些局部电路或者局部电路中的某些部分比较复杂，一时无法看懂，可以先分析其他局部电路，然后再进一步分析该复杂部分电路。原则是从易到难，先分析简单易懂的电路，然后再分析复杂的电路。

（八）充分准备与积极总结

事先多查阅相关资料，将知识点准备充足。事后多总结，积累经验。

二、汽车电路图的识读实例

（一）简单电路

如图 3－12 所示为一个由电源、负载（电灯）、开关与导线组成的最基本的简单电路。根据回路原则，电流从电源正极经过导线 1、电灯、导线 2、开关、导线 3 最终到达电源负极形成回路。当开关闭合时，正常情况应为电路导通，电灯亮起；若电路发生故障，电灯不亮。

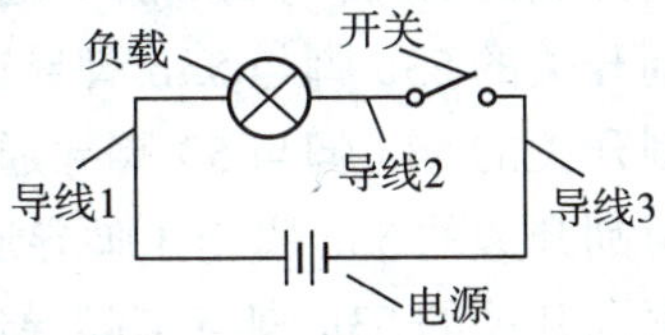

图 3－12　简单电路

当电灯不亮时，可能由于电路断路或电灯故障（损坏或烧毁）。为排除电灯故障，检测时可用万用表直接测量电灯电阻，若电阻力无穷大，则是电灯故障；若不是，则可以初步排除因为电灯故障引起的灯不亮。

另外，可以闭合开关，用万用表测量电灯两边的电压，若电灯故障则电压应接近或者等同电源电压（在实际中的导线非理想导线，会有电阻，从而消耗部分电压）；若电灯两侧无电压则说明是电路其他部分出现故障引起断路。

依次测量电路中开关、导线 1、导线 2、导线 3 两端的电阻值，或者闭合开关，测量电源及开关、导线 1、导线 2、导线 3 各自两端的电压值，都可以根据检测结果确定故障位置，从而找出故障原因。

（二）局部电路

如图 3－13 所示为桑塔纳 2000 雨刮间歇继电器 J31 电路，30 为常火线，15 为小容量电器用火线，X 为大容量电器用火线，31 为中央线路板的内搭铁线。

继电器 J31 的引脚 3/15 通过保险丝 S11 接 X 线，引脚 4/31 接 31 号内搭铁线构成回路。J31 内部有一对常开触点 2/53M 与 1/1，一对常闭触点 2/53M 与 6/53S，触点的状态由继电器内部的线圈及电子电路共同控制，通过 J31 控制雨刮电动机可以实现雨刮快挡、慢挡、空挡、间歇挡的功能。

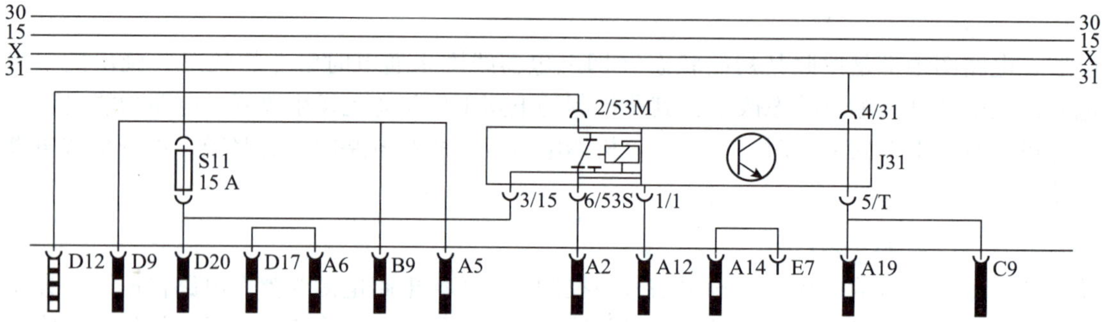

图 3－13　桑塔纳 2000 雨刮间歇继电器 J31 电路

雨刮继电器由雨刮开关控制，雨刮开关电路如图 3－14 所示。

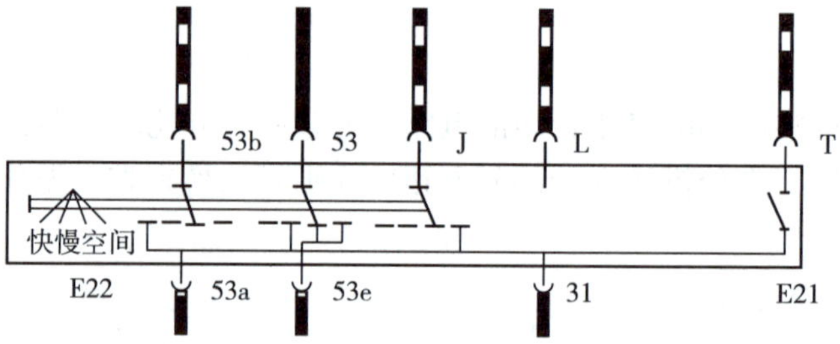

图 3－14　雨刮开关电路

若雨刮器发生故障，已排除雨刮电动机与线路原因，需要检查雨刮继电器与雨刮开关，具体方法如下。

（1）检查雨刮继电器 2/53M 脚与 6/53S 脚的通断，导通为正常。

（2）通电检查，雨刮继电器 3/15 脚接 12 V 电压正极，4/31 脚接电源负极，1/1 脚接 12 V 电压正极，应能听到触点吸合的声音，再给继电器 6/53S 脚接电源负极，继电器触点会间歇闭合与断开。

（3）雨刮开关在空挡位置时，雨刮开关的 53 脚与 53e 脚导通。

（4）雨刮开关在快挡位置时，雨刮开关的 53a 脚与 53b 脚导通。

（5）雨刮开关在慢挡位置时，雨刮开关的 53a 脚与 53 脚导通。

（6）雨刮开关在间歇挡位置时，雨刮开关的 53a 脚与 J 脚导通，53 脚与 53e 脚导通。

（7）雨刮开关在喷水挡位置时，雨刮开关的 53a 脚与 T 脚导通，53 脚与 53e 脚导通。

通过以上检查，可以判断雨刮控制电路中雨刮继电器与雨刮开关的情况。

（三）全车电路

如图 3－15 所示为汽车全车电路原理图实例。从图中可以看到，图上方的条框中分别表明了下方局部电路的功能，从左向右依次为：电源系统、启动系统、充电系统、点火系统、仪表系统、喇叭、照明与信号系统、制动、刮水器电路。蓄电池在左边，电源线在最上面，搭铁线在最下面，各系统并联排列。

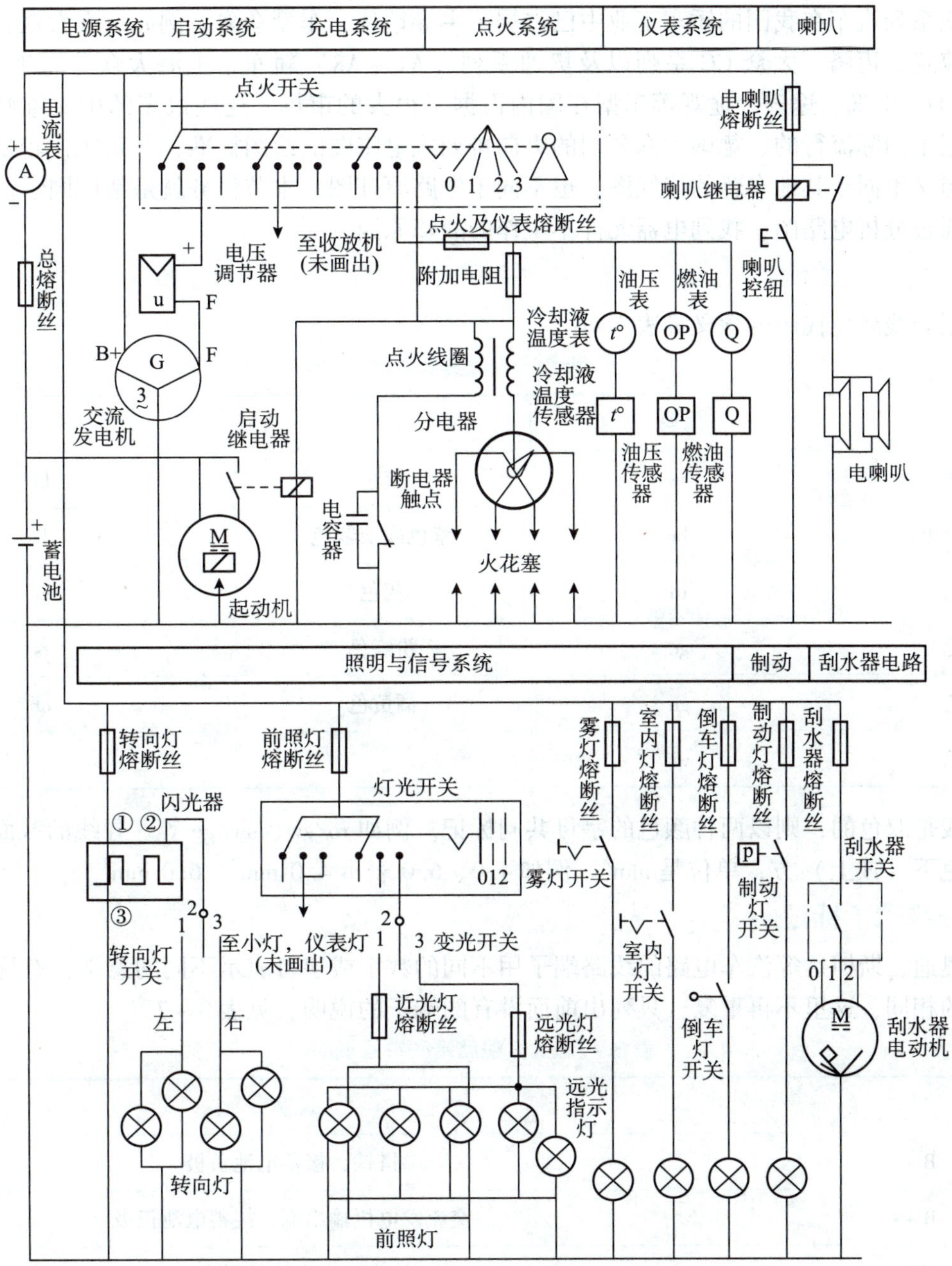

图 3－15　汽车全车电路原理图

第三节　各大车系汽车电路图的识读

各大汽车公司提供的汽车电路图是必须具备的修车技术资料，这些汽车电路图都有各自习惯的表达方法。要看懂这些汽车维修资料，就必须充分了解其电路图的特点和电路符号的含义。本章介绍典型车系及几种知名品牌（市场保有量大的）的汽车电路图的特点、电路符号的含义和具体电路图的识读实例。

一、大众车系汽车电路图的识读

德国大众系列汽车在我国的轿车工业中已占据了主导地位，车型众多。例如一汽大众公司生产的捷达、宝来、速腾、迈腾、大众 CC 系列以及奥迪系列（A1～A8）轿车，上海大众公司生产的桑塔纳、帕萨特、POLO、朗逸、途安、途观等车型在国内占据了很大的市场。这些汽车的中文维修资料中，其电路图都沿用了国际流行的、德国大众公司的纵向排列式电路图的绘图标准，电路图比较复杂，反映了接线关系，但又不同于其他车辆的接线图，也不同于电路原理图。本节任务就是帮助同学们读懂大众车系电路图，通过分析电路图，找到电器元件不工作的故障原因。

（一）导线颜色说明

大众车系导线颜色代码的含义见表 3－6。

表 3－6　大众车系导线颜色代码的含义

颜色	代码	颜色	代码
黑色	sw	蓝色	bl
棕色（褐色）	br	紫色或淡紫色	li
红色	ro	灰色	gr
黄色	ge	粉红色	rs
绿色	gn	橘黄色	or
白色	ws		

如果导线是双色的，则以两种颜色的字母共同标记。例如 ro/sw、sw/ge 等。导线的截面积以数字标示在导线颜色下（或上）方，单位是 mm^2。例如 4.0、6.0 表示 4.0 mm^2、6.0 mm^2。

（二）接线端子标记

大众、奥迪、斯柯达等汽车电路的线路端子用不同的数字或字母表示不同的意义，有许多端子标记和前面叙述的相同，这里不再重复，只列出前面没有的端子的说明，见表 3－7。

表 3－7　大众线路端子符号说明

端子	说明
B－	搭铁，接蓄电池负极
B＋	交流发电机输出端，接蓄电池正极
67	交流发电机励磁端
61	交流发电机充电指示灯端
＋	辅助的正极输出
D＋或 D	发电机正极输出端
D－	搭铁，接蓄电池负极
DF/EXC	交流发电机电磁电路的控制端
IND	指示灯

（三）大众汽车电路图说明

1. 大众汽车电路图的特点

（1）电路采用纵向排列，垂直布置。如图 3－16 所示是大众汽车电路图的常见画法。

①电源线为上“＋”下“－”，从左到右同一系统的电路归纳到一起，按电源电路、启动电路、点火电路、进气预热电路、仪表电路、灯光照明电路、信号与报警装置电路、刮水和洗涤装置电路、电动后视镜控制电路、电动车窗升降控制电路、集控门锁控制电路、空调控制电路、双音喇叭控制电路的顺序排列。

②电器部件的连接导线（外线部分）在电路图中用粗实线画出，集中在图 3－16 的中间部分，并且每条导线都标明导线的颜色和截面积。部件内部连接（非导线连接）在电路图中用细实线表示，这部分连接是存在的，但线路是不存在的。

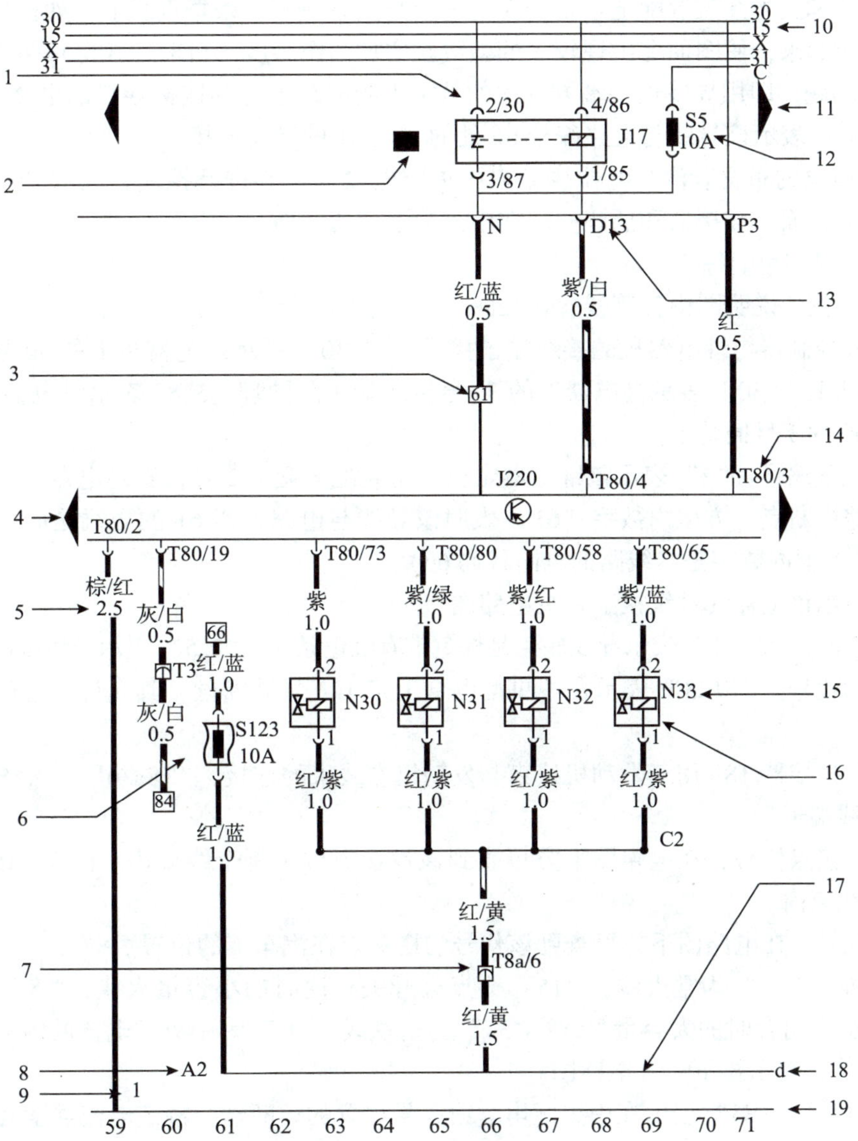

图 3－16 大众汽车电路图

（2）全车电路图分为三部分。最上面部分为中央配电盒电路，其中标明了熔断丝的位置、容量和继电器位置编号及接线端子号等，中间部分是车上的电器元件及连线，最下面的横线是搭铁线。

（3）整车电器系统正极电源用线路代号表示。整车电气系统正极电源分为以下三路：

①“30”号电源线为常火线，直接与蓄电池相连接，中间不经过任何开关，不论汽车处于停车或发动机处于熄火状态均有电，其电压都等于电源电压（12～14 V）。“30”号电源线的电源专门供给发动机熄火时也需要用电的电器，如停车灯、报警灯、制动灯、顶灯、冷却风扇电动机等。

②“15”号电源线为小容量用电设备的电源正极。“15”号电源线的电源受点火开关控制，只有在点火开关接通后，用电设备才能通电使用。

③“X”为车辆起步运行中才接通的大容量电器用火线，即只有在点火开关接通、卸荷继电器触点闭合时，标号“X”电源线才有电。

（4）许多重要电器的搭铁线都直接与蓄电池的负极连接。1 表示仪表线束搭铁线的搭铁点，在中央线路板的支架上；2、3、4 表示发动机线束搭铁线的搭铁点，在蓄电池支架上；7 表示后灯线束搭铁线的搭铁点，在中央线路板的支架上。

“31”为中央继电器盒的搭铁线，在电路图 3－16 中 1、2、3、4、7 与 31 都为搭铁线。

（5）采用断线代号法解决线路交叉问题。有些比较复杂的电器设备（如前照灯），工作时要涉及点火开关、灯光开关和变光开关等配电设备，而这三个开关不在同一条垂直线上，如按传统画法，要画一些横线把它们连接起来，使图面上出现较多的横线，增加读图难度。目前，在电路图中，采用“断线代号法”解决这个问题，即用导线连接端方框内的数字表明电路中与其连接导线的电路编号，如图 3－16 中 61 上方的方框 66 表示该导线与电路编号 66 处的方框 61 的导线连接。

（6）中央配电盒的布置。汽车电器线路以中央配电盒为中心进行控制，大部分继电器和熔断丝安装在中央配电盒的正面，插接器和插座安装在中央配电盒的背面。

2. 大众汽车电路图中的符号说明

以图 3－16 为例，说明图中各符号的含义。

1 为继电器或控制器与继电器板的接线端子代号。“2/30”表示继电器板上的 30 号端子插在该继电器插座的 2 号插孔上，“30”表示继电器上的 30 号接线端子。同理，3/87 表示继电器板上的 87 号端子插在该继电器插座的 3 号插孔上。

2 为继电器位置编号。“2”表示该继电器定位于主要配电盒上 2 号位置继电器。

3 为指示线路中断点。方框内数字“61”表明该导线与电路代码 61 的导线是同一条导线（见电路代码 61 处导线的方框内数字是本线路的电路代码 66）。

4 为箭头，表示该电器元件续接上一页电路图。

5 为导线的颜色。“棕/红”表示导线底色是棕色带有红色条纹。“2.5”表示导线截面积为 2.5 mm^2。

6 为熔断丝的代号。“S123”表示在中央配电盒上第 123 号熔断丝，其允许通过的最大电流强度为 10 A。

7 为插接器。插接器 T8a 用于发动机线束与发动机右线束的连接，“T8a/6”表示 8 针的插接器 a 插头上的第 6 针接线端子。

8 为线束内铰接点代号，在电路图下方可查到该铰接点位于哪个线束内。图 3－16 中 A2 表示正极接线，在发动机线束内。

9 为搭铁点代号，在电路图下方可查到该代号的搭铁点在汽车上的位置。

10 为线路代码。“30”为常火线，“15”为点火开关接通时的小容量火线，“X”为在点火开关接通、卸荷继电器触点闭合时的大容量火线；“31”为搭铁线；“C”为中央配电盒的内部接线。

11 为三角箭头，表示接下一页电路图。

12 为熔断丝代号。“S5”表示在中央配电盒第 5 号位置的熔断丝，额定电流强度为 10 A。

13 为导线在中央配电盒上的连接位置代号。“D13”表示该导线在中央配电盒 D 插座 13 号位置的接线端子上。

14 为接线端子代号。“80/3”表示电器元件上插接器的接线端子数为 80，“3”为接线端子的位置代码（可在插接器平面图上查得）。

15 为电器元件代号。在电路图后可查到元件的名称。N30 为第一缸喷油器；N31 为第二缸喷油器；N32 为第三缸喷油器；N33 为第四缸喷油器。

16 为元件符号。参见电路图符号说明。

17 为内部连接（细实线）。该连接不用导线而是表示元件的内部电路或线束铰接部分。

18 为字母，表示该内部连接与下一页电路图中标有相同字母的内部连接相连。

19 为电路接续号。在图的最下方，用以标志电路图中线路定位。这一标号只是制图和识图的标记号，数字的大小没有实际意义。它有两个作用：一是可顺序表达整车的全部电路内容，便于每一部分既相对独立又相互联系；二是便于反映在一部分电路中难以表达的接续部分。

二、丰田车系汽车电路图的识读

日本丰田汽车是我国进口汽车中数量最多的车种之一，目前我国与丰田合资生产的夏利 2000、威姿、威驰、卡罗拉、皇冠、凯美瑞、汉兰达、雅力士等车型在市场上也占有很高的份额。这些车型的中文维修资料都源自于丰田公司的原厂资料，其电路与电子控制系统电路图通常都保留了丰田原厂资料汽车电路图的绘图风格。

（一）丰田车系汽车电路图中的导线

丰田车系电路图中的低压导线颜色代码的含义见表 3－8 所示。

表 3－8　丰田车系单色导线颜色代码的含义

B—黑	L—蓝	R—红	BR—棕	LG—浅绿	V—紫
G—绿	O—橙	W—白	GR—灰	P—粉红	Y—黄

（二）插接器

1. 插接器编号

丰田车系使用的插接器示意图如图 3－17 所示。

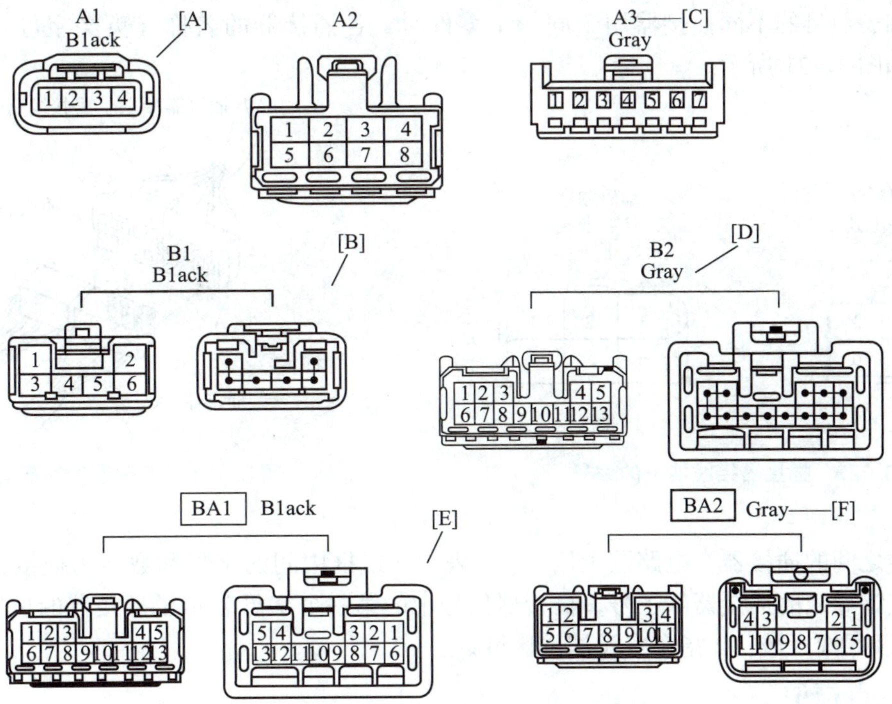

图 3－17　丰田车系使用的插接器示意图

图 3－17 中 A 为连接到零件的插接器（数字表示引脚号）；B 为接线插接器，表示连接到短路端子的插接器。接线插接器包括连接到许多线束的短路端子，如图 3－18 所示，同一短路端子簇上，均匀连接着从汽车内不同元件来的相同颜色的许多配线。

在安装上述相同颜色的配线时，可以将它们随意连接在短路端子簇中的任何位置。维修时必须随时检查短路端子簇中的安装状态，保证接触良好。接线插接器的短路端子图如图 3－19 所示。若插接器端子图中出现“×”，表示该端子暂没有配线连接，为空端子。C 表示零件代码。代码的第一个字母是零件的第一个字母，数字表示此零件在以相同字母开始的零件序列中的位置；未标明颜色的插接器均为乳白色。D 表示插接器颜色。通常插接器均标有颜色，其中未标注的为乳白色。E 表示用于连接线束的插接器的外形。左：插座外形；右：插头外形；数字表示引脚号。F 表示插接器颜色。

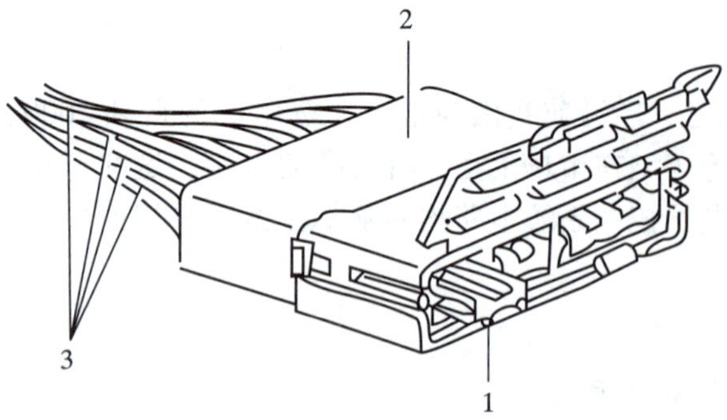

1－短路端子；2－接线连接器；3－相同颜色配线。

图 3－18　接线插接器外形

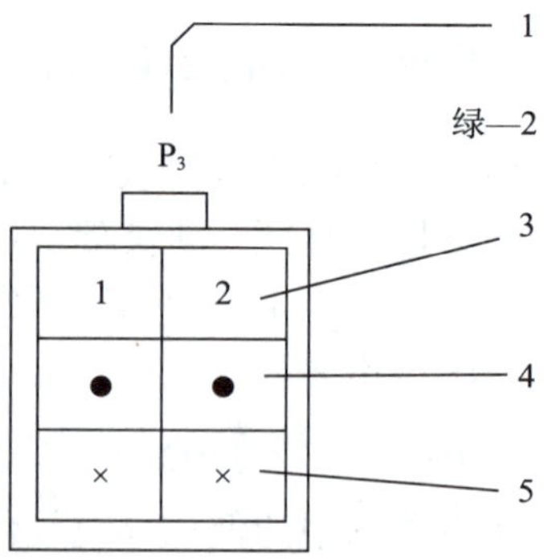

1－连接器在电路中的编号；2－连接器颜色；3－用在本系统的引脚；4－本系统不用的引脚；5－空位（无引脚位置）。

图 3－19　接线插接器短路端子图

2. 插接器接线端子的编号

如图 3－20 所示，插接器的插座和插头接线端子的编号正好相反。即接线端子的编号为从上排左至下排右的次序进行编号；插接器的插头接线端子的编号为从上排右至下排左的次序进行编号。

具有相同端子数目的不同插接器用于同一个零件时，各插接器的名称（英文字母）和接线端子编号都有规定，如图 3－21 所示。

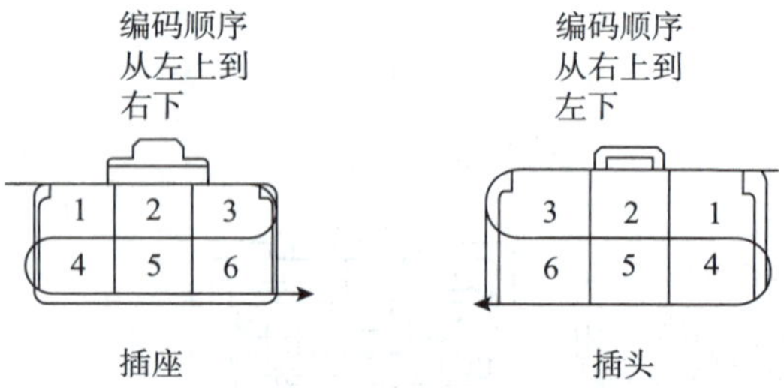

图 3－20　插接器接线端子的编号

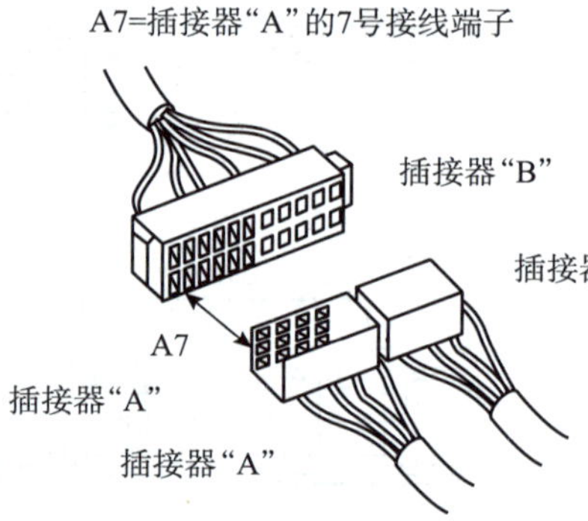

图 3－21　同一零件的不同插接器

3. 线间插接器

导线与导线之间的插接器在电路图中用“》”表示。线框中间的字母和数字为插接器代号，线框外的数字表示连接该导线的插接器端子号。插接器代号中的第一个字母表示了插接器的位置。E 指发动机室；I 指仪表盘及周围区域；B 指车身及周围区域。

（三）搭铁点标记

用符号“▽”表示搭铁点位置，符号中间的字母为搭铁点代号，代号中的第一个字母表示了搭铁点位置：E 指发动机室；I 指仪表盘及周围区域；B 指车身及周围区域。电路图中通常在搭铁标记旁用文字说明搭铁点的位置。

（四）丰田车系电路图的特点

（1）电路图中的电气元件通常用文字直接标注。

(2) 整车电路图中各系统电路按长度方向逐个布置，并在电路图上标出各系统电路的区域和代表该电路系统的符号及文字说明。

(3) 电路图中绘出了搭铁点，并标注代号与文字说明。

(4) 电路图中大都直接标出电路插接器的端子排列和各端子的使用情况。

三、美国通用汽车电路图的识读

美国车系在我国保有量最大的是通用汽车公司生产的车型，主要包括：别克、凯迪拉克、雪佛兰三大系列，这三大系列的电路图的识读方法基本相同，应当认识通用汽车电路图中的各个电路符号，掌握识读通用电路图的方法和技巧，只有这样，才能进行电路的故障诊断。

(一) 通用车系汽车电路图中的导线

通用车系电路图中的单色导线颜色代码的含义见表 3－9 所示。

表 3－9　通用车系单色导线颜色代码的含义

颜色	通用代码	荣誉代码	陆尊代码	新赛欧代码	君越代码	景程代码
黑	BLK	BK	BLK	SW	BK	B
棕	BRN	BN		BR		
棕黄		TN			TN	TN
蓝	BLU	BU	BLU	BL	BU	BU
深蓝	DK BLU	D－BU	BLN DK		D－BU	D－BU
浅蓝	LT BLU	L－BU	BLN LT		L－BU	L－BU
绿	GRN	GN	GRN	GN	GN	GN
深绿	DKG RN	D－GN	GRN DK		D－GN	D－GN
浅绿	LT GRN	L－GN	GRN LT		L－GN	L－GN
灰	GRY	GY	GRA	GR	GY	GY
白	WHT	WH	WHT	WS	WS	WS
橙	ORG	OG			OG	OG
红	RED	RD	RED	RT	RD	RD
粉红	PNK					PK
紫	VIO	PU	PPL		PU	PU
黄	YEL	YE	YEL	GE		
褐	TAN		TAN		BN	BN
透明	CLR					
紫红	PPL					

通用车系电路图中的双色导线的颜色代码通常在表示时主色在前，辅色在后，例如别克荣誉车用导线 RD/WH，表示红色为主色，上面带有白色条纹的双色线；D－GN/BK 表示深绿色的带有黑色条纹的双色线。

(二) 通用汽车电路图的组成

通用车型电路图通常由四类电路图组成：电源分配简图如图 3－22 所示、系统电路图如图 3－23 所示、熔断丝盒详图如图 3－24 所示、搭铁线路图如图 3－25 所示。系统电路图中电源线从图上方进入，通常从熔断丝处开始，并在熔断丝上方用黑线框标注此处与电源之间的通断关系；用电器在中部，搭铁点在最下方。如果是由电子控制的系统，电路图中除了系统的工作电路外，还会包括与该系统工作有关的信号电路（如传感器等）。

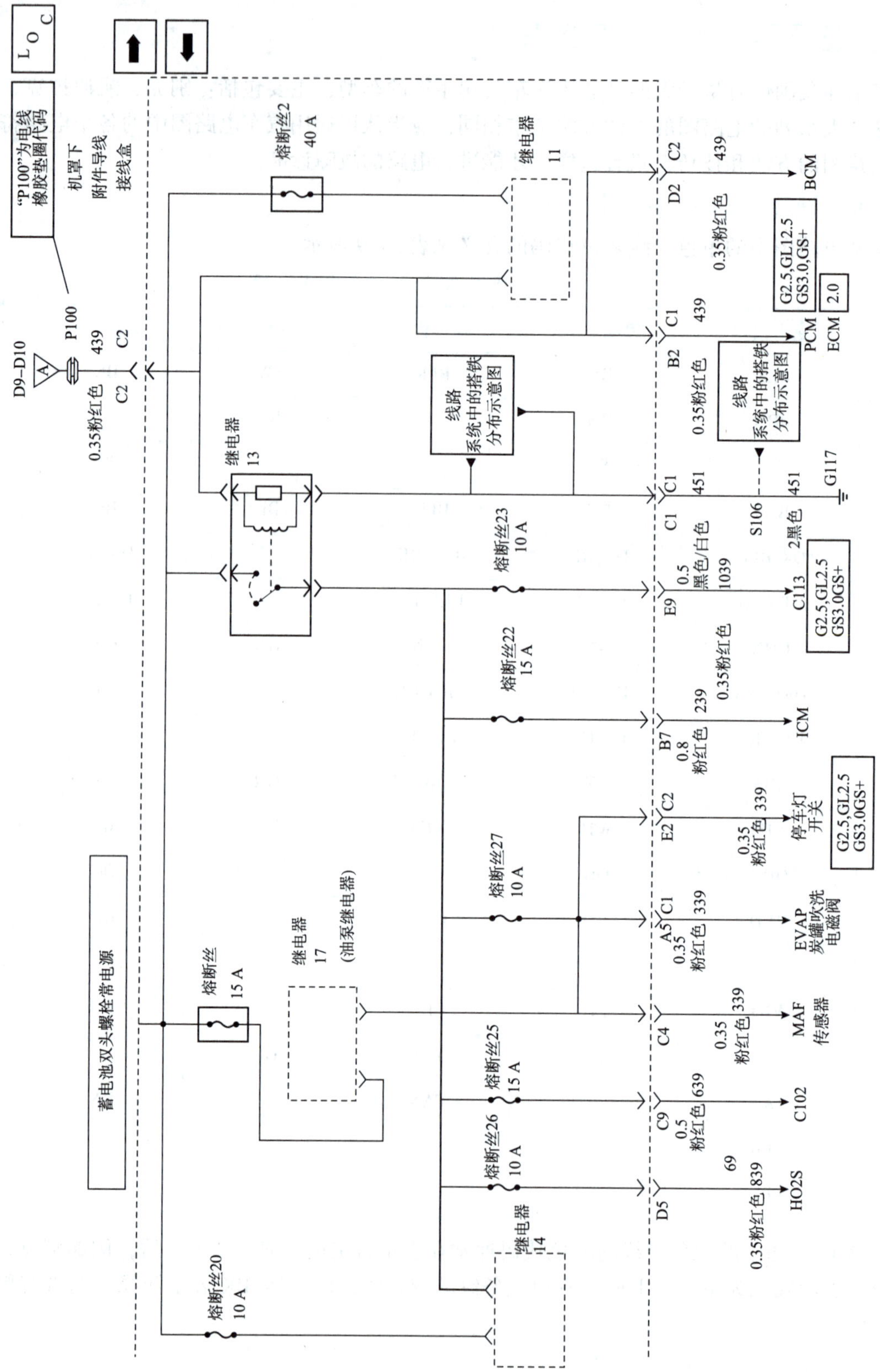

图 3－22　电源分配图

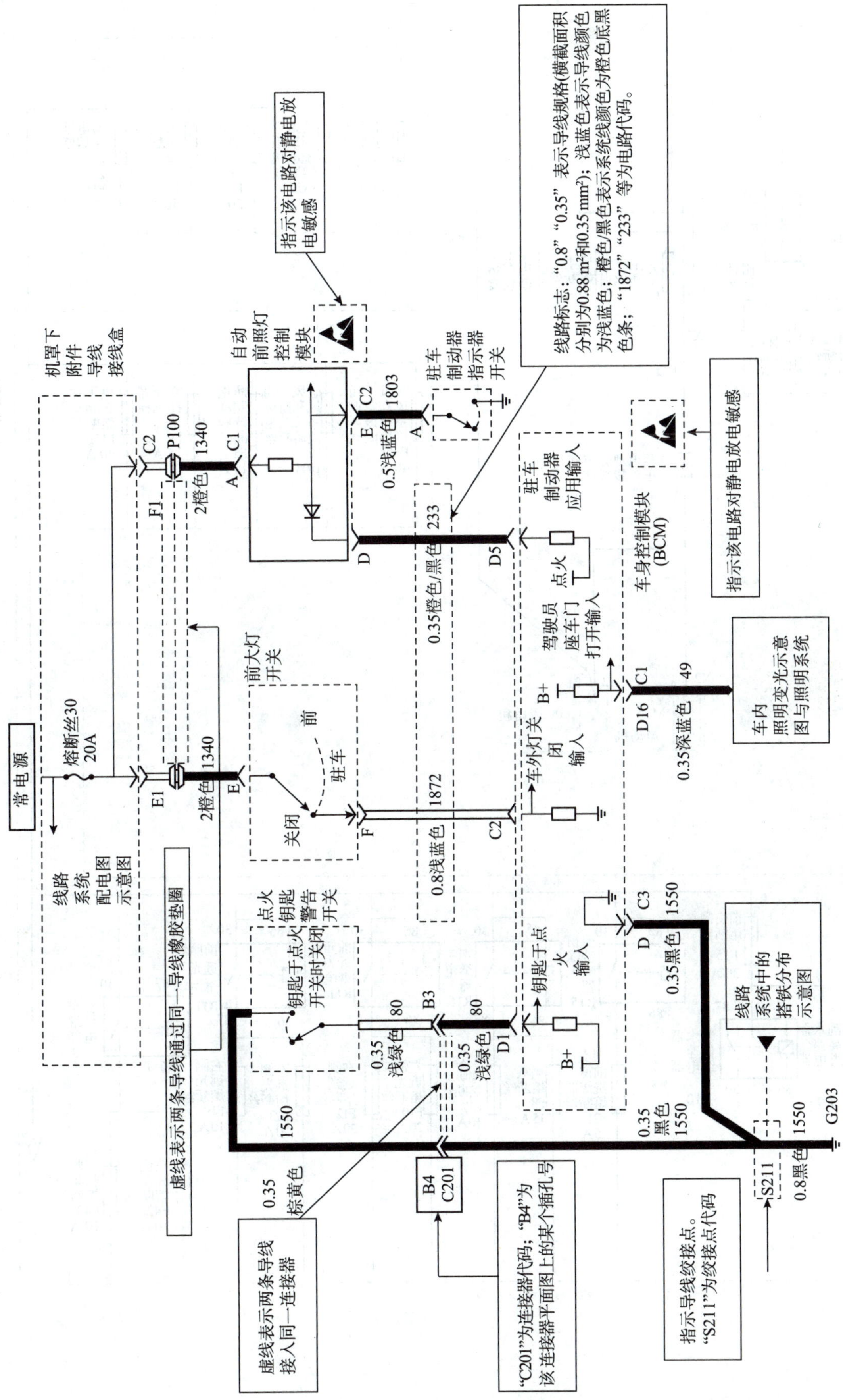
常电源
熔断丝30
20A
线路系统配电图示意图
机罩下附件导线接线盒
C2
P100
E1
F1
2橙色
1340
A
C1
E
自动前照灯控制模块
指示该电路对静电放电敏感
线路标志："0.8""0.35"表示导线规格(横截面积分别为0.88 m²和0.35 mm²)；浅蓝色表示导线颜色为浅蓝色；橙色/黑色表示系统线颜色为橙色底黑色条；"1872""233"等为电路代码。
C2
0.5浅蓝色
1803
驻车制动器指示器开关
D
0.35橙色/黑色
233
D5
驻车制动器应用输入
点火
车身控制模块(BCM)
指示该电路对静电放电敏感
驾驶员座车门打开输入
B+
D16
C1
0.35深蓝色
49
车内照明变光示意图与照明系统
前大灯开关
前
驻车
关闭
F
1872
0.8浅蓝色
C2
车外灯关闭输入
点火钥匙警告开关
钥匙于点火开关时关闭
0.35浅绿色
80
B3
D1
钥匙于点火输入
B+
C3
D
0.35黑色
1550
线路系统中的搭铁分布示意图
S211
G203
0.8黑色
虚线表示两条导线通过同一导线橡胶垫圈
0.35棕黄色
虚线表示两条导线接入同一连接器
B4
C201
"C201"为连接器代码；"B4"为该连接器平面图上的某个插孔号
指示导线绞接点。"S211"为绞接点代码

图3－23　系统电路图

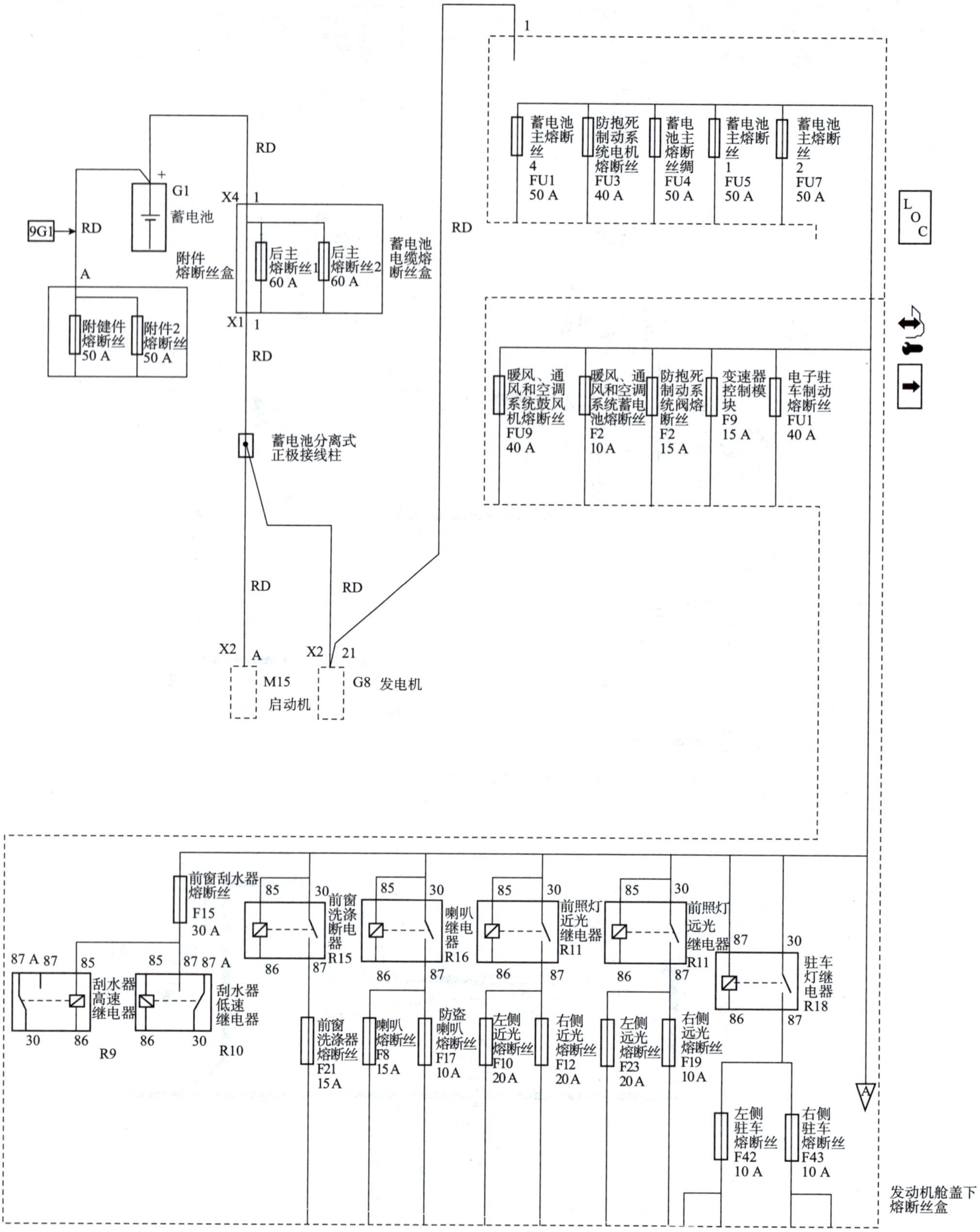

RD
G1
蓄电池
9G1
RD
X4
1
附件熔断丝盒
A
附健件熔断丝50 A
附件2熔断丝50 A
后主熔断丝1 60 A
后主熔断丝2 60 A
蓄电池电缆熔断丝盒
X1
1
RD
蓄电池分离式正极接线柱
RD
RD
RD
X2
A
X2
21
M15
启动机
G8 发电机
1
蓄电池主熔断丝4 FU1 50 A
防抱死制动系统电机熔断丝 FU3 40 A
蓄电池主熔断丝绸 FU4 50 A
蓄电池主熔断丝1 FU5 50 A
蓄电池主熔断丝2 FU7 50 A
LOC
暖风、通风和空调系统鼓风机熔断丝 FU9 40 A
暖风、通风和空调系统蓄电池熔断丝 F2 10 A
防抱死制动系统阀熔断丝 F2 15 A
变速器控制模块 F9 15 A
电子驻车制动熔断丝 FU1 40 A
前窗刮水器熔断丝 F15 30 A
前窗洗涤断电器 R15
喇叭继电器 R16
前照灯近光继电器 R11
前照灯远光继电器 R11
驻车灯继电器 R18
刮水器高速继电器 R9
刮水器低速继电器 R10
前窗洗涤器熔断丝 F21 15 A
喇叭熔断丝 F8 15 A
防盗喇叭熔断丝 F17 10 A
左侧近光熔断丝 F10 20 A
右侧近光熔断丝 F12 20 A
左侧远光熔断丝 F23 20 A
右侧远光熔断丝 F19 10 A
左侧驻车熔断丝 F42 10 A
右侧驻车熔断丝 F43 10 A
A
发动机舱盖下熔断丝盒

图 3－24　熔断丝盒详图

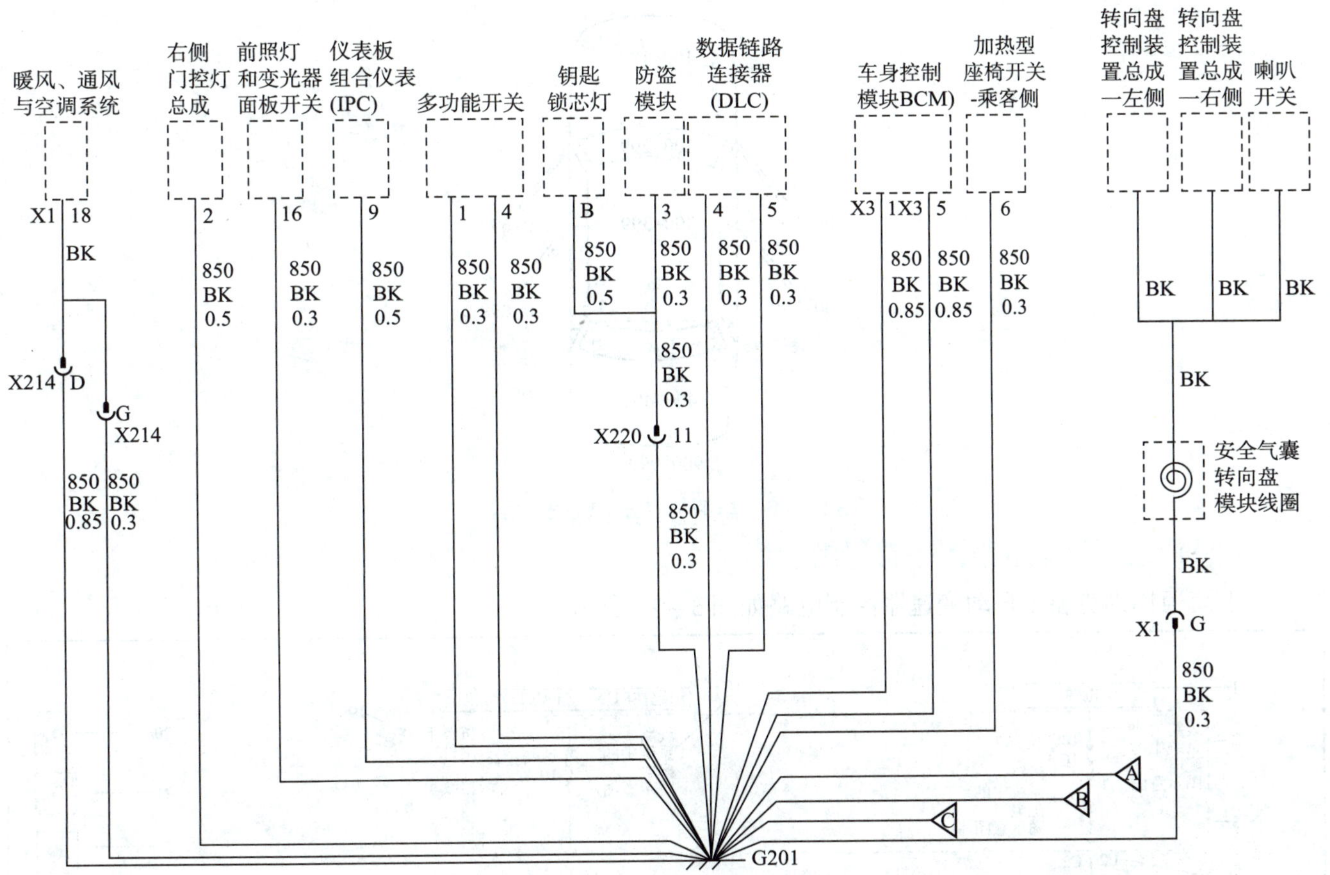

图 3－25　搭铁线路图

（三）车辆位置分区代码

在通用车系的系统电路图中，所有的搭铁、插接器、贯穿式密封圈和接头都给定了识别代码，并与其在车辆上的位置相对应，其车辆位置分区情况见表 3－10。车辆位置分区代码示意图如图 3－26 所示。

表 3－10　车辆位置分区表

车辆位置分区代码	所在区位说明
100～199	发动机舱（全部在仪表板前部）001～099 代表发动机舱内附加号（仅在使用完所有 100～199 后使用）
200～299	位于仪表板区域内
300～399	乘员室（从仪表板到后车轮罩）
400～499	行李舱（从后轮罩到车辆后部）
500～599	位于左前车门内
600～699	位于右前车门内
700～799	位于左后车门内
800～899	位于右后车门内
900～999	位于行李舱盖或储物仓盖

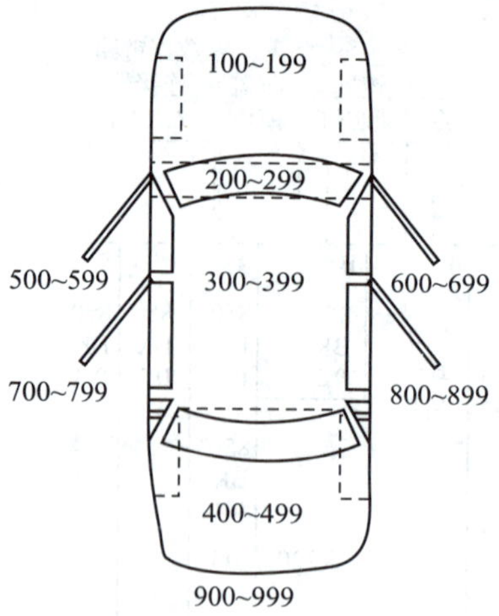

图 3－26　车辆位置分区代码示意图

（四）通用汽车电路图中符号的识读

上海通用别克轿车自动变速器控制电路如图 3－27 所示。

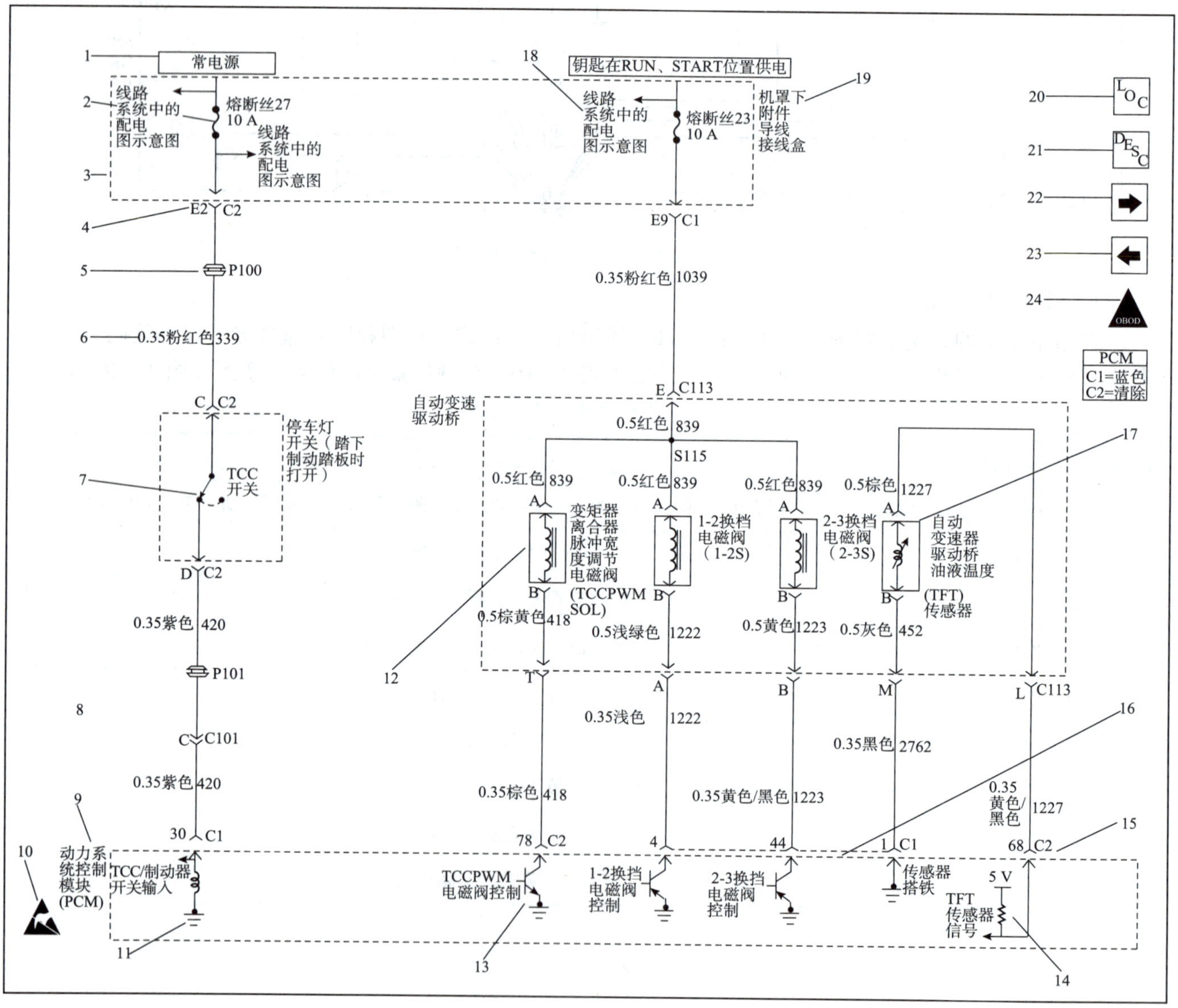

图 3－27　上海通用别克轿车自动变速器控制电路

关于图 3－27 中的说明如下。

1 为电源接通说明，在电路图上方用黑框表示，框内文字说明框下熔断丝在什么情况下接通电源。电源接通标注及电源接通说明见表 3－11。

表 3－11 通用车系汽车电路图电源接通标注说明

电源接通标注	电源接通说明
RUN 或 START 接通	该电路在点火开关处于点火（RUN）和启动（START）位置时与电源接通，电压为蓄电池工作电压
所有时间接通	该电路任何时刻都有电，电压为蓄电池工作电压
RUN 接通	该电路在点火开关处于点火（RUN）位置时与电源接通，电压为蓄电池工作电压
START 接通	该电路只在点火开关处于启动（START）位置时与电源接通，电压为蓄电池工作电压
ACC 和 RUN 接通	该电路在点火开关处于点火（RUN）位置或辅助 ACC 位置时与电源接通，电压为蓄电池工作电压

2 表示 27 号熔断丝，容量 10 A。

3 为中央配电盒，虚线框表示没有完全表示出配电盒的全部，只是配电盒的一部分。

4 为中央配电盒插接器连接标注。表示导线由发动机机罩下熔断丝接线盒的 C2 连接插头的 E2 插脚引出，连接插头编号 C2 写在右侧，插脚编号 E2 写在左侧。

5 表示密封圈代号，P100 表示贯穿式密封圈，其中 P 表示密封圈，100 为其代号。从表 3－11 中可知，100 密封圈的位置在发动机舱。

6 为电路标注。“0. 35 粉红色”表示导线截面积为 0. 35 mm^2，线的颜色为粉红色。数字“339”是车辆位置分区代码，表示该线束位置在乘员室如表 3－11 所示。

7 为元件标注。表示 TCC（液力变矩器中的锁止离合器控制）开关，图 3－27 中表示 TCC 处于接通状态，其开关信号经过 P101 和 C101 后，由动力控制模块（PCM）中的 C1 插头 30 号插脚进入 PCM 中。

8 为线间插接器标注，表示直列型插接器，右侧“C101”表示连接插头编号（其中 C 表示连接插头），左侧“C”表示直列型插接器的 C 插脚。

9 表示输出电阻器，这里用来把 TCC 和制动灯开关的信号以一定的电压信号的形式输出给动力控制模块 PCM 的内部控制电路。

10 表示动力控制模块 PCM 是对静电敏感的部件。

11 表示搭铁。

12 表示在自动变速器内部的 TCC 锁止电磁阀，此电磁阀控制液力变矩器内部锁止离合器的结合。它在点火开关处于点火或启动挡时，通过 23 号 10 A 的熔断丝供电。

13 表示带晶体管半导体元件控制的集成电路。这里为动力控制单元 PCM 内部集成的控制电路，控制电磁阀驱动电路，通过 PCM 搭铁。

14 表示输出电阻。PCM 提供 5 V 稳压通过内部串接电阻与自动变速器油温传感器（TFT）连接，同时将自动变速器油温传感器（NTC 型电阻）信号传给 PCM。

15 表示动力制模块 PCM 的 C2 连接插头的 68 插脚。

16 虚线表示 4、44、1 号插脚均属于 C1 连接插头。

17 表示自动变速器内部的自动变速器油温传感器，它是一个随温度增加阻值减小的 NTC 型电阻。

18 为电路省略标注，用文字注明了连接的电路，那些电路与本电路不一致，因此省略。图中表示导线通往发动机舱罩下附件熔断丝接线盒的其他电路，对目前所显示的电气系统没有作用，是一种省略的画法。

19 为元件标注，用文字注明部件的名称及所处的位置。该发动机罩下附件熔断丝接线盒位于发动机的左侧（从车的前面看）。

20 为主要部件列表图标，示意图上的图标用于链接“主要电气部件列表”。

21 为说明与操作图标，示意图上的图标用于链接“特定系统的说明与操作”。

22 为下页示意图图标，示意图上的图标用于进入子系统的下一个示意图。

23 为前一页示意图图标，示意图上的图标用于进入子系统的前一页示意图。

24 为本图标表示车载诊断（OBD Ⅱ）图标。

四、北京现代车系汽车电路图的识读

北京现代汽车有限公司 2002 年成立，生产的车型：北京现代 i30、ix35、领翔、MOINCA 名驭、瑞纳、索纳塔、途胜、悦动、伊兰特、雅绅特等在市场上已占有相当大的份额，若进行以上车型的电路诊断，就必须了解现代汽车电路图中的符号，学会正确识读现代车系的电路图。

（一）电路图中的导线及线束

现代车系导线颜色代码的含义见表 3－12 所示。

表 3－12　现代车系导线颜色代码的含义

颜色	代码	颜色	代码
黑色	B	橙色	O
棕色	Br	粉色	P
绿色	G	红色	R
灰色	Gr	白色	W
蓝色	L	黄色	Y
浅绿色	Lg	紫色	Pp
浅蓝色	Li	褐色	T

导线表示方法：0.5L 表示导线为蓝色，横截面积为 0.5 mm^2；0.4R/B 则表示导线颜色为红/黑色的双色线，横截面积为 0.4 mm^2。

根据导线的不同位置，把线束分成以下几类，见表 3－13 所示。

表 3－13　现代车系线束位置标记

线束名称	位置	符号
发动机线束	发动机室	E
主、地板、车顶、天窗、座椅加热器线束	驾驶室	M
控制、喷油器线束	发动机室，驾驶室	C
安全气囊线束	防撞垫底部与地板	I
后行李箱盖、行李箱、燃油泵线束	车辆尾部/行李箱盖	R
车门线束	车门	D
空调线束	室内鼓风机电机位置	A
接线盒	发动机室/驾驶室	I/P

（二）各种电路符号

现代车系中各种电器部件电路符号如表 3－14 所示。

表 3－14　现代车系电路符号说明

名称	符号	说明
部件		表示部件全部
		表示部件一部分
		表示导线连接器在部件上
		表示导线连接器通过导线与部件连接
		表示导线连接器用螺钉固定在部件上
		表示部件外壳搭铁
	制动灯开关 PHOTO03	部件名称:上部显示部件名称 表示部件位置图编号
屏蔽导线	G06	表示为防波套，防波套要永久搭铁(主要用在发动机和变速器传感器信号线上)
短接连接器		表示多线路短接的导线连接器
易熔丝	常时电源 易熔丝 30 A 发动机室保险丝&继电器盒	电源 名称 容量

名称	符号	说明
连接器	10 公连接器 M05-2 母连接器	表示在部件位置索引上的连接器编号 表示对应端子编号(仅置于相关端子)
	R Y/L 3 1 E35 R Y/L	虚线表示这两根导线都经过E35连接器
导线连接	B	表示下页继续连接
	Y/R	表示黄色底/红色条导线(2个以上颜色的导线)
	从左侧页 A A 到右侧页	表示这根导线连接在所显示页。箭头表示电流方向
	R 电路图名称	箭头表示导线连接到其他线路
	自动变速器 G 手动变速器 G G	表示这根不同配置选择线路(指示判别在关选择配置为基准的电路)
保险丝	ON电源 室内保险丝&继电器盒 喇叭保险丝& 10 A	表示点火开关“ON”时的电源 表示短路片连接到每个保险丝编号 容量
电源连接器		蓄电池电源
灯		双丝灯泡 单丝灯泡

（三）导线连接器识别代号

导线连接器识别代号由线束位置识别代号和导线连接器识别代号组成。导线连接器位置参考线束布置说明如下。

（1）表示与部件和导线连接的连接器代号。如 E10－1：E 表示发动机线束；10 表示导线连接器主序列号；1 表示导线连接器分序列号。

（2）表示与导线间的连接的连接器代号。如 MR01：M 表示主线束；R 表示后线束；01 表示导线连接器序列号。

（3）表示与接线盒连接的连接器代号。如 I/P－A：I/P 表示室内接线盒的缩写；A 表示室内接线盒内的导线连接器名称。

（4）BCM 和各线束间的导线连接代号。如 BCM－C E：BCM 表示车身控制模块的缩写；C 表示导线连接器序列号；E 表示发动机线束。

五、宝马汽车电路图的识读

宝马汽车为德系三大豪华品牌之一，宝马的车系有 1、3、5、6、7、i、M、X、Z 几个系列，在国内的新车市场和二手车市场都占有较高的市场占有率和知名度，这两年宝马轿车的市场保有量迅速增长。宝马汽车上的电器设备和汽车电子控制系统有很多，电路也比较复杂，要想对宝马汽车电路故障进行正确的诊断，就必须掌握宝马车系的电路图的识读方法。

（一）宝马车系导线和插接器代号

宝马车系导线颜色代号含义见表 3－15 所示。

表 3－15　宝马车系导线颜色代码的含义

颜色	代码	颜色	代码
蓝色	BL	红色	RD
棕色	BR	灰色	GR
黄色	GE	橙色	OR
黑色	SW	绿色	GN
紫色	VI	粉红色	RS
白色	WS	透明色	TR

无论是电气元件与线路连接插接器，还是线间插接器，都用“C”加数字作插接器的代码，标示在各插接器的端子处。

（二）宝马电路中的熔断丝和继电器

宝马汽车大部分继电器和熔断丝安装在发动机舱内的配电盒内，部分继电器安装在驾驶室内仪表板后面的继电器盒内。熔断丝在电路中直接用文字和数字表示。如熔断丝 1 号，表示该熔断丝在配电盒的第 1 号位置。电路中的继电器也是直接用文字说明，如远光灯继电器。

（三）点火开关

宝马汽车的点火开关表示方法如图 3－28 所示，它属于三挡四位开关，各挡位工作状态见表 3－16 所示。

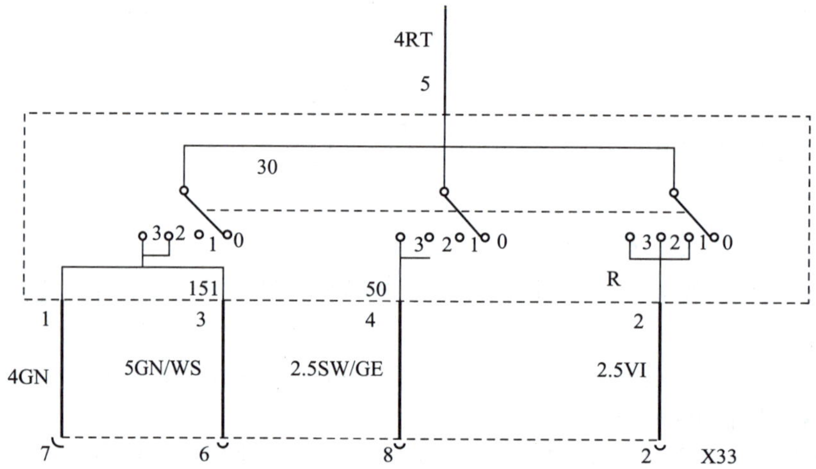

图 3－28　点火开关的表示方法

表 3－16　点火开关各挡位的工作状态

点火开关档位	接线端子1	接线端子2	接线端子3	接线端子4	接线端子5
0					
1		○	─	─	○
2	○	○	○	─	○
3	○	○	○	○	○

0 挡（OFF）：点火钥匙插入或拔出的位置。当点火钥匙拔出时，转向盘自动锁住。

1 挡（ACCESSORY）：电气附件工作位置。点火钥匙置于该位置时，可使用电气附件。

2 挡（RUN）：发动机工作时点火开关的位置。

3 挡（START）：启动机工作位置。点火钥匙置于该位置时，将启动发动机。

点火开关在 2 挡和在 3 挡时，输出的电源线用“15”表示；不经过点火开关，直接与蓄电池正极相连的电源线用“30”表示。“31”为搭铁线。

（四）宝马电路图中的符号及说明

宝马轿车电路图各部分的符号及含义如图 3－29 所示。

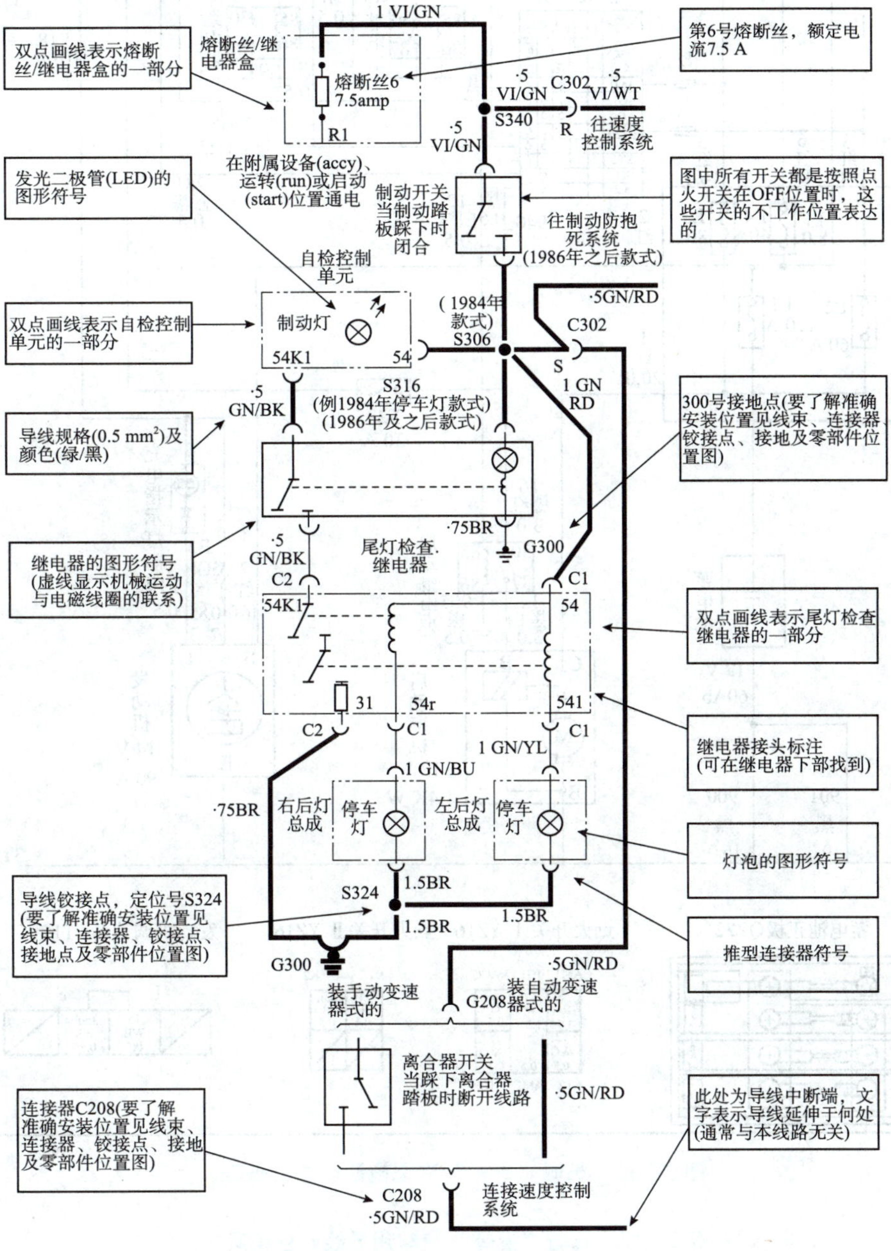

图 3－29　宝马轿车电路图各部分的符号及含义

六、长城汽车电路图的识读

国产自主品牌长城汽车近几年的市场保有量迅速增长，长城车系有很多车型，例如嘉誉、炫丽、凌傲、哈弗、腾翼等车型，这些车型汽车电路图识读方法基本相同，只要掌握了一种车型的电路图的识读，其他车型的汽车电路图也就能正确识读了。

（一）汽车导线

如图 3－30 所示为长城“嘉誉”汽车电源电路。长城“嘉誉”汽车用导线颜色编码见表 3－17 所示。

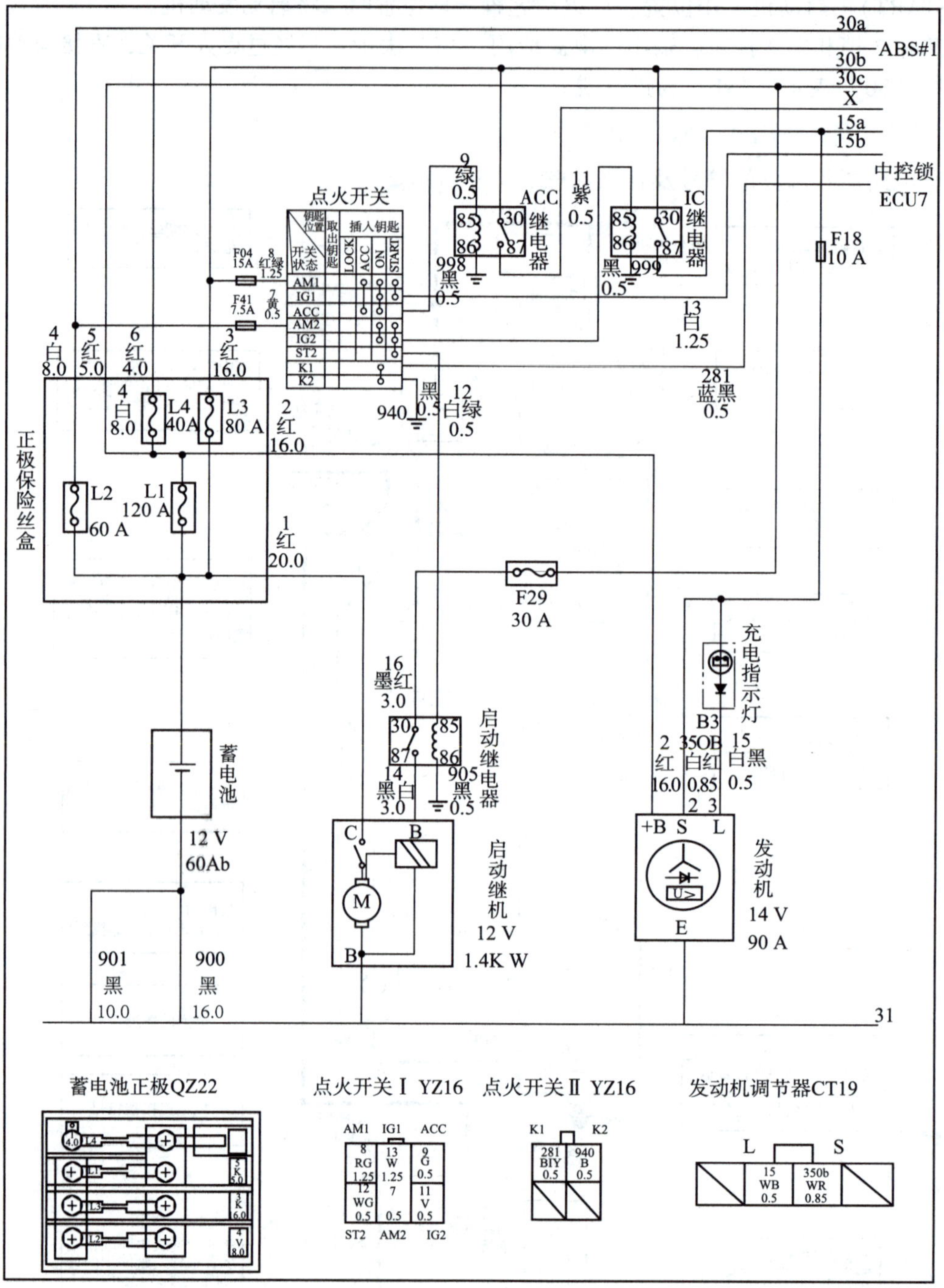

图 3－30　长城“嘉誉”汽车电源电路（低配）

表 3－17　长城“嘉誉”汽车用导线颜色编码

颜色	编码	颜色	编码	颜色	编码	颜色	编码	颜色	编码	颜色	编码
黑色	B	棕色	Br	绿色	G	灰色	Gr	蓝色	Bl	浅绿色	Lg
橘黄色	Or	粉红色	P	红色	R	紫色	V	白色	W	黄色	Y

单色导线的颜色标注直接使用表 3－17 中字母，双色电线的颜色标注第一位为主色，第二位为辅助色。如双色导线：主色为红色，辅助色为蓝色，标注为 RBl。

导线的截面积直接用数字表示，如 0.5BrGr 表示主色为棕色、带灰色细条纹的双色线，其截面积为 0.5 mm^2。

（二）保险丝盒和电源说明

1. 长城汽车电路图中的电源电路说明

30a 为常电源线，来自蓄电池正极保险丝盒 60 A；30b 为常电源线，来自蓄电池正极保险丝盒 80 A；30c 为常电源线，来自蓄电池正极保险丝盒 120 A；15a 为接小容量电器的电源线，来自 IG 继电器（IG 继电器的触点闭合时有输出）；15b 为接小容量电器的电源线，在点火开关处于“ON”位置时，由点火开关 IG1 端子直接供电；X 为接小容量电器的电源线，来自 ACC 继电器（ACC 继电器触点闭合时有输出）；31 为搭铁线，以上电器图中的电源电路说明如图 3－30 所示。

2. 熔断丝盒

长城“嘉誉”汽车均有两个熔断丝盒，一个是驾驶室熔断丝盒（1 号），另一个是发动机舱熔断丝盒（2 号）。驾驶室熔断丝盒正面如图 3－31 所示，各熔断丝、继电器名称及熔断电流如表 3－18 所示。发动机舱熔断丝盒正面如图 3－32 所示，各熔断险丝、继电器名称及熔断电流如表 3－19 所示。

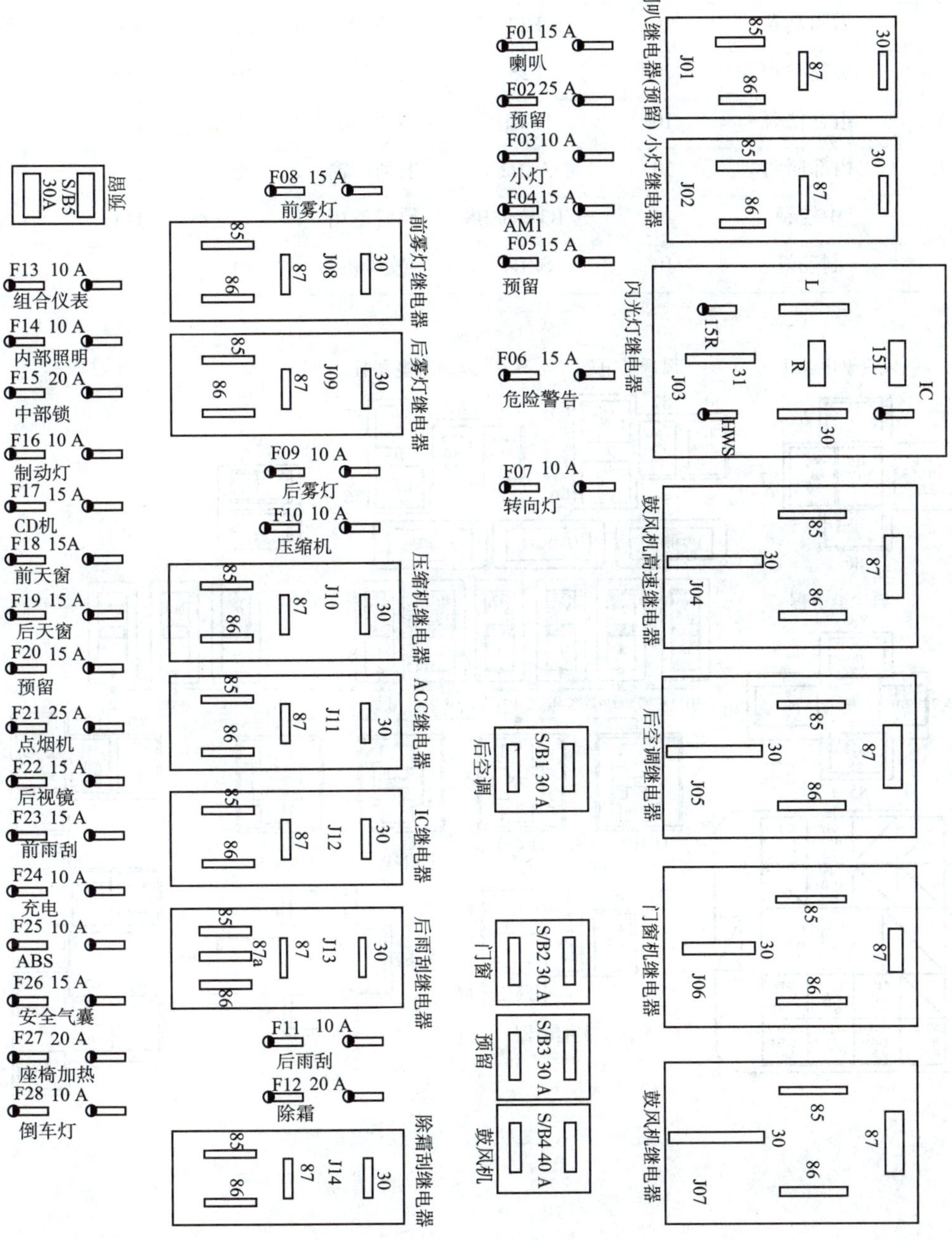

图 3－31 驾驶室熔断丝盒正面

表 3－18 驾驶室熔断丝盒说明（包括继电器）

熔断丝编号	保险丝名称	熔断电流/A	熔断丝编号	保险丝名称	熔断电流/A	继电器编号	继电器名称
F01	电喇叭	15	F17	CD 机	15	J1	喇叭继电器
F02、F05、F20	预留备用		F18	前天窗	15	J2	小灯继电器
F03	小灯	10	F19	后天窗	15	J3	转向灯闪光继电器
F04	AM1	15	F21	点烟器	25	J4	鼓风机高速继电器
F06	危险警报装置	15	F22	后视镜	15	J5	后空调继电器
F07	转向灯	10	F23	前雨刮器	15	J6	电动门窗继电器
F08	前雾灯	15	F24	充电	10	J7	鼓风机继电器
F09	后雾灯	10	F25	ABS	10	J8	前雾灯继电器
F10	空调压缩机	10	F26	安全气囊	15	J9	后雾灯继电器
F11	后雨刮器	10	F27	座椅加热	20	J10	油泵继电器
F12	后窗除霜	20	F28	倒车灯	10	J11	ACC 继电器
F13	组合仪表	10	S/B1	后空调	30	J12	IG 继电器
F14	内部照明	10	A/B2	电动门窗	30	J13	后雨刮继电器
F15	中控锁	20	S/B3、S/B5	预留备用		J14	后窗除霜继电器
F16	制动灯	10	S/B4	鼓风机	40		

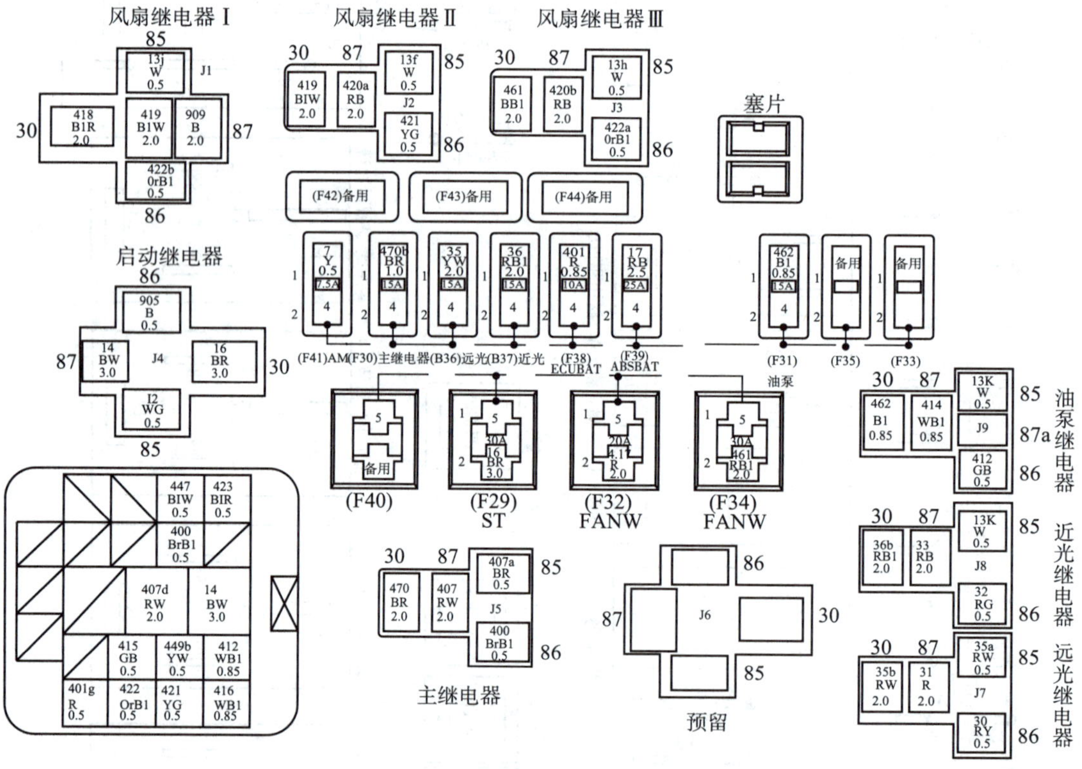

图 3－32 发动机舱保险丝盒正面

表 3－19　发动机舱保险丝盒说明（包括继电器）

熔断丝编号	保险丝名称	熔断电流/A	继电器编号	继电器名称
F29	启动机	30	J1	风扇继电器 1
F30	主继电器	15	J2	风扇继电器 2
F31	油泵	15	J3	风扇继电器 3
F32	风扇 1	30	J4	启动继电器
F33、F35	预留备用		J5	主继电器
F34	风扇 3	30	J6	预留备用继电器
F36	远光灯	15	J7	远光继电器
F37	近光灯	15	J8	近光继电器
F38	EFI	10	J9	空调压缩机继电器
F39	ABS	25		
F40	预留备用			
F41	AM2	7.5		
F42	预留备用	25		
F43	预留备用	15		
F44	预留备用	10		

（三）搭铁点位置说明

长城“嘉誉”汽车整车搭铁点位置如图 3－33 所示。各搭铁点位置说明见表 3－20 所示。

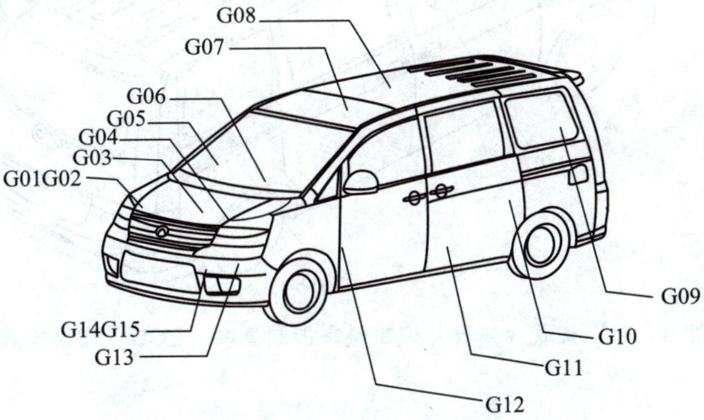

图 3－33　长城“嘉誉”汽车整车搭铁点位置

表 3－20　长城“嘉誉”汽车整车搭铁点位置及说明

搭铁序号	搭铁点具体位置	说明
G01	右侧翼子板内	ABS 搭铁
G02	右侧翼子板内	机舱线束
G03	变速器壳体	发动机线束
G04	前横梁左前大灯支架处	蓄电池搭铁

续表

搭铁序号	搭铁点具体位置	说明
G05	右 A 柱线束固定器下侧	仪表板线束
G06	仪表板加强梁上	仪表板线束
G07	右滑门	右后门线束
G08	右侧围	右侧车身线束
G09	后雨刮电机附近	后背门线束总成二
G10	左侧围	左侧车身线束
G11	左滑门	左后门线束
G12	左 A 柱线束固定器下侧	仪表板线束
G13	变速器壳体	蓄电池搭铁
G14、G15	水箱左侧纵梁处	机舱线束

（四）整车主要控制模块（ECU）安装位置及说明

长城“嘉誉”汽车整车主要控制模块（ECU）安装位置如图 3－34 所示，各控制模块说明见表 3－21。

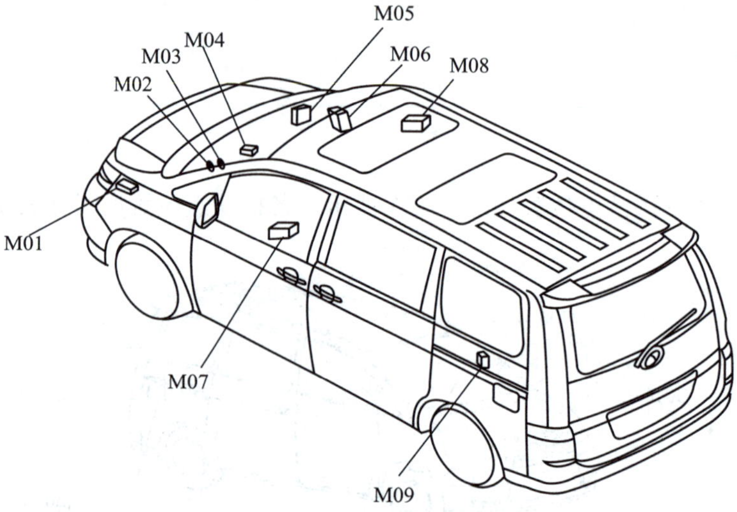

图 3－34　长城“嘉誉”汽车整车控制模块（ECU）安装位置

表 3－21　各控制模块说明

控制模块序号	说明
M01	机舱保险盒
M02	防盗 ECU
M03	中控盒
M04	安全气囊 ECU
M05	发动机 ECU

续表

控制模块序号	说明
M06	驾驶室保险盒
M07	倒车雷达 ECU
M08	GPS 控制器（高配车型）
M09	倒车影像 ECU（高配车型）

实践操作

识图作业

一、识图作业

由指导老师提供多种汽车电路原理图、线路图、线束图，根据汽车电路图完成表 3 -22。

表 3 -22 汽车电路图的特点及使用场景

汽车电路图种类		电路图特点	应用场景
原理图	全车原理图		
	局部原理图		
线路图	布线图		
	接线图		
线束图	线束结构图		
	线束定位图		
	线束布线图		

二、绘制汽车电气系统方框图

请根据汽车电路的组成，完成图 3 -35 所示汽车电气系统方框图。

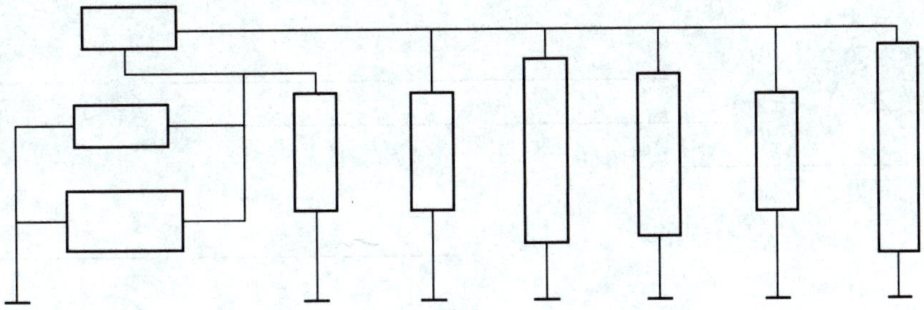

图 3 -35 汽车电气系统方框图

课程思政

共建汽车软件产业高地　推动汽车电子蓬勃发展

2021 年 9 月 27 日，2021 智博会汽车电子（软件）产业发展论坛在重庆仙桃国际大数据谷成功举办。专家分享新观点、新技术、新趋势，共同探讨汽车电子、高级辅助驾驶、车载操作系统等智能网联汽车核心软硬件发展态势，助力打造智能网联汽车新生态，为汽车电子和软件行业高质量发展建言献策。

科技部原秘书长、国际欧亚科学院院士张景安在主旨演讲中提出，汽车软件是一个新赛道，需要通过快速形成产业集群效应。渝北建设汽车软件产业基地在全国具有示范意义，构建宽容的创新生态，融合产业链、创新链、供应链，打造创新的升级版，是基地赢得未来竞争的关键点。

中汽协师建华副秘书长在演讲中提出，2021 年以来，我国新能源汽车呈现出了市场规模和发展质量双提升的良好势头。在基础材料、基础零部件、电机、电控、电池以及整车等方面也取得了实质突破。1 ~8 月，全国新能源汽车产销分别达到 181 万辆和 180 万辆，同比增长 1. 9 倍，渗透率接近 11%，有望提前实现新能源汽车市占率 20% 的中长期目标。

重庆仙桃国际大数据谷汽车软件产业基地也于当日启动。据悉，为全力建设好全国首个汽车软件产业基地，重庆仙桃国际大数据谷将围绕自动驾驶、智能座舱、智能网联三大领域，引进和培育龙头企业 5 家、核心企业 15 家、生态企业 50 家，力争实现自动驾驶研发水平达到 L4 级，智能座舱产品搭载超过 1 000 万台，园区汽车软件产业营收 100 亿元，从业人员超过 10 000 人。

会上，中国软件行业协会联合重庆仙桃国际大数据谷共同发布《中国汽车软件产业发展白皮书》，对汽车软件领域进行全景描绘，开展了前瞻性研究，为政府决策提供参考，为企业未来业务研判提供借鉴。据了解，为进一步增强智能网联汽车行业凝聚力、战斗力、竞争力，中国软协成立智能网联汽车行业分会，将在渝北落地汽车信息安全监测中心，为地区发展注入新动能。

（来源：中国网）

思考练习

一、填空题

1. 汽油汽车电路一般采用________________V 电压供电，重型柴油汽车多采用________V 电压供电。

2. 汽车电路图可分为________________、________________与________________3 种。

3. 线束图可分为________________、________________与布线图 3 种。

4. ________________是用方框与连线来，表示电路的工作原理与构成概况而制作成的一种电路简图。

5. 汽车电路原理图中的各元器件都以________________或________________的形式来表示。

二、简答题

1. 简述汽车电路的基本特点。

2. 汽车电路原理图、线路图、线束图有什么区别？

第四章

汽车电路故障诊断与检修

本章导读

随着汽车电子技术的发展和应用，汽车电路日趋复杂，由此造成的故障也越来越多，且大部分故障的原因不易排查。本章通过汽车电路基本检测维修工具的使用、常见故障的检修、车载故障诊断仪的使用三个方面来介绍汽车电路故障检修的基础知识，使学生初步掌握检修工具的使用方法及故障检修的基本方法。

学习目标

1. 掌握汽车电路常用诊断工具及仪器的性能特点和使用方法。
2. 掌握汽车电路各系统故障类型的诊断方法及诊断注意事项。
3. 了解车载故障诊断系统的工作原理。
4. 能够对汽车电路故障线路进行检测，找出故障位置。

第一节 常用工具及仪器

在检修汽车电路故障时，常需要使用一些工具和检测仪器，使用前必须了解其性能及使用注意事项，掌握其正确的使用方法。发动机管理系统对于高温、高压、高湿度是十分敏感的，因此在诊断与维修过程中不可随意地进行修理和试验，必须保证工具、仪器、设备不被损坏。检修中常用到以下几种工具和测试仪器。

一、跨接线

如图 4－1 所示，它是一段多股导线，两端分别接有鳄鱼夹或不同形式的插头。一般备有多种形式的跨接线，以备特定位置测量使用。

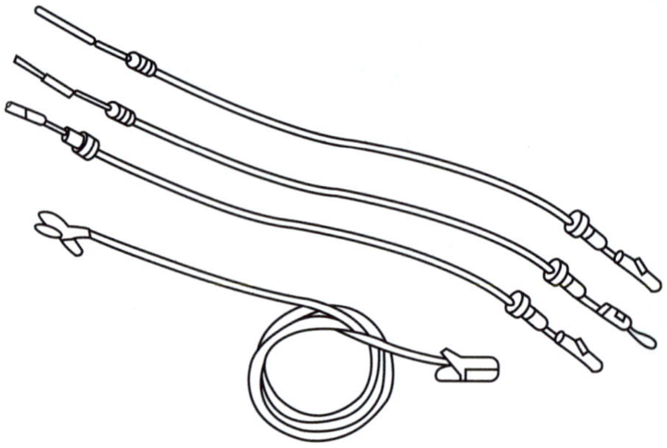

图 4－1　跨接线

跨接线起到了旁通电路的作用，主要用于电路故障的检查（断路、短路）。例如，当控制开关接通而电器不工作时，可将跨接线跨接在被测部件的“搭铁”端子与车身搭铁之间，若电器恢复工作，则说明其搭铁电路开路；若将跨接线跨接在蓄电池“＋”极与被测部件的“电源”端子上后部件工作转为正常，则说明电源电路有故障；若电源电路和搭铁电路都跨接而电器仍不工作，说明电器本身有故障。此外，在发动机管理系统的自诊断中常用跨接线完成“激活”故障码的过程（跨接在专用检测接口内规定的插座或插头上）。

使用跨接线的注意事项包括以下两点。

（1）用跨接线将电源电压加至实验部件之前，必须确认被测部件的工作电压与电源电压一致。否则，可能造成设备损坏。

（2）不可用跨接线将被测部件“＋”端子与发动机搭铁直接跨接，以免造成电源短路。

二、测试灯

测试灯也称测电笔，它在跨接线的基础上增加了用于显示电路导通状态的灯，根据灯的明暗程度还可以判断被测电路的电压高低。测试灯分为有源测试灯（可用欧姆表代替）和无源测试灯（可用电压表代替）两种类型，如图 4－2 所示。

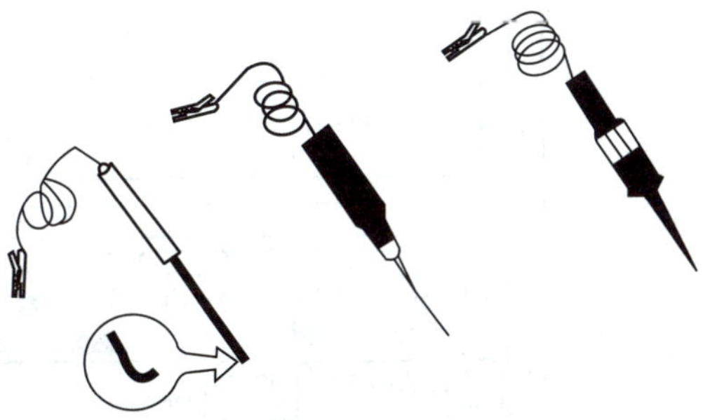

(a) 无源测试灯

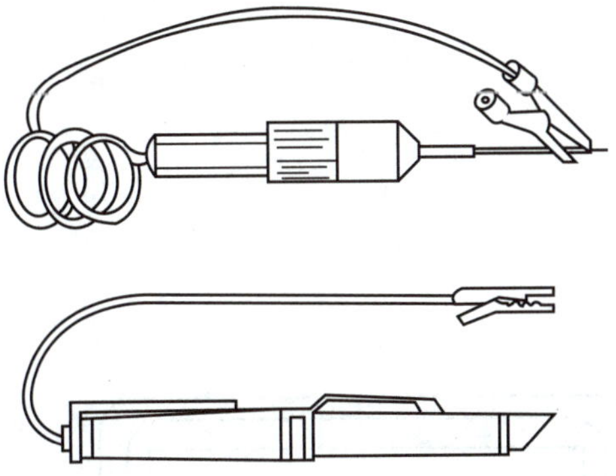

(b) 有源测试灯

图 4－2　测试灯

(一) 无源测试灯

无源测试灯的额定电压与汽车电源电压一致。当电器有故障时，先将测试灯的搭铁线夹搭铁，再用探针接触电子器件的“电源”端子处，如果灯不亮，说明被测电路有断路，应沿电流的流向逐次短接在第二测试点、第三测试点、……直到灯亮为止。此时，可断定故障点在最后两个测试点之间的电路或电子器件上。

(二) 有源测试灯

有源测试灯的结构和原理与无源测试灯的基本相同，但由于自身带有电源，所以检测方法略有不同。另外，采用断路法可对电路的断路故障进行快速检查。将其跨接在所测线路的两端，如果灯不亮，则可初步断定在被测电路中有故障，再依次逐步缩小测试范围，直至灯亮，断路点在最后两个被测点之间的电路中。

三、车用数字万用表

万用表分为模拟式（指针式）和数字式两大类，可用来检测电阻、电流和电压等。目前数字式万用表常用于电控发动机的检测。

车用数字万用表除了具有一般万用表的功能外，还具有一些汽车专用测试功能。车用数字万用表一般能测量电压、电流、电阻、转速、频率、温度、电容、闭合角、占空比和二极管等项目，并具有自动断电、自动量程变换、图形显示、峰值保留和数据锁定等功能。

目前常用的车用数字万用表有 EDA 系列、OTC 系列、VC400 型和 KM300 型等。如图 4－3 所示为 KM300 型车用数字万用表。

(一) 测量直流电压

(1) 将车用数字万用表选择开关旋转到直流电压（DCV）位置，万用表进入自动选择量程方式，能自动选择最佳测量量程。也可以按下“量程（RANGE）”按钮，进入手动选择量程方式，每按动“量程”按钮 1 次，即可选择更高 1 级的量程。

(2) 红表笔的导线插头插入面板“V/Ω”插孔中，黑表笔的导线插头插入面板 COM 插孔中。红、黑表笔接到被测电路上，如图 4－4 所示。

注意万用表的“＋”“－”表笔应与电路测点的“＋”“－”极性一致。

(3) 读取被测直流电压值。

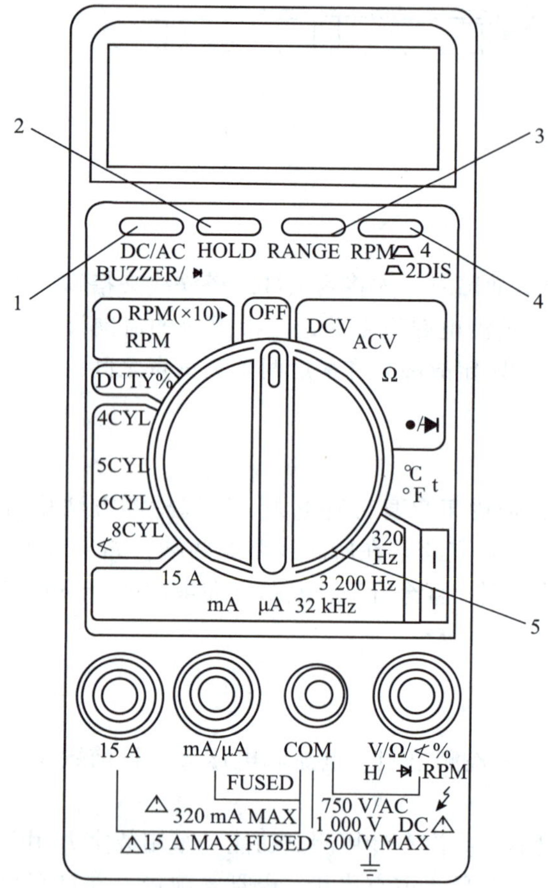

1－直流/交流按钮；2－保持按钮；3－量程按钮；
4－车速按钮；5－选择开关。

图 4－3　KM300 型车用数字万用表

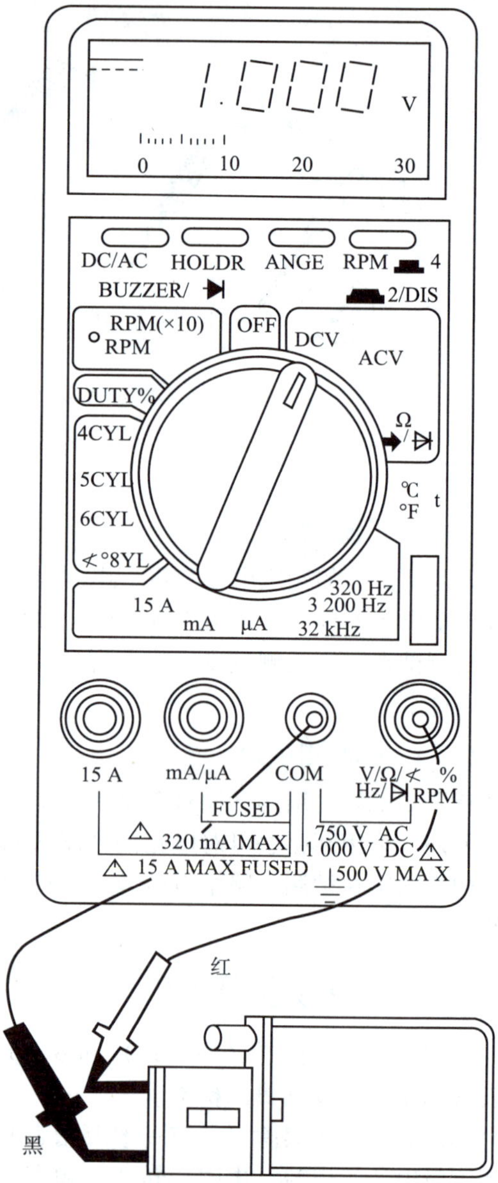

图 4－4　测量直流电压

（二）测量直流电流

（1）按下“直流/交流（DC/AC）”按钮，选择直流挡。

（2）根据被测电流的大小将“选择开关”旋转到 15 A、mA 或 μA 位置，如果不能确定所需电流量程，应先从 15 A 开始往下降。

（3）将红表笔的导线插头插入选定的 15 A 或 mA/μA 插孔内，黑表笔的导线插头插入面板的“COM”插孔内。红、黑表笔接到被测电路上，与电路串联，如图 4－5 所示。

（4）接通被测电路的电源。

（5）读取被测直流电流值。

（三）测量电阻

（1）将“选择开关”旋转到“Ω”位置，万用表进入自动选择量程方式，能自动选择最佳测量量程。也可以按下“量程（RANGE）”按钮，进入手动选择量程方式，按动“量程”按钮选择适当的量程。

（2）将红表笔的导线插头插入面板“V/Ω”插孔中，黑表笔的导线插头插入面板“COM”插孔中。红、黑表笔接到被测电路上，如图4-6所示。

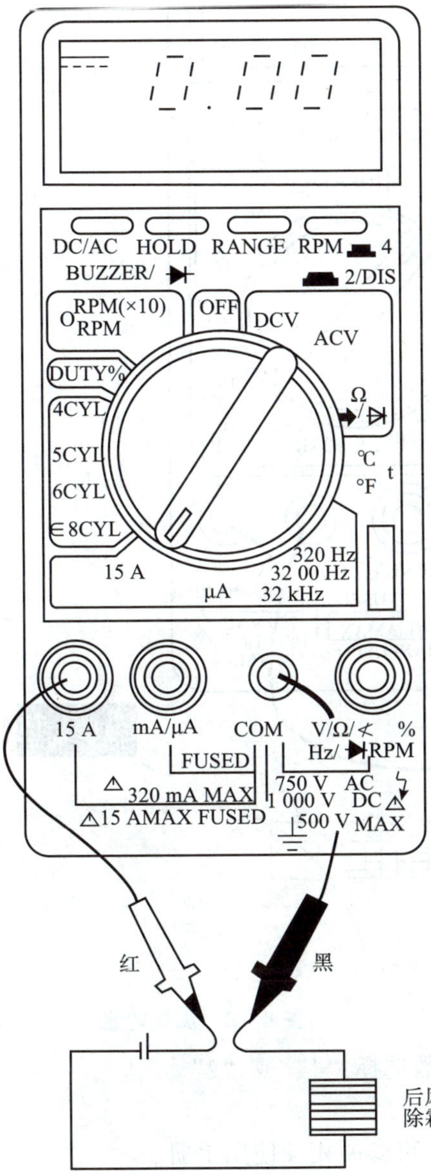

图4-5　测量直流电流

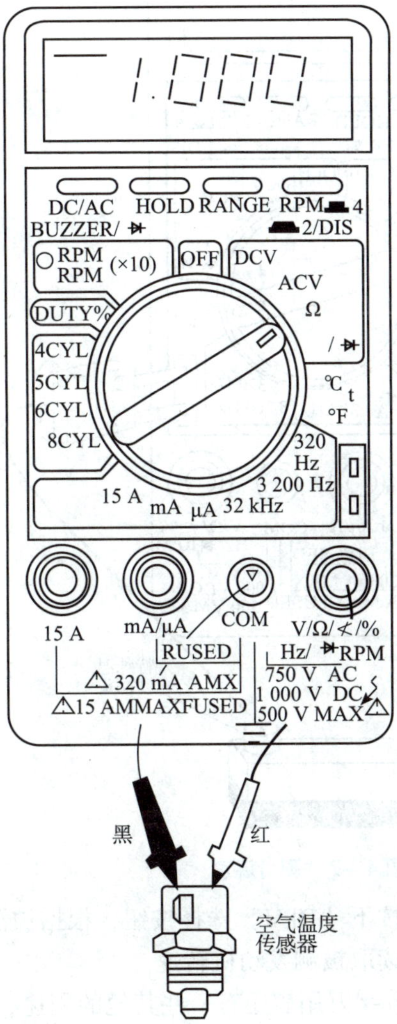

图4-6　测量电阻

（3）读取被测电阻值。

测量电阻时不可带电操作，否则易烧毁万用表。

（四）测量温度

（1）将“选择开关”旋转到温度（t）位置。

（2）将万用表配备的带温度探头引线的特殊插头插接到面板黄色插孔内，温度探头与被测温度的部位接触，如图4-7所示。

（3）温度稳定后，读取测量值。

（五）测量转速

（1）将“选择开关”旋转到转速（RPM或RPM×10）位置。

（2）将感应夹的红色导线插头插入面板“V/Ω”插孔内，黑色导线插头插入“COM”插孔内，感应夹夹在通往火花塞的高压线上，其上方的箭头应指向火花塞，如图4-8所示。

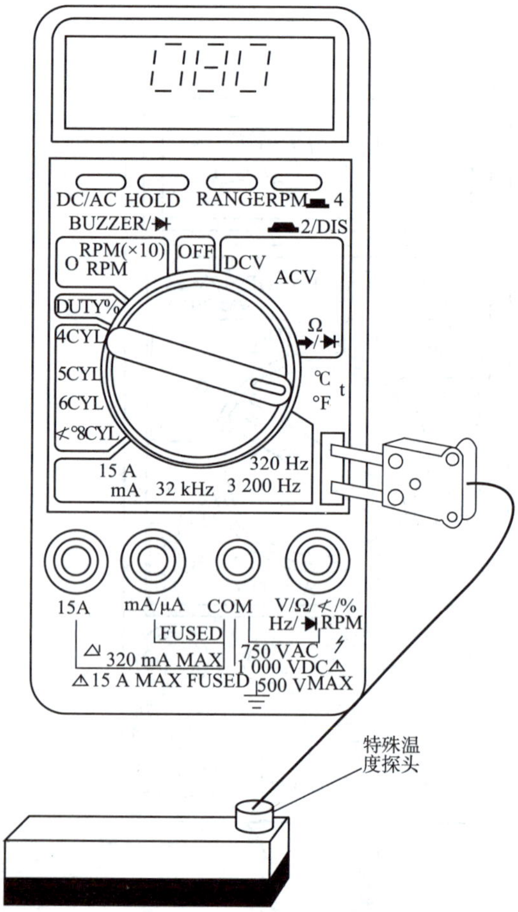

图 4－7　测量温度

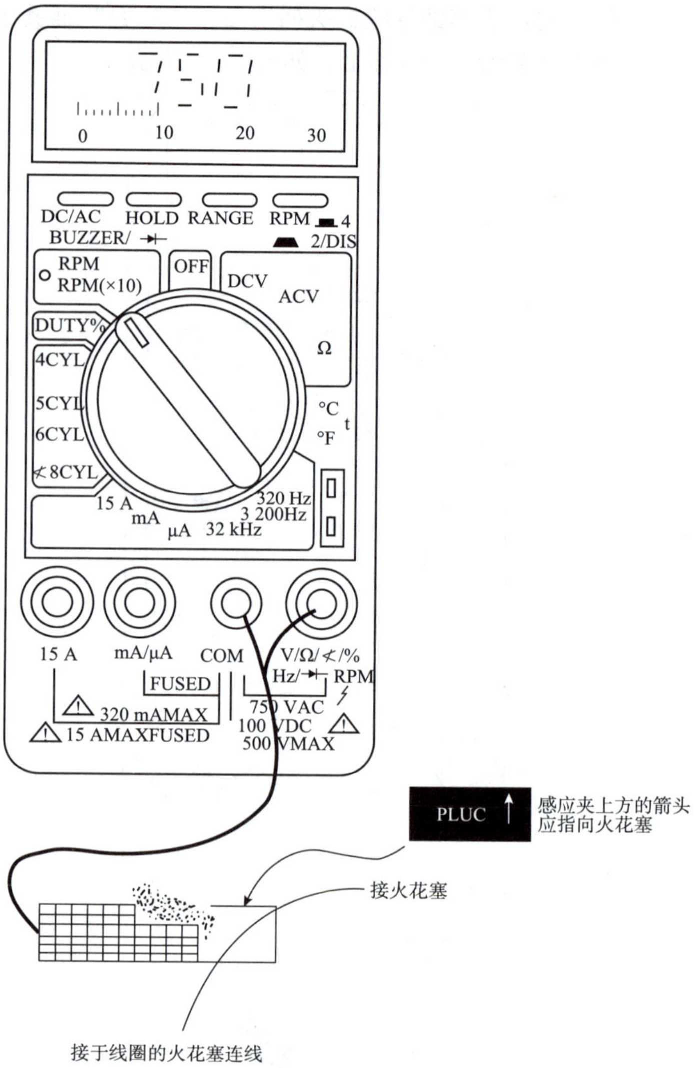

图 4－8　测量转速

（3）按下“RPM”选择按钮，根据被测发动机的冲程数选择“4”或“2”。

（4）读取被测发动机转速。

车用数字万用表还有一些其他的用途，在此不做介绍，可参阅相关使用手册。

四、车用示波器

（一）汽车示波器诊断故障方式

汽车示波器诊断故障方式有两种：一种是，对整个系统运行状态进行分析，确定整个系统的运行情况；第二种是，对某个电器或电路进行故障分析，确定在整个系统运行正常的情况下某个电器或某段电路的情况。

1. 系统运行情况分析（O_2FB－氧反馈平衡方法）

通过氧传感器波形测试可以诊断故障和验证修理的结果。维修技术人员将汽车示波器接到氧传感器电路上，通过氧传感器波形分析确定氧传感器本身是否工作正常、发动机控制系统是否工作正常、发动机机械系统是否工作正常，进而确定需要进行怎样的修理（电子或机械的），或修复后交车前验证燃料反馈控制系统故障是否已经排除或还需要重新测试。

用氧反馈平衡诊断汽车故障的方法是分析电控喷射发动机故障的一种新方法，波形分析是很复杂的学科，维修技术人员不仅要有扎实的理论基础，还要通过长期训练获得维修实践经验。

2. 电器电路故障分析

示波器可以帮助分析某个电器电路是否有故障，以及验证维修的结果。虽然数字万用表可以顺利地做出同样的诊断结果，但用示波器来检查某一特定电路元件可以得到更直观的结果，例如通过测试波形可以发现断点故障及电路断路故障等，如图 4－9 所示。

(a)

(b)

(c)

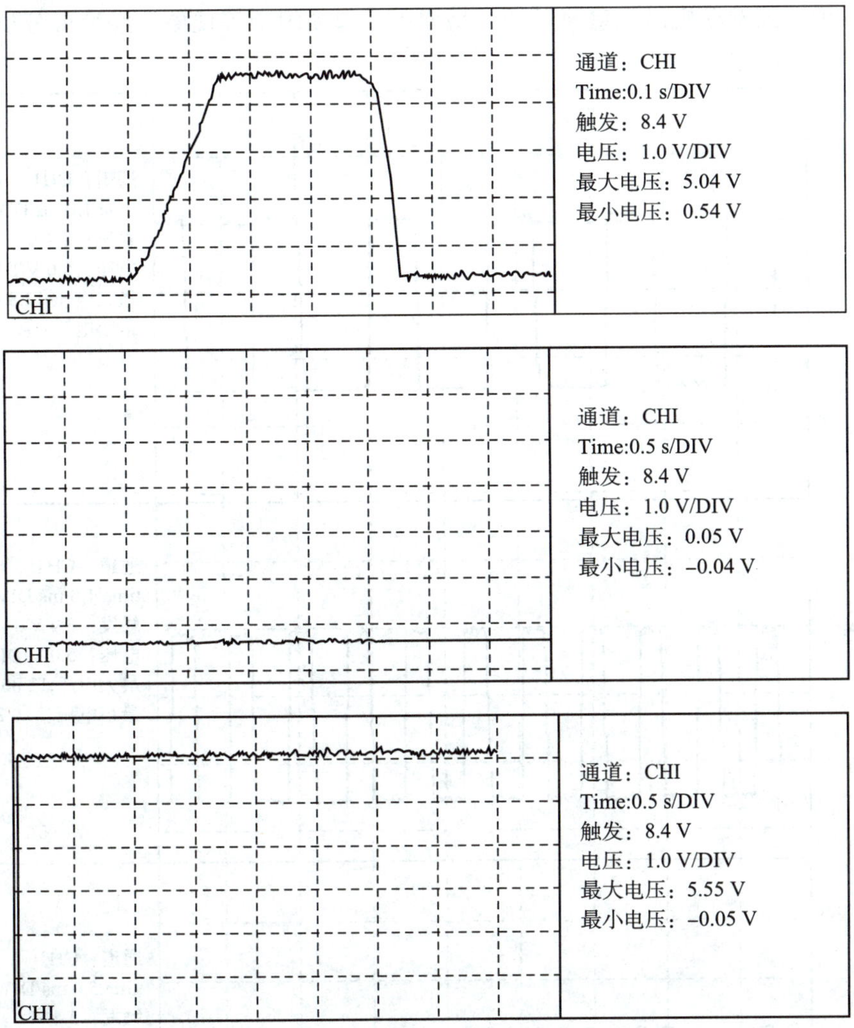

（a）节气门位置传感器正常波形；（b）节气门位置传感器标准 5 V 供电电路断路故障波形；（c）节气门位置传感器搭铁电路断路故障波形。

图 4－9 节气门位置传感器波形

（二）汽车示波器显示波形的参数

用汽车示波器观察传感器或执行器的运行波形，汽车电子信号都可以用 5 种测量尺度来加以判断，即任何一个汽车电子信号都应具有以下可度量的 5 个参数指标：幅值——信号最高电压；频率——信号的循环时间；形状——信号的外形模样；脉宽——信号的占空比或所占时间；阵列——信号的重复特性（例如同步脉冲或串行数据）。

汽车示波器可以显示出所有电子信号的这 5 种判定尺度，如果知道如何分析电子信号的这 5 种参数，就能够判定这个电子信号的波形是否正常，通过波形分析可进一步检查出电路中传感器、执行器以及电路和 ECU 等各部分的故障，也可以进行修理后的结果分析。为维修方便，大多数示波器给出了标准波形，维修人员可参考标准波形进行诊断。

故障电路从损坏状态到被修复状态在汽车示波器上显示的波形几乎总是在它的 5 种测量尺度上发生剧烈的变化。对于间歇性故障，利用汽车示波器对怀疑电路实时监控是很好的方法。

图 4－10（a）所示为发动机怠速状态曲轴位置传感器波形；该波形的信号幅值、频率、形状等判

定性尺度均匀一致，说明该曲轴位置传感器性能良好。

图 4－10（b）所示为发动机加速状态曲轴位置传感器的波形，该波形的信号幅值、频率、形状等判定性尺度均匀一致，且频率能随发动机加速状态改变，说明该曲轴位置传感器性能良好。

图 4－10（c）所示为某别克君威发动机曲轴位置传感器怠速状态的波形，该波形的信号幅值随发动机转数变化，说明该发动机出现怠速发抖、易熄火、起动困难等现象。经波形分析确认曲轴位置传感器故障，更换后故障解除。

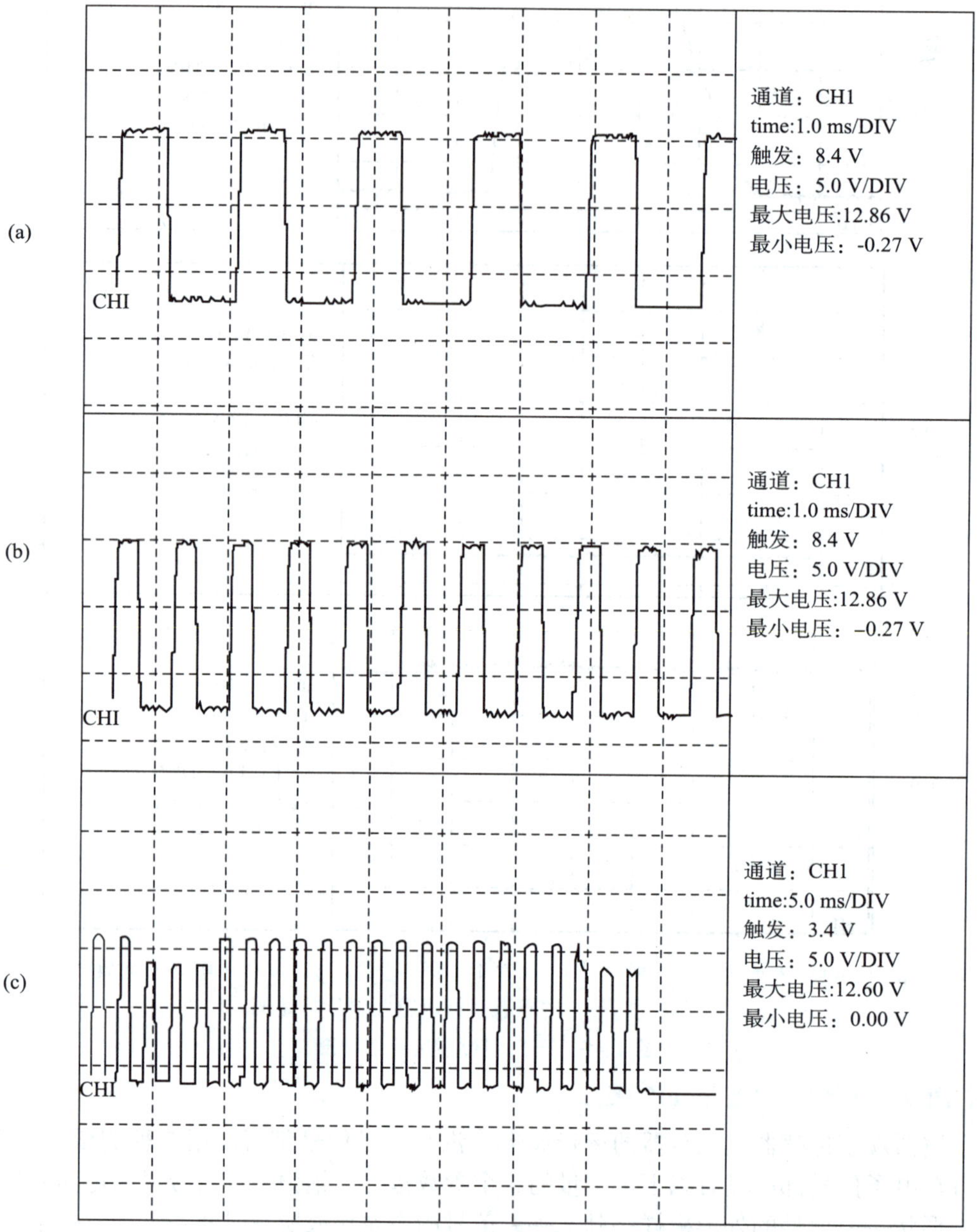

（a）曲轴位置传感器怠速波形；（b）曲轴位置传感器加速波形；
（c）有故障的别克发动机曲轴位置传感器波。

图 4－10　曲轴位置传感器波形

（三）多通道汽车示波器介绍

汽车专用示波器从开始的单通道发展为多通道。如图 4－11 所示为广泛使用的双通道和四通道汽车示波器。汽车维修行业对汽车示波器的要求在不断提高，比如具有更广的带宽、更快的采样率和更大的存储容量，向小型化、便携式、数字化、多功能发展等。

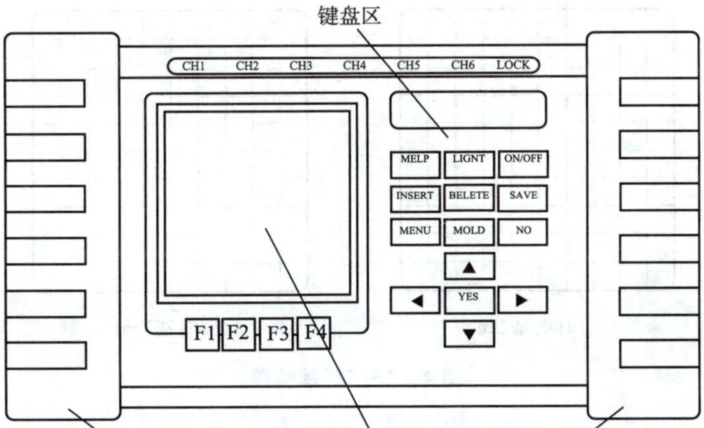

(a) MT3500

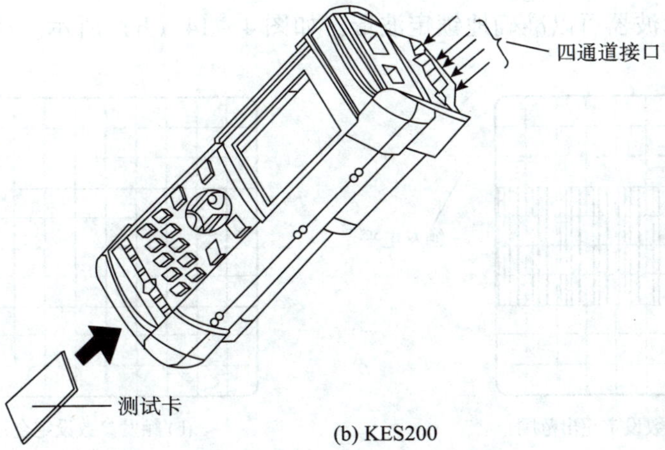

(b) KES200

图 4－11　双通道和四通道汽车专用示波器

1. MT3500 示波器的基本功能设置

（1）调整电压比例。电压比例值决定了信号波形的高度，即幅度，V/格指屏幕垂直方向上显示的每个格子所对应的实际电压值。对于同一信号，当选择不同的电压比例时，波形显示不同。在所测电压值不变的情况下，设定电压比例值越低，则显示的波形越高，如图 4－12 所示。

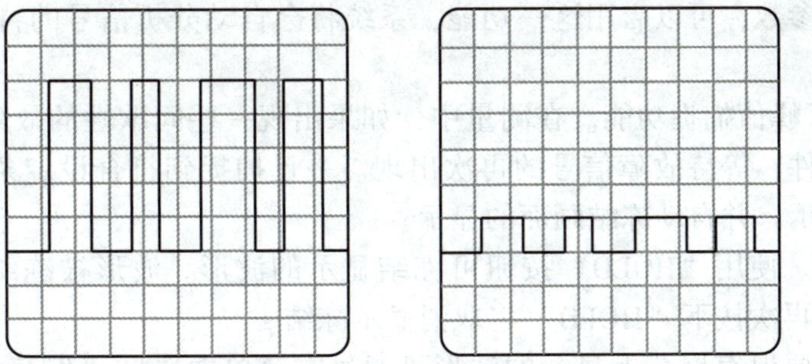

(a) 1 V/格时的显示　　(b) 5 V/格时的显示

图 4－12　电压比例调整

（2）调整时基。时基的选择决定了重复性信号在屏幕上显示的频数，s/格指屏幕水平方向上显示的每个格子所对应的实际时间值。对于同一信号，当选择不同的时基时，波形显示不同。设定时基值越高，则显示的频数越多，如图 4－13 所示。

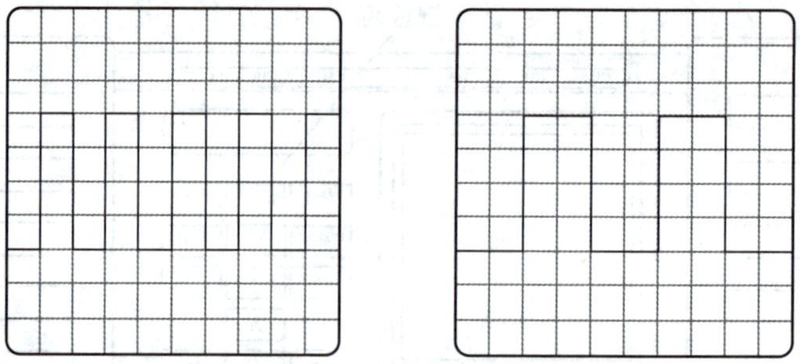

(a) 时基2 ms (b) 时基1 ms

图 4－13 时基调整

（3）调整触发。触发电平用于调节波形的起始显示电压值，即设定显示屏上显示的信号以大于或小于设定的触发电压为起始显示点。当设定的触发电平超出了信号的电平范围，示波器无法确定显示的起始位置，因此显示的波形呈左右晃动，而无法锁定，如图 4－14（a）所示。当设定的触发电平在正常信号的电平范围时，示波器可以准确地锁定波形，如图 4－14（b）所示。所以调整触发参数可使信号能在屏幕上稳定显示。

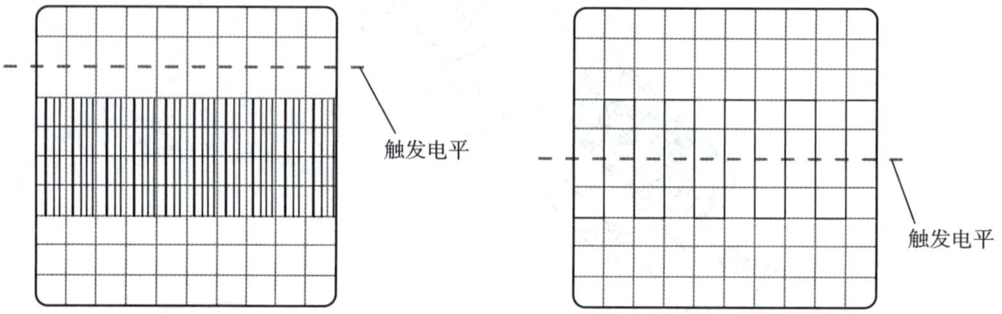

(a) 触发参数设定超出范围 (b) 触发参数设定合适

图 4－14 触发参数调整

设定触发沿用于确定显示的波形是以高于触发电平（正触发）的电压作为显示起始点，还是以低于触发电平（负触发）的电压作为显示起始点。当触发选择不同时，得到的波形也不同，只有正确地选择触发，才有完整的波形显示。

（4）自动触发及峰值捕捉。在 MT3500 中设置了自动触发功能的选项。在测量过程中，如果无法确定如何适当地设定触发参数，可以启用这一功能，系统将会自动分析信号的特性，自动设置触发电平、触发沿等参数。

MT3500 中还设置了峰值捕捉功能。在测量中，如果出现一些间歇性的故障信号，峰值捕捉功能会根据用户设定的触发条件，等待故障信号的再次出现。一旦捕捉到符合设定条件的故障信号，MT3500 就会发出蜂鸣声进行提示，并自动冻结画面的显示。

（5）屏幕冻结功能。使用“HOLD”按钮可冻结显示的波形。波形被冻结后，屏幕右上角将显示“屏幕显示冻结图标”。再次按下“HOLD”将取消显示冻结。

（6）保存波形。需要保存屏幕上显示的波形可通过在菜单中选择“保存波形”，或直接按下“保存”按钮。

系统会自动为即将存储的文件起一个文件名，如果需要自定义文件名可按下“YES”按钮更改文件名。确定文件的名称后可按下“保存”所对应的“F1”按钮保存文件，或是按下“取消”所对应的“F2”按钮取消文件的保存操作。

（7）对照标准波形分析测试波形。起动仪器，根据要测试的内容选择适当的量程和时基。连接测试导线到被测元件，红表笔接信号线，黑表笔搭铁。此时屏幕上显示的波形即为被测元件的波形，将其与标准波形相对照，来分析波形是否正常。

2. 使用注意事项

（1）仪器及测试连线要远离汽车发动机的运动件，例如传动带、风扇及齿轮等。

（2）禁止用导电物体将电池的正、负电极短路。

（3）防止仪器被冷却液、水、油或其他液体弄湿。

（4）进行各种测试前，应首先连接好搭铁。

（5）禁止在没有安装防滑护套的情况下使用仪器。

（6）禁止在仪器信号输入端输入超过 500 V 的电压。

（7）使用完毕后，应将所有的接头、测试导线及测试夹卸下，并完整保存于 MT3500 的包装箱中。

五、故障诊断分析仪

利用发动机专用测试仪协助查找发动机管理系统的故障源是一种非常有效的检测手段。目前汽车修理行业的专用测试仪分为台式和便携式两种，由于便携式专用测试仪具有携带方便、操作简单等优点，且能大大提高检修的速度和效率，故应用广泛。这类仪器一般都具有如下功能。

（1）从发动机计算机的存储器中读取存储的故障码。

（2）在发动机运转或汽车行驶时，对发动机管理系统的参数进行动态测试。

（3）发动机检修后，根据操作者的指令清除发动机计算机中存储的故障码。

（4）汽车检修人员可在汽车运转或停车状态下通过检测仪发出工作指令，以检测各执行器的工作情况。

（一）通用型的故障诊断分析仪

故障诊断分析仪俗称解码器如图 4－15 所示，它集成了读计算机版本、读取故障码、清除故障码、动态数据显示、执行元件测试、系统设定、计算机编程、匹配自适应、故障专家分析、电路图库、音响解码等诸多功能，并且可以进行光盘升级和网上升级。

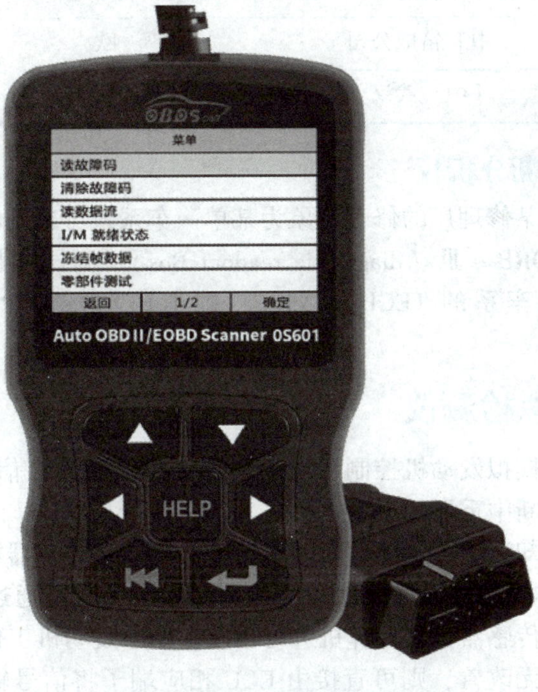

图 4－15　故障诊断分析仪

故障诊断分析仪可检测包括欧洲车系、亚洲车系、美洲车系以及国产车系的数千种车型。

当前被广泛使用的发动机控制系统专用检测设备见表 4－1，它们的性能及使用方法基本相同。修理人员可根据车型选取相应的专用诊断仪。

表4－1　常用发动机控制系统检测仪一览表

型号	厂商	使用车型	界面文字
Scanner（MT2500）	［美］Snap－on公司	美、亚、欧	英、中
OTC检测器	［美］IAE公司	美、亚	英
KTS500解码器	［德］BOSCH公司	欧	英
DRB－Ⅱ测试仪	［美］CHRYSLER公司	克莱斯勒	英
STAR－Ⅱ测试仪	［美］FORD公司	福特	英
MODIC－Ⅱ测试仪	［德］BMW公司	宝马	英
OGM检测仪	［日］HONDA公司	本田	英
日产专用检测仪	［日］NISSAN公司	日产	英
431ME电眼睛	［中］深圳、广州	美、欧、亚、中	中
金奔腾－Ⅰ型	［中］北京、广州	美、欧、亚、中	中、英
金奔腾－Ⅲ型掌上型	［中］北京、广州	美、欧、亚、中	中、英
金奔腾－1552型	［中］北京、广州	美、欧、亚、中	中、英
威宁达仪表王	［中］深圳	美、欧、亚、中	中
三原修车王	［中］深圳、广西	美、欧、亚、中	中
创威联车博士	［中］深圳	美、欧、亚、中	中
电子鼠	［中］昆明、北京	丰田	中
中大检测王	［中］江苏	美、欧、亚、中	中
OB91	［中］笛威公司	欧	英
利友	［中］武汉	美、欧、亚	中

（二）专用型的故障诊断分析仪

在实际修理作业时，如果某修理厂的修理对象为某单一车系，可选用相应的专用诊断仪。这类测试仪器有测试克莱斯勒车系的DRB－Ⅲ（diagnostic readout Box）、测试福特车系的STAR－Ⅱ（self test automatic readout）、测试通用车系的TECH系列、测试本田车系的PCM系列、测试大众车系的VAS5051等。

六、多功能信号模拟检测仪

该仪器的典型特征是可以模拟发动机控制系统的全部传感器的输出信号，对其电路故障进行诊断。它也是发动机管理系统检测诊断中重要的设备之一。

例如，某故障码显示是冷却液温度传感器信号不良，但究竟是传感器本身的故障，还是传感器至计算机的电路故障，或是ECU本身的故障，需进一步检查诊断。此时可通过该仪器模拟冷却液温度传感器的信号，来代替冷却液温度传感器且对计算机进行输入。如果发动机工作正常，即可断定为冷却液温度传感器故障；如果故障症状无改善，则可直接由ECU相应端子将信号输入，若故障消失，即可判定是冷却液温度传感器至EUC电路故障，反之，可判定是EUC本身的故障。

第二节 汽车电路常见故障与诊断方法

一、汽车电气系统故障种类

（一）断路

断路就是电路中断，是电源与负载之间断开，电路之中无电流。产生断路的原因主要是导线断线、触点严重烧蚀、熔断器熔断、负载烧断、接点或插接器脱落、搭铁不良等。断路时该电路的负载不工作。

（二）短路

短路是电流没经过负载而直接搭铁。产生短路的原因多为绝缘破损或连接不良造成接头与接线柱脱离。短路是造成电路烧毁的主要原因之一。

（三）误搭铁

误搭铁是电流经过负载在不合适的地方搭铁。误搭铁使负载不受控制，产生错误的动作。

（四）负载工作不良

负载工作不良指负载没处于良好的工作状态，或有时工作有时不工作。其产生的原因多数是连接处松动或氧化腐蚀。

二、检修故障的程序

在进行汽车电路检修前，应查明电路原理图，了解相关电器件的结构和工作原理，并使用合适的检测仪器和工具，才能收到事半功倍的效果。

电路故障产生的原因是多种多样的，如元器件老化、自然磨损、调整不当、环境腐蚀、机械摩擦、导线短路或断路等。汽车电路出现故障时，一般先要确定故障的现象以及伴随出现的现象，判断故障所在的局部电路，然后对该局部电路进行检验，查明故障部位并予以排除。

检修故障时，一般遵循如下程序：询问用户→核实故障→分析判断→检查测量→确定故障点→排除故障→检验性能→记录总结。

（一）询问用户

为了迅速查找到故障源，首先要了解故障出现时的情形、条件、如何发生以及是否已检修过等与故障有关的情况和信息。为此，必须认真询问用户，倾听用户对故障的描述，认真填写“用户意见调查表”。由此可以减少误判、错判，使检修效率大大提高。询问的内容一般包括以下几个方面。

1. 汽车已经使用的年限

了解所修汽车已使用的年限可以帮助维修者判断故障的性质。对于新车，故障原因多是线束折断或接触不良，个别元器件或零部件焊接不好或安装不良、接插件松动造成接触不良；个别元器件或零部件可靠性太差；用户使用汽车上某些功能不当而造成的“假故障”等。对于使用多年的汽车，应该较多地考虑损耗性故障，如：电器件老化、特性变坏；电子控制电路中晶体管特性下降；电容器漏电、电容器介质损耗太大、电容变值或电容器击穿；电阻变值；变压器内线圈霉断；传感器灵敏度下降；集成电路老化等。

2. 产生故障的过程

应了解故障是突然发生的还是逐步恶化的，是静止性的故障还是时有时无的故障。详细了解以上情况，可以进一步判断故障的性质和采用较为合理的修理方法。

3. 是否检修过

应该了解该车发生故障以后是否修理过。如果已修理过，应了解修理过程，是否调节过某些可调器件，是否更换过电器件等。这可以帮助维修者较快地排除一些误判、误修、误换元器件等造成的故障。

（二）核实故障

就车核实故障，查看用户描述故障现象是否准确。有的用户由于对汽车的使用常识不了解，无意中使开关或按钮处于不正常的位置，便误认为有故障，因而应及时对故障现象予以检查核实，排除“假故障”的可能。

（三）分析判断

进行故障分析，在清楚可能的故障原因后选择合适的程序和方法进行故障诊断操作。

（四）检查测量

对电气系统进行检查测量时，可遵循以下原则。

1. 先简后繁

先解决容易解决的问题，后解决困难较大的问题。

2. 先外后内

优先对暴露在外面、易接触、易拆卸的部件进行检测，然后对不易接触和拆卸的部件进行检测。

3. 先熟后生

先对常见的故障部位进行检查，往往可迅速确定故障部位，省时省力。

4. 先静后动

“静”指不启动的静止状态；“动”指起动发动机后的工作状态。不要盲目起动汽车，应先做必要的安全检查和电气性能测试（看有无漏电或短路处），再起动汽车。

5. 先电源后负载

电源故障是最常见的故障之一，因此电气部分出现故障后，一般应首先检查电源部分。

6. 先一般后特殊

应先检查一般故障，再查特殊故障。

7. 先公用后专用

要先解决公共性的问题和各部分共有的问题，后解决个别性和专用电路的问题。

8. 分段检查

分段检查指在故障诊断中，对怀疑有故障的系统逐段进行检测分析，直至查找到故障点。

（五）确定故障点和排除故障

依据故障诊断程序和检查测量的结果确定故障点，然后采用适当方法将故障排除。

（六）检验性能

检修好的汽车应重新进行测试，检验其性能是否良好，故障因素是否被排除。

（七）记录总结

汽车检修工作完成后，对故障现象、故障原因、故障点和故障排除方法做好记录。将检修结果与原来的分析推测进行比较。如果原分析检测是正确的，应总结思维分析过程，以确立正确的思维方法。如果原分析推测是错误的，就应该找出错误的原因。

三、故障诊断的基本方法

汽车电器系统的故障诊断通常采用的方法有直观诊断法、利用车上仪表法、断路法、短路法、试火法、试灯法、万用表法和元器件替换比较法等。

（一）直观诊断法

汽车电路发生故障时，有时会出现冒烟、火花、异响、焦臭、发热等异常现象。这些现象可以通过眼睛、鼻子、耳朵等直观感觉到故障所在部位。

（二）检查熔断器法

当汽车电路系统出现故障时，首先应查看熔断器是否完好。有些故障非常简单，通过检查熔断器，即能判断故障部位。例如汽车在行驶中，若某个电器突然停止工作，同时该支路的熔断器熔断，说明该支路可能存在搭铁故障。某个系统的熔断器反复烧断，则表明该系统一定有类似搭铁的故障存在，不应该只更换熔断器。

（三）利用车上仪表法

通过观察汽车仪表盘上的电流表、电压表、冷却液温度表、燃油表和机油压力表等的指针走动情况，判断电路有无故障和故障产生部位。例如，发动机冷态接通点火开关时，冷却液温度表指示满刻度位置不动，说明冷却液温度表传感器有故障或该电路有误搭铁。

（四）断路法

汽车电路发生搭铁（短路）故障时，可用断路法进行判断，即将怀疑有误搭铁故障的电路段断开后，根据电器设备中误搭铁故障是否还存在，判断电路搭铁的部位和原因。

例如汽车行驶时，听到电喇叭长鸣，则可以将喇叭继电器“按钮”接线柱的导线拆下。此时如果喇叭停鸣，则说明喇叭按钮至继电器这段电路中有误搭铁现象。

再如，若电路中有误搭铁故障而使该电路中的熔断器熔断，可先用一只汽车灯泡作试灯，试灯两端引线跨接于断开的熔断器两端的接线柱上，如图 4－16 所示，此时试灯应亮。然后将插接器逐个断开，若断开插接器 4 时试灯亮，而断开插接器 3 时试灯不亮，表明插接器 3 与插接器 4 这段电路中有误搭铁。

（五）短路法

汽车电路中出现断路故障时，可以用短路法进行判断，即用螺钉旋具或导线将被怀疑有断路故障的电路跨接，观察仪表指针变化或电器设备的工作状况，从而判断该电路中是否存在断路故障。

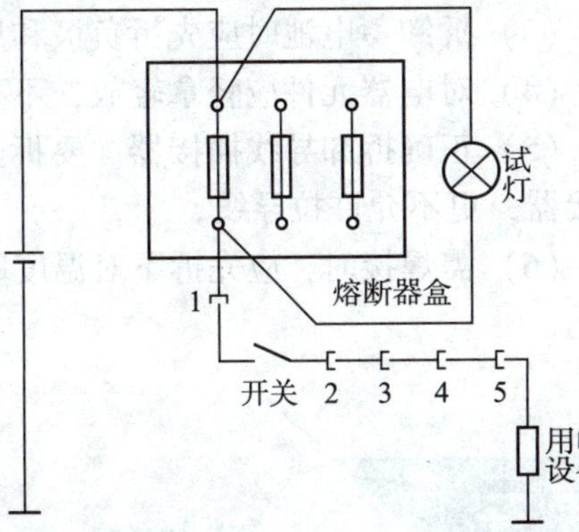

图 4－16 断路试验法

（六）试灯法

试灯法就是用一只汽车用灯泡作为试灯，检查电路中有无断路故障。例如，用试灯的一端和交流发电机的“电枢”接线柱连接，另一端搭铁。如果试灯不亮，说明蓄电池至交流发电机“输出”接线柱之间有断路现象；若灯亮，说明该段电路良好。

（七）高压试火法

对高压电路进行试火，观察电火花状况，判断点火系统的工作情况。具体方法：取下点火线圈或火花塞的高压导线，将其对准火花塞或缸盖等搭铁部位，距离 5 ~ 7 mm，然后接通点火开关至起动挡，起动发动机，看其跳火情况。如果火花强烈呈现蓝白色，且跳火声较大，则说明点火系统工作正常；反之，则说明点火系统工作不正常。

（八）万用表法

用万用表测量电路各点的直流电压，若有电压，说明该测试点至电源间的电路畅通；若无电压，说明该测试点与上一个测试点之间的电路断路。另外，通过万用表对电路或元器件的各项参数进行测试，并与正常技术状态的参数进行对比，来判断故障部位所在。例如就车测量蓄电池的充电电流与端电压，判断充电电路是否充电；测量电气部件中绕组的电阻值，判断绕组有无断路或短路；测量引线两端间的电阻，判断电路有无断路等。万用表检测法是检测电路或元件较为准确迅速的一种方法。

（九）示波器法

示波器是唯一能即时显示波形的测试仪器。利用示波器检测部件的动态波形（数据），与标准波形相比较，以判断部件或电路是否有故障。

（十）元器件替换比较法

元器件替换比较法指在检修电路时，选用性能良好的元器件对怀疑有故障的元器件进行替换来判断故障部位。例如火花塞火花弱，发动机不能发动，可用一个良好的火花塞将原用火花塞替换，若发动机恢复正常工作，表明原火花塞有故障，应予以修理或更换。

（十一）专用仪器法

随着汽车电气设备的日趋复杂，在维修中，特别是维修装有电子设备较多的车辆时，使用一些专用的仪器是十分必要的。例如检测大众轿车电控系统时，经常使用 VAG1552 诊断仪读取故障码和进行基本设定。

（十二）模拟法

有时当车辆送去维修时，故障并不显现，需要模拟故障发生时的条件，使故障显现后诊断故障。

四、检修汽车电路的注意事项

检修汽车电路时一定要仔细认真，严格按操作规程进行，否则会造成新的人为故障，严重时会引起火灾等重大事故。具体要求如下。

（1）更换熔断器要用与原车相同规格的熔断器。

（2）不要轻易拆卸蓄电池，必须要拆卸时应预先读出故障码，并关闭所有的用电设备，尤其不能在发电机运行时拆卸蓄电池。

（3）拆卸蓄电池时应先拆负极和后装负极，并且安装时应关闭所有的用电设备。

（4）对电器元件应轻拿轻放，不要放置在磁场很强的地方。

（5）正确拆卸导线插接器。要拆开插接器，首先要解除闭锁，不允许在未解除闭锁的情况下硬拉插接器，更不允许拉导线。

（6）需焊接时，应先拆下对温度敏感的元件，且焊接的温度不能超过 80 ℃。

第三节 认识与分析车载故障诊断系统

现代汽车在进行电子控制系统设计的同时，还增设了可对自身故障进行诊断、具有就车诊断功能的模块，称作车载诊断系统（on board diagnostic，OBD）。

OBD 系统可以实时监测汽车各个电子控制系统的工作情况，在发现故障后可及时发出故障信号并以故障代码的形式存储故障类型，并同时启动汽车故障运行程序。OBD 系统不仅可以向驾驶员及维修人员提供故障信息，还可以保证汽车在电子控制系统故障的情况下能够继续行驶到修理厂。

一、OBD 系统的基础结构

（一）OBD 系统的组成

OBD 系统

OBD 系统主要由电子控制部分、输入元件和输出元件组成。电子控制部分包括装在 ECU 内的故障诊断模块、存储器、监控回路等；输出元件由故障指示灯与故障诊断接口构成，并与输入元件共用 ECU 的传感器。OBD 系统的结构组成如图 4－17 所示。

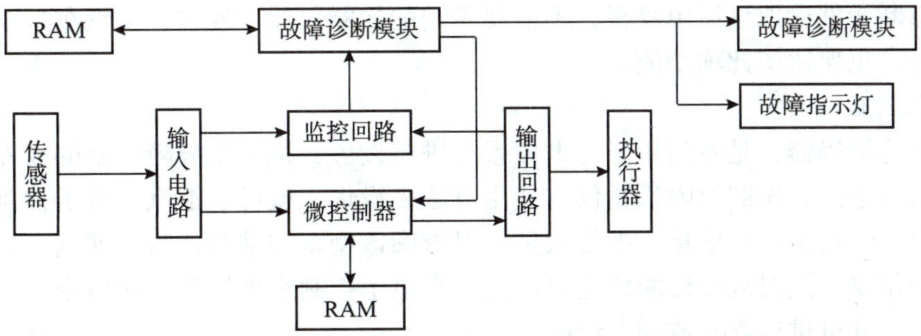

图 4-17 OBD 系统的结构组成

（二）OBD 系统的工作原理

OBD 系统是在汽车运行时对汽车电子控制系统各传感器、ECU 电路、各执行器进行监测，若某一传感器的输入信号、ECU 输出信号、执行器反馈信号超出了预设的范围并且在短时间内这种现象不能消除，故障诊断模块就会判定这一信号对应的电路或元器件出现了故障，仪表盘上的故障指示灯点亮，同时 OBD 系统把这一故障以代码的形式存入内部存储器 RAM 内，这种代码称作故障码。

只要蓄电池向 ECU 保持供电，这些故障码将一直保存在存储器内，以便维修人员从中读出故障码，作为检修电子控制系统的依据。

在发动机运转时，如果传感器输入到 ECU 的信号电压超出了规定的范围，OBD 系统即判定该传感器及其相关器件发生故障。

故障诊断模块在监控回路内设有监控时钟，可以定时对电子控制单元 ECU 进行复位。当 ECU 发生故障时将不能正常复位，故障诊断模块将据此判定 ECU 发生故障，点亮故障指示灯并存储故障码，同时启动后备功能程序。

当发动机运行时，电子控制系统根据发动机的工况不断地向执行元件发出各种指令。若执行元件不能正常工作，则由监控回路把故障信息反馈给故障诊断模块，故障诊断模块存储故障信息，发出故障信号并及时采取相应措施以确保发动机安全运转。例如，当发动机点火系统的功率管工作异常时，监控回路无法将发动机正常工作的确认信号反馈给 ECU，这时 ECU 就会发出报警信号，同时向执行系统发出停止喷油指令，以防点燃的混合气体进入三元催化装置而将其损坏。

二、OBD 系统的工作流程

OBD 系统的工作流程主要包括故障现象的显示、故障码的读取及维修工作完成后故障码的清除。

（一）OBD 系统故障现象的显示

当点火开关接通时，OBD 系统进入工作状态。ECU 首先运行初始化程序，并对系统进行自检。此时故障指示灯会闪烁。发动机启动数秒后，故障指示灯将自动熄灭。

在车辆运行的过程中，若故障指示灯亮起，则表明汽车电子控制系统发生故障。常见的故障指示灯有发动机故障指示灯、自动变速器故障指示灯、防抱死系统故障指示灯、安全气囊指示灯等。

（二）OBD 系统故障码的读取

常用的 OBD 系统故障码的读取方法有两种：一种是利用随车自诊断元件读取，即通过仪表板故障指示灯或发光二极管来读取，部分较老的车型多采用此方法；另一种是利用故障诊断仪读取，即将故障诊断仪连接到诊断座上对故障码进行读取，目前几乎所有的车型都可采用故障诊断仪读取故障码。

1. 随车自诊断元件读取

随车自诊断元件读取法俗称人工读取法。早期的电控系统出现故障时，通过对自诊断系统部分元件的特定操作（如有规律地开、关点火开关或者短接诊断插座某个端子等），存储在 ECU 中的故障码即可通过故障指示灯的闪烁来显示。如果有多个故障信息，则按由小到大的顺序依次闪烁。通过查阅维修资料可获得故障码表示的故障信息，不同的车型其故障码的含义也不尽相同。

由于随车自诊断元件读取法简单易行，不需要专门的诊断仪器，现在许多汽车厂商在采用车外故障诊断仪诊断的同时，也保留了此项功能。

2. 故障诊断仪读取

故障诊断仪俗称解码器，是专门用于对电控系统进行设置、检测及故障诊断的仪器。将故障诊断仪与汽车故障诊断接口连接，按照故障诊断仪的使用方法来操作，就可以把汽车电子控制系统所储存的各种故障信息提取出来。根据这些信息，维修人员可以查阅该型车的维修资料，准确、快捷地判断故障的类型与发生故障的位置。同时故障诊断仪还可以向汽车电子控制系统发出工作指令，对一些有疑问的信息加以质问、修正，并可进行静态或动态诊断。

（三）故障码的清除

在对汽车电子控制系统维修完成后，为了 OBD 系统在之后的运行中记录、储存新的故障码，一定要把储存在 ECU 中的旧故障码清除。如果不及时清除故障码，当电子控制系统再次发生故障时，ECU 会把新、旧故障码一起输出，容易造成故障误诊。

对于采用随车自诊断元件读取故障码的车型，切断 ECU 的电源即可清除故障码。对于采用故障诊断仪读取故障码的车型，按下故障诊断仪上的故障码清除按键即可清除故障码。

知识链接

OBD 系统的发展历程

自 20 世纪 80 年代开始，各汽车制造厂商就在车辆中配备了功能较为齐全的故障诊断系统。当时的车载诊断系统是以加快故障诊断过程、缩短维修时间为目的而进行设计的，这便是早期的 OBD 系统。

1985 年，美国加利福尼亚州大气资源局开始制定法规，强制要求各汽车制造商为其所生产的汽车安装 OBD—Ⅰ。强制安装 OBD—Ⅰ的目的是为了减少车辆废气排放、简化维修流程。

但是 OBD—Ⅰ并不完善，它遗漏了三元催化器的效率检测、油气蒸发系统的泄露侦测及发动机是否缺火的检测。再加上 OBD—Ⅰ的检测线路灵敏度不高，等发觉车辆有故障时，汽车已经排放了大量的废气。

OBD—Ⅰ除了无法有效地控制排放外，它还引起了另一个严重的问题：各汽车制造商发展了自己的诊断系统、检修流程、专用工具等，给维修工作带来了许多问题。在 1988 年美国汽车工程师协会提出了第二代车载诊断系统（OBD—Ⅱ）。OBD—Ⅱ对排放系统的故障诊断，除了对元件进行完全失效诊断外，还要对由于老化、部分失效引起的排放超标进行诊断。

OBD—Ⅱ真正实现了对在用车整个使用寿命范围内的排放控制。OBD—Ⅱ使用统一的诊断标准只要用一台机器便可对各种车辆进行检测，这为全球汽车维修检测提供了极大的方便。

1996 年美国环保局规定自此以后生产的轿车与轻型卡车（重量在 6.5 吨以下）的电子控制系统都要求配置 OBD—Ⅱ系统。加拿大与 1998 年开始实施 OBD—Ⅱ系统。欧盟从 2000 年开始逐步实施符合欧洲排放法规体系的车载诊断系统——EOBD 系统。

我国现行排放法规是根据欧盟相关标准套用改编而来的，其中对 OBD 的规定并未改变。目前国内对 OBD 领域的研究尚处于起步阶段。2006 年 12 月 1 日北京市率先实施国Ⅲ排放标准。2007 年 1 月 1 日广州开始实施国Ⅲ排放标准。

为了满足排放要求，国Ⅲ排放标准相关法规中强制规定：新上市的所有 3.5 t 以下的轻型汽油车必须安装 OBD 系统。随着我国排放法规的不断完善，必将促使国产汽车电子控制系统及 OBD 系统的研发更上新台阶。

三、OBD—Ⅱ的性能特点

（一）故障诊断标准化

1. 诊断插座的标准化

OBD—Ⅱ诊断插座统一制成 16 端子插座，且统一在汽车仪表板的左下方，统一外形尺寸。其形状如图4－18所示，各端子编号与用途如表4－2所示。

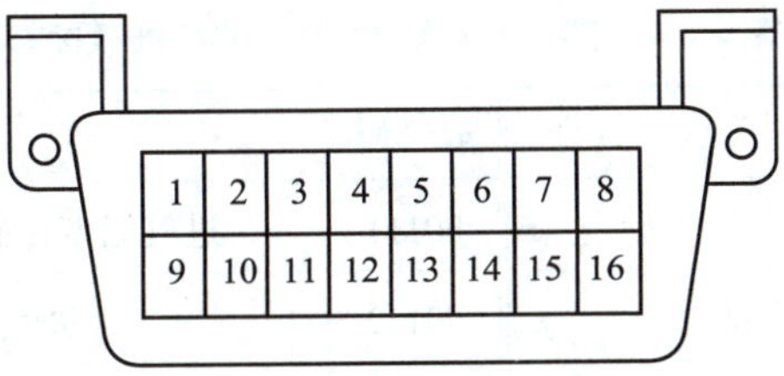

图4－18　OBD—Ⅱ诊断插座

表4－2　OBD—Ⅱ诊断插座端子编号及用途

编号	用途	编号	用途
1	制造商用	9	制造商用
2	SAE—J1850数据资料传输线	10	SAE—J1850数据资料传输线
3	制造商用	11	制造商用
4	车身搭铁	12	制造商用
5	信号回路搭铁	13	制造商用
6	制造商用	14	制造商用
7	ISO—9141—2数据资料传输线	15	ISO—9141—2数据资料传输线
8	制造商用	16	接蓄电池正极

2. 数据资料传输的标准化

OBD—Ⅱ采用2种通信协议标准传送数据信号：ISO欧洲统一标准（ISO—9141—2），利用7，15脚传输资料；SAE美国统一标准，利用2，10脚传输资料。

3. 故障代码的标准化

OBD—Ⅱ故障代码由5位字母与数字组成。

（1）第1位为英文代码，包括了B，C，P，U等字母，代表了被检测的系统，具体如下。

字母B：车身电子控制系统。

字母C：底盘电子控制系统。

字母P：发动机及变速器电子控制系统。

字母U：车载局域网控制系统。

（2）第2～5位为数字代码，其中第2位数字代码表示故障码定义权属。

数字0：SAE定义的故障码。

数字1，2，3：各汽车制造商自己定义的故障码。

（3）第3位为SAE定义的故障范围，如表4－3所示。

表4－3　SAE定义的故障范围

编号	故障范围	编号	故障范围
1	燃料与进气系统故障	5	怠速控制系统故障
2	燃料与进气系统故障	6	ECU或执行元件故障
3	点火系统不良或发动机间歇性熄火	7	变速器控制系统故障
4	废气控制系统故障	8	变速器控制系统故障

（4）第4，5位数字代表汽车故障码编号。

部分发动机 OBD—Ⅱ标准故障码如表 4－4 所示。

表 4－4　部分发动机 OBD—Ⅱ标准故障码

故障码	故障类型	故障码	故障类型
P0000	无故障	P0111	进气温度传感器线路连接故障（信号值错误）
P0101	空气流量计线路不良	P0112	进气温度传感器输入电压过低
P0102	空气流量计不良（信号值错误）	P0113	进气温度传感器输入电压过高
P0103	空气流量计线路输入电压过高	P0114	进气温度传感器线路间歇性故障
P0104	空气流量计线路间歇故障	P0115	水温传感器线路不良
P0105	空气压力传感器线路不良或无信号输出	P0116	水温传感器线路连接故障（信号错误）：引擎发动 20 分钟以上，温度仍在 30 ℃以下
P0106	空气压力传感器电压值不正确	P0117	水温传感器输入电压过低
P0107	空气压力传感器输入电压值过低	P0118	水温传感器输入电压过高
P0108	空气压力传感器输入电压值过高	P0119	水温传感器线路间歇性故障
P0109	进气温度传感器线路间歇性不良	P0120	节气门传感器线路不良
P0110	进气温度传感器线路间歇性不良		

（二）明确的排放针对性

1994 年美国加利福尼亚州以立法的形式提出了利用车载诊断技术对排放控制装置实行故障监测的要求，使 OBD 车载诊断技术增加了新的功能。OBD—Ⅱ扩大了诊断范围，同时增加了对系统的诊断要求，完善了对发动机排放的监测。若车辆排放的碳氢化合物（HC）、碳氧化合物（CO_x）、氮氧化合物（NO_x）及燃油蒸发污染量超过排放标准，即便此时车辆无任何实际行驶性能的故障，报警灯也会闪烁。

OBD—Ⅱ对汽车排放控制装置的监测方式如下。

1. 对三元催化器失效的监测

在三元催化器上、下游分别装有一个氧传感器。ECU 通过比较两个氧传感器的输入信号就可以判断三元催化器的转化效率。

三元催化器上游的氧传感器输出的是用于控制喷油量的检测信号，下游氧传感器反映了三元催化器自身对尾气的处理能力。上下游两个氧传感器输入到 ECU 信号的差值越大，说明三元催化器的尾气处理效率越高。如果上下游氧传感器输入 ECU 的信号完全一样，则说明三元催化器没有起到任何作用，已处于完全失效状态。

2. 对发动机失火的监测

失火是指混合气体在气缸内没有被点燃，就直接排入排气管，致使尾气中 HC、CO 的排放量增加，同时还会影响三元催化器的正常工作。

发动机失火会导致发动机曲轴转速不稳。根据这一特性，发动机 ECU 根据发动机的曲轴转速传感器来监测发动机曲轴旋转平稳情况，据此判断是否存在失火现象。在发动机相对稳定的运行状态下，如果曲轴转速传感器测得曲轴前、后两次各转一周所需的时间相差大于某一规定值，发动机 ECU 则判定发动机发生失火。

3. 对燃油泵蒸气泄漏的监测

为了监测燃油蒸气控制系统的密封性，OBD—Ⅱ在普通的燃油蒸气控制系统中增加了空气诊断泵。空气诊断泵既是传感器又是执行器，当系统处于诊断状态时，它通过活性炭罐电磁阀将真空管与燃油蒸气系统隔绝，并对燃油蒸气系统加压。发动机 ECU 则通过监测燃油蒸气系统中的气体压力来判断系统的密封性能。

OBD—Ⅱ的标准化使现代汽车故障的诊断与修理更加简化，使用一台故障诊断仪就可以对多种车型进行故障诊断，使修理成本极大降低。OBD—Ⅱ对排放的针对性，使汽车实现了在整个使用周期内对排放进行实时监控。

四、汽车故障诊断仪

汽车故障诊断仪利用配套连接线与汽车电脑数据输出检测插头（DLC）相连，从而实现与汽车电子控制系统各控制单元 ECU 进行数据交流。

汽车故障诊断仪可分为原厂型与非原厂型两种类型。

原厂型故障诊断仪是由汽车制造厂家直接提供的或指定型号的故障诊断仪。通常每个汽车制造厂家都有自家车型的原厂故障诊仪，以便能为自己生产的汽车提供更好的售后检测服务，如奔驰汽车的 STAR、宝马汽车的 GTI、标志雪铁龙的 PPS2000、沃尔沃的 VIDA、大众（奥迪）汽车的 VAG1552/VAS5052 等。

非原厂故障诊断仪则是由专业的汽车维修检测设备生产厂家所生产的，非汽车制造厂家生产或指定的汽车故障诊断仪。如德国博世的 KTS570、美国的红盒子 MT2500、瑞典的 AUTODGAGNOS，以及国内的电眼睛、修车王、车博士、车灵通等。

汽车故障诊断仪最基本的功能是读取与清除电子控制系统的故障码，而具有综合功能的故障诊断仪还具有以下某个或多个功能。

（1）对系统传感器与执行器的静态及动态数据流分析功能。

（2）对部分执行器的动作测试功能。

（3）示波器功能。

（4）万用表功能。

（5）打印功能。

（6）内置控制系统电路图、技术检测参数与维修指引等资料。

（7）自身资料更新与升级（需连接电脑）。

（8）对汽车电子控制单元 ECU 的数据写入与更改。

通常，原厂故障诊断仪只能诊断该汽车制造厂家生产的车型，而不能检测其他厂家生产的车型；非原厂故障诊断仪则可以检测多种不同汽车制造厂家所生产的汽车。

实践操作

识图作业

一、跨接线的使用

汽车电喇叭电路如图 4－19 所示，其故障现象为按钮按下后电喇叭不工作，已知电喇叭未损坏，故障原因为线路故障。请用跨接线对电路进行检测，找出汽车电喇叭的故障原因，并写出检测步骤。

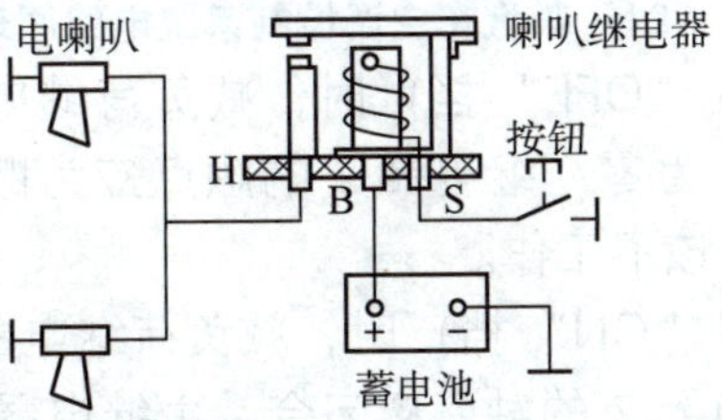

图 4－19　汽车电喇叭电路

二、测试笔的使用

如图 4 –20 所示为通导式测试笔的使用电路图，其故障现象为电路中的电动机无法正常运转。请用测试笔对电路进行检测，找出电路的故障原因，并写出通导式测试笔的具体检测步骤。

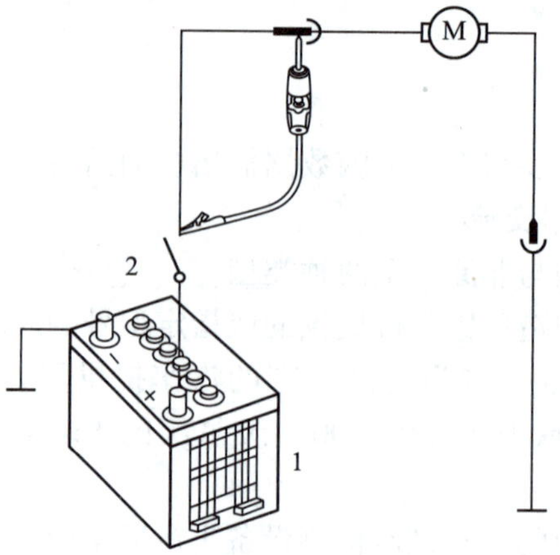

1 – 蓄电池；2 – 开关。

图 4 –20　通导式测试笔的使用

三、万用表的使用

通过万用表检测汽车空调控制系统。如图 4 –21 所示为某轿车空调控制系统电路原理图，请根据原理图，对实车空调系统控制电路进行检测，判断电路是否正常，具体步骤如下。

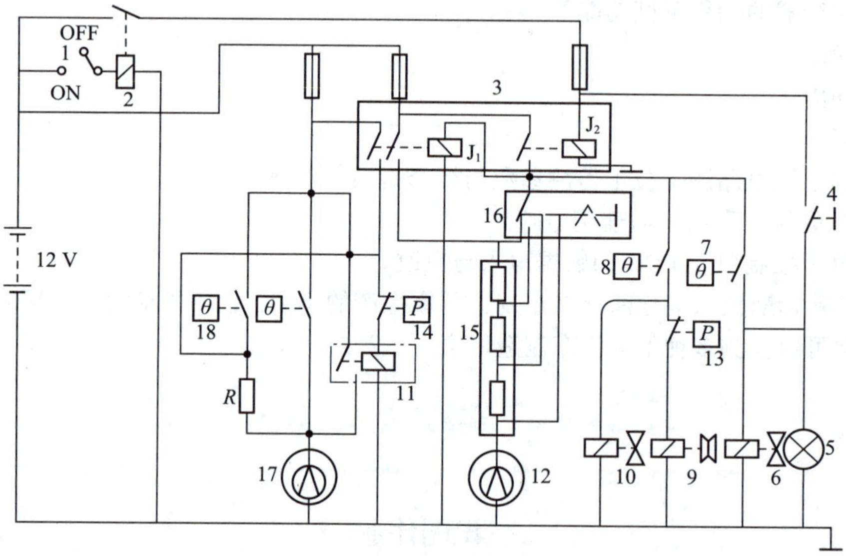

1 – 点火开关；2 – 减负荷继电器；3 – 主继电器；4 – 空调 A/C 开关；5 – 指示灯；6 – 新鲜空气电磁阀；7，18 – 环境温度开关；8 – 恒温器；9 – 电磁离合器；10 – 电磁真空转换阀；11 – 冷凝器冷却风扇继电器；12 – 鼓风机；13，14 – 低压保护开关；15 – 调速电阻；16 – 鼓风机开关；17 – 冷凝器风扇电机。

图 4 –21　某汽车空调控制系统电路原理图

步骤一：当点火开关 1 断开（置“OFF”挡）时，减负荷继电器 2 的线圈电路应不通电；用万用表分别检测线圈两端电压，结果应均为零；继电器 2 的触点应为断开状态，用万用表导通挡测其两触点，结果应不导通。此时空调系统应该不工作。

步骤二：当点火开关 1 接通（置“ON”挡）时，减负荷继电器 2 的线圈电路应该通电，分别检测线圈两端的电压值并记录。此时继电器 2 的触点应闭合，主继电器 3 中的 J_2 线圈应通电，分别检测 J_2 线圈两侧电压值并记录。此时鼓风机电路应通电工作，调节鼓风机开关 16 的挡位，鼓风机应在通风、换气、暖风等相应挡位下工作。

步骤三：接通空调 A/C 开关 4，若空调 A/C 开关指示灯 5 亮，则表明空调 A/C 开关已经接通。

步骤四：此时新鲜空气电磁阀 6 的电路应接通，鼓风机强制通过蒸发器总成的空气通道进风以获得冷气，出风口应有冷风送出。

步骤五：当车内温度升高超过额定值时，恒温器 8 接通，电源经恒温器 8、低压保护开关 13 对电磁离合器 9 的线圈供电。此时电磁离合器 9 锁止，发动机驱动压缩机工作。

步骤六：电源对怠速提升电磁真空转换阀 10 供电，同时对主继电器 J_1 线圈供电，使两对触点同时闭合。其中一对触点接通冷凝器冷却风扇继电器 11 的线圈电路，继电器 11 的触点闭合，冷凝器风扇电机 17 开始工作；另一对触点接通鼓风机电路，鼓风机开始工作。

在上述步骤中，如果万用表实际检测结果与描述与不一致，则说明该段电路发生故障，应查出故障原因并进行检修。

课程思政

汽车“缺芯”逐步缓解，集成电路芯片供应仍处于紧张状态

2022 年 1 月 20 日上午，国务院新闻办公室举行新闻发布会，介绍 2021 年工业和信息化发展情况。从会上获悉，汽车领域的芯片“缺芯”问题正在逐步缓解。但全球集成电路供应链稳定性依然面临着严峻的挑战，未来较长一段时期内，芯片供应将依然处于紧张状态。

工业和信息化部新闻发言人、运行监测协调局局长罗俊杰介绍，2021 年全球集成电路制造产能持续紧张，各行各业都陆续面临着“缺芯”的问题，对全球产业发展业绩造成了较大的影响。其中特别是汽车产业受到的冲击最大，国内许多家车企因此出现了减产或短期的停产问题。这里面主要是两个方面的原因。一方面，随着社会智能化程度的不断提升，芯片作为智能设备最关键的组成部分，需求在持续增长。另一方面，全球疫情蔓延，还有一些个别国家对他国企业进行无理的制裁和打压，都对全球半导体供应链造成了严重冲击。综合多种因素的叠加，也客观上造成了“缺芯”问题的出现。随着市场调节机制逐步发挥作用，以及在各级政府、汽车企业、芯片企业的共同努力下，汽车领域的芯片“缺芯”问题正在逐步缓解。但是我们也要看到，全球集成电路供应链稳定性依然面临着严峻的挑战，未来较长一段时期内，这种芯片供应将依然处于紧张状态。

集成电路是高度全球化的一个产业，中国是全球最大的集成电路市场，中国政府一直秉持开放、发展的原则，致力于打造全球的紧密合作，持续稳定的产业链供应链。所以针对汽车“缺芯”的问题，工信部也一直密切关注并积极应对，我们多措并举保障芯片供应，维护汽车工业的稳定运行。下一步，我们也将与有关国家和地区加强沟通合作，鼓励国内外的骨干企业统筹加大投资力度，推动提升芯片全产业链供应能力。另一方面，我们也要做好《新时期促进集成电路产业和软件产业高质量发展的若干政策》，这是国务院发布的 2020 年 8 号文件，以及相关配套政策的落实工作，全力促进要素资源的自由流动，营造公平公正的市场环境，推动集成电路产业实现高质量发展，助力构建全球合作共赢、共生发展的产业体系。

（来源：重庆晨报）

思考练习

一、填空题

1. 跨接线在检测电路中起到________的作用。

2. 测试灯分为有________和________两种类型。

3. 万用表按其结构与测试结果的显示不同可分为________、________两种。

4. OBD 系统主要由________、________和________组成。

二、简答题

1. 常用的汽车电路检修工具都有哪些？

2. 常见的汽车电路故障可以分成哪几类？

3. 试述汽车故障维修基本流程。

第五章

汽车主要电气系统的电路分析

本章导读

汽车电气系统由汽车电源系统与各种用电设备及其相关线路共同组成，主要包括电源系统、启动系统、点火系统、照明与信号系统、仪表指示系统等，各电气系统之间既相互联系，又相对独立。本章将通过对汽车主要电气系统电路功能特点及工作原理相关知识的学习来进行电路分析及实物检测，以此提升我们对汽车电气系统电路分析的能力。

学习目标

1. 了解汽车主要电气系统的组成与各自的功能特点。
2. 了解汽车主要电气系统电路的工作原理。
3. 熟悉汽车主要电气系统电路图的识读方法与分析技巧。
4. 能够识读汽车主要电气系统电路图，对汽车主要电气系统电路能进行故障分析与检修。

第一节 电源系统

电源系统是汽车电气系统重要组成部分之一，它主要由蓄电池、发电机和调节器等组成。

一、电源电路分析

按发电机和调节器的装配关系，电源系统可分为两种类型：外装调节器式电源系统和整体式交流发动机电源系统。

（一）外装调节器式电源系统

外装调节器式电源系统采用的发电机有内、外搭铁两种形式。

1. 内搭铁型发电机电源系统

磁场绕组的一端经滑环和电刷在发电机端盖上搭铁的发电机称为内搭铁型交流发电机。如图 5－1 所示为内搭铁型发电机电源系统的电路，电压调节器有三个接线端子，其中一根通过熔断丝、点火开关与电源正极连接；另外两根与发电机连接。与发电机连接的两根导线一根为调节器的 F 接线端子与发电机的 F 接线端子连接，另外一根是保证调节器与发电机之间可靠搭铁。

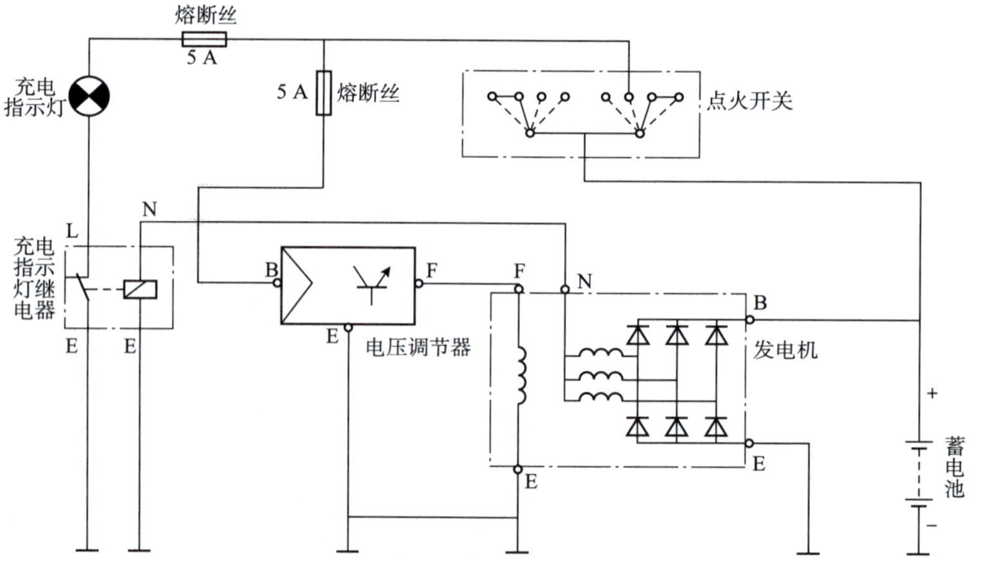

图 5－1　内搭铁型发电机电源系统电路图

当点火开关旋至点火挡，发动机未启动时，充电指示灯点亮。发电机激磁电路为：蓄电池正极→点火开关→熔断丝→调节器的“B”接线端子→调节器的“F”接线端子→发电机“F”接线端子→发电机磁场绕组→发电机磁场“E”接线端子→搭铁→蓄电池负极。

当发动机运转后，发电机正常发电，发电机中性点电压控制充电指示灯继电器的触点断开，切断充电指示灯电路，充电指示灯熄灭，表明发电机工作正常。此时发电机的激磁电路为：发电机“B”接线端子→点火开关→熔断丝→调节器的“B”接线端子→调节器的“F”接线端子→发电机磁场绕组→发电机磁场“E”接线端子。

2. 外搭铁型发电机电源系统

磁场绕组的两端均与发电机的端盖绝缘，其中一端经调节器后搭铁的发电机称为外搭铁型交流发电机。如图 5－2 所示为外搭铁型发电机电源系统的电路图，发电机接线端子 F_1通过熔断丝、点火开关直接与电源正极连接，接线端子 F_2与调节器的 F 接线端子连接。

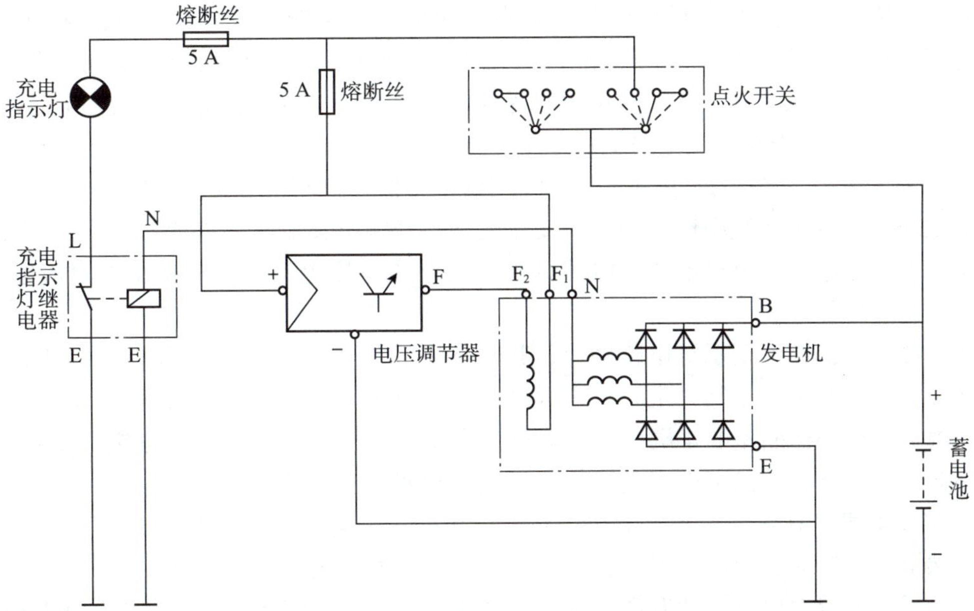

图 5－2　外搭铁型发电机电源系统电路图

当点火开关接通时，发电机激磁电路为：蓄电池正极→点火开关→熔断丝→发电机“F_1”接线端子→磁场绕组→发电机“F_2”接线端子→调节器的“F”接线端子→调节器的“－”接线端子→发电机“E”接线端子→搭铁→蓄电池负极。

当发动机运转后，发电机正常发电时，发电机激磁电路为：发电机“B”接线端子→点火开关→熔断丝→发电机“F_1”接线端子→磁场绕组→发电机“F_2”接线端子→调节器的“F”接线端子→调节器的“－”接线端子→发电机“E”接线端子。

（二）整体式交流发动机电源系统

如图 5－3 所示为桑塔纳轿车采用整体式交流发电机的电源系统电路（1996 年后，部分轿车的输出端“B＋”用红色导线经 80 A 易熔线与蓄电池正极柱连接，易熔线支架固定在蓄电池正极柱附近的发动机防火墙上）。

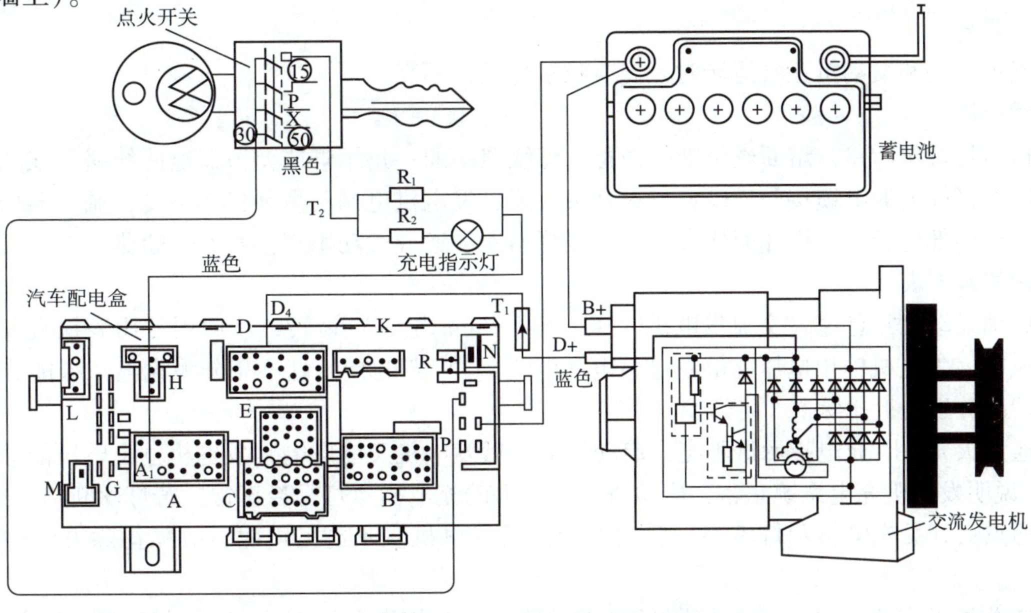

图 5－3　桑塔纳轿车充电系统电路

交流发电机 3 只正极管与 3 只负极管组成一个三相桥式整流电路，称为输出整流电路，3 只磁场二极管与 3 只负极管也组成一个三相桥式整流电路，称为磁场电流整流电路，其输出端“D +”用蓝色导线经蓄电池旁边的单端子插接器 T_1 后与汽车配电盒（也成为中央线路板）D 插座的 4 端子连接，再经汽车配电盒内部线路与 A 插座的 16 端子相连。点火开关端子⑮用红色导线经汽车配电盒上的单端子插座 P 与蓄电池正极连接，点火开关端子⑮用黑色导线与仪表盘下方黑色插座的端子 14 连接（图中未画出，可参见线路图），经仪表盘印刷电路上的电阻 R_1、R_2 和充电指示灯 LED（R_2 和充电指示灯串联后再与 R_1 并联）和二极管接回到黑色插座端子 10，再用蓝色导线与汽车配电盒 A 插座的 16 端子连接。

当发电机工作时，定子绕组中产生的三相交流电动势经输出整流电路整流后，输出直流电压 U_{B+} 向负载供电并向蓄电池充电，发电机的磁场电流则由磁场电流整流电路整流后输出的直流电压 U_{D+} 供给。充电指示灯的控制过程如下。

当点火开关接通时，充电指示灯电路接通，其电路为蓄电池正极→汽车配电盒 P 插座→点火开关端子㉚→点火开关→点火开关端子⑮→电阻 R_1、R_2 和充电指示灯→二极管→汽车配电盒 A 插座的 16 端子→汽车配电盒内部线路→D 插座的 4 端子→蓄电池旁边的单端子连接器 T_1→发电机“D +”端子→发电机磁场绕组→调节器→搭铁回到蓄电池负极构成回路。可见，充电指示灯一端（左端）接蓄电池电压，一端（右端）接发电机“D +”端输出电压。在发电机尚未发电时，发电机“D +”端尚无电压输出，充电指示灯两端电位差较大，指示灯发亮，指示磁场电流接通并由蓄电池供电。

发动机启动后，随着发电机转速升高，发电机“D +”端电压随之升高，充电指示灯两端的电位差降低，指示灯亮度减弱。当发电机电压升高到蓄电池充电电压 U_C 时，发电机“B +”端与“D +”端电位相等（$U_{B+} = U_{D+} = U_C$），此时充电指示灯两端电位差降低到零，指示灯熄灭，指示发电机已正常发电，磁场电流由发电机自己供给。

当发电机转速降低时，“D +”端电位降低，指示灯两端电位差增大，指示灯又发亮，指示蓄电池放电。当发电机高速运转、充电系统（发电机或调节器）发生故障而导致发电机不发电时，由于“D +”端无电压输出，因此充电指示灯两端电位差增大，指示灯发亮，警告驾驶员应及时停车排除故障。

二、电源系统故障诊断与排除

电源系统常见故障有充电指示灯不亮、充电系统不充电、充电指示灯时亮时灭、蓄电池充电不足、发电机充电电流过大等故障。

（一）充电指示灯不亮故障

1. 故障现象

接通点火开关和发动机正常运转时，充电指示灯始终不亮。

2. 故障原因

充电指示灯灯丝断路；熔断丝烧断，使指示灯线路不通；指示灯或调节器电源线路导线断路或接头松动；蓄电池极柱上的电缆接头松动；点火开关故障；发电机电刷与滑环接触不良；调节器内部电路故障，如调节器内部电子元件损坏而使大功率三极管不能导通或大功率三极管本身断路。

3. 故障排除方法

首先启动发动机并怠速（交流发电机转速 2 000 r/min 左右）运转，然后用万用表检查发电机充电系统能否充电（发电机输出电压能够超过蓄电池电压）。将充电指示灯不亮分为充电系统能充电与不能充电两种情况分别进行排除。

当接通点火开关时充电指示灯不亮，启动发动机后发电机又能发电（发电机输出电压能够超过蓄电池电压），说明发电机充电系统正常，应检查仪表盘上的充电指示灯是否正常，若灯丝断路，则需更换。

当接通点火开关充电指示灯不亮，启动发动机后发电机且不能发电时，故障排除方法与诊断程序如下。

（1）首先断开点火开关，检查熔断丝是否断路。如该熔断丝断路，必须更换相同容量的熔断丝；

如仪表熔断丝良好，再继续检查。

（2）接通点火开关，用万用表检测熔断丝上的电压值，如电压为零，说明点火开关以及点火开关与熔断丝之间线路有故障，应予检修或更换；如熔断丝上的电压等于蓄电池的电压，再继续检查。

（3）拆下调节器接线端子上的导线，接通点火开关，用万用表检测调节器接线柱上的导线电压，如电压为零，说明仪表盘上的充电指示灯或充电指示灯的旁通电阻断路，或仪表盘与调节器之间的线路断路，应予检修或更换；如调节器接线柱上的导线电压等于蓄电池的电压，再继续检查。

（4）检查电刷与电刷弹簧，检查电刷与滑环接触是否良好，否则应予检修或更换；如接触良好，再继续检查。

（5）检查调节器有无故障，如有则需更换调节器总成。

（6）检查发电机的转子绕组有无短路、断路、搭铁故障，如有则需更换。

（二）电源系统不充电故障

1. 故障现象

发动机启动后，仪表盘上的充电指示灯不熄灭，或是在发动机正常运转过程中，充电指示灯始终亮着，这都说明发电机出现了不充电故障。

2. 故障原因

发电机磁场绕组短路、断路或搭铁而导致磁场电流减小或不通；定子绕组短路、断路或搭铁故障；整流器故障；电刷磨损过短、电刷弹簧无弹性或电刷在电刷架中卡住，而造成电刷不能与滑环接触或接触不良；调节器故障，如调节器内部电子元件损坏而使大功率三极管不能导通或大功率三极管本身断路；交流发电机的传动皮带过松，由于传动皮带打滑，发电机不转或转速过低而不发电，有关连接的线路有故障。

3. 故障诊断

当充电指示灯常亮时，说明点火开关、熔断丝以及充电指示灯技术状态良好（指九管、十一管交流发电机的电源系统）。

启动发动机并将其转速逐渐升高，此时用万用表检测发电机“B”端子与发电机壳体间的电压，如万用表指示的电压高于发动机未启动时蓄电池的电压（12 V左右），说明发电机发电，发电机“B”端子至蓄电池正极柱之间的线路断路；如电压为零或过低，说明充电系统有故障，应按以下方法继续检查。

（1）断开点火开关，检查交流发电机传动皮带的挠度是否符合规定（5～7 mm），挠度过大应予调整；如传动皮带的挠度正常，则继续检查。

（2）拆下调节器接线端子上的导线，接通点火开关，用万用表检测调节器接线柱上的导线电压，如电压为零，充电指示灯发亮，说明仪表盘与调节器之间的线路搭铁，应予检修或更换；如调节器接线柱上的导线电压等于蓄电池的电压，再继续检查。

（3）检查电刷与电刷弹簧，检查电刷与滑环接触是否良好，否则应予检修或更换；如接触良好，再继续检查。

（4）检查调节器有无故障，如有则需更换调节器总成。

（5）检测发电机的定子绕组、转子绕组有无短路、断路、搭铁等故障；检测整流器有无故障；如有应予检修或更换。

（三）充电指示灯时亮时灭故障

1. 故障现象

接通点火开关和发动机正常运转时，充电指示灯时亮时灭。

2. 故障原因

发电机传动皮带挠度过大而出现打滑现象；发电机个别整流二极管断路、一相定子绕组连接不良或断路而导致发电机输出功率降低；发电机电刷磨损过多；调节器调节电压过低；相关线路接触不良。

3. 故障排除

（1）检查传动皮带的挠度是否符合规定。

（2）检查相关线路连接情况，如不正常，则需检修。

（3）拆下调节器和电刷组件总成，并按前述方法检查调节器和电刷组件，如不正常，则需检修或更换；

（4）检修发电机总成。

（四）蓄电池充电不足故障

1. 故障现象

接通点火开关时充电指示灯能亮，发动机启动后和运转时充电指示灯也能熄灭，但蓄电池会很快出现亏电，并且启动发动机时，起动机运转无力、夜间行车前照灯灯光暗淡。

2. 故障原因

发电机传动皮带过松或损坏；发电机输出端子“B”至蓄电池正极柱之间线路断路或导线端子接触不良；发电机电刷磨损过多导致电刷与滑环接触不良；发电机电刷弹簧卡滞或弹力不足而导致电刷与滑环接触不良；调节器的调节电压过低或其内部电路有故障；发电机转子绕组短路，是磁场变弱而导致发电机输出功率降低；发电机整流器故障或定子绕组有短路、缺相故障而导致发电机输出功率降低；蓄电池使用时间过长、极板硫化、损坏或活性物质脱落；全车线路中有导线搭铁而漏电。

3. 故障诊断与排除

出现蓄电池充电不足现象时，具体诊断与排除方法如下。

（1）检查蓄电池的技术状态是否良好，如使用时间过长或负载电压低于9.60 V，则需要更换蓄电池。

（2）检查传动皮带的挠度是否符合规定（标准值为5～7 mm）。

（3）检查交流发电机“B”端子至蓄电池之间的线路是否断路或导线端子是否接触不良。

（4）拆下发电机总成，检查电刷组件，如电刷高度过低，则应更换新电刷；如电刷弹簧卡滞或弹力不足，应予更换弹簧。

（5）试验检测调节器的调节电压，如调节电压过低（低于14.2 V）或调节器损坏，应予更换新品。

（6）如上述检查均良好，则分解检修发电机总成。

（7）断开所有电器开关，拆下蓄电池正极电缆端子，并在该端子与蓄电池正极拄之间串接一只电流表，检测全车线路有无漏电现象。如有漏电，可将驾驶室内和发动机罩下的熔断丝上的熔断丝逐一拔下，检查漏电发生在哪一条线路，然后进行排除。

（五）发电机充电电流过大故障

1. 故障现象

汽车灯泡易烧。蓄电池温度过高且其电解液消耗过快。这说明发电机充电电流过大。

2. 故障原因

发电机充电电流过大的原因一般是调节器调节电压过高或调节器失效造成的。

3. 故障诊断

在确认灯泡易烧、蓄电池温度过高和电解液消耗过快而无其他原因时，应更换调节器。

第二节 启动系统

启动系统主要由起动机、启动继电器、点火启动开关和线束等组成。部分汽车（如桑塔纳、捷达轿车）由于电磁开关线圈流过的电流较小（实测为10～13 A），因此没有配装启动继电器，电磁开关线圈流过的电流直接由点火启动开关控制。点火启动开关通常简称为点火开关或启动开关。

一、普通启动系统电路分析

如图 5－4 所示为东风 ED1090 型载货汽车的启动系统电路。

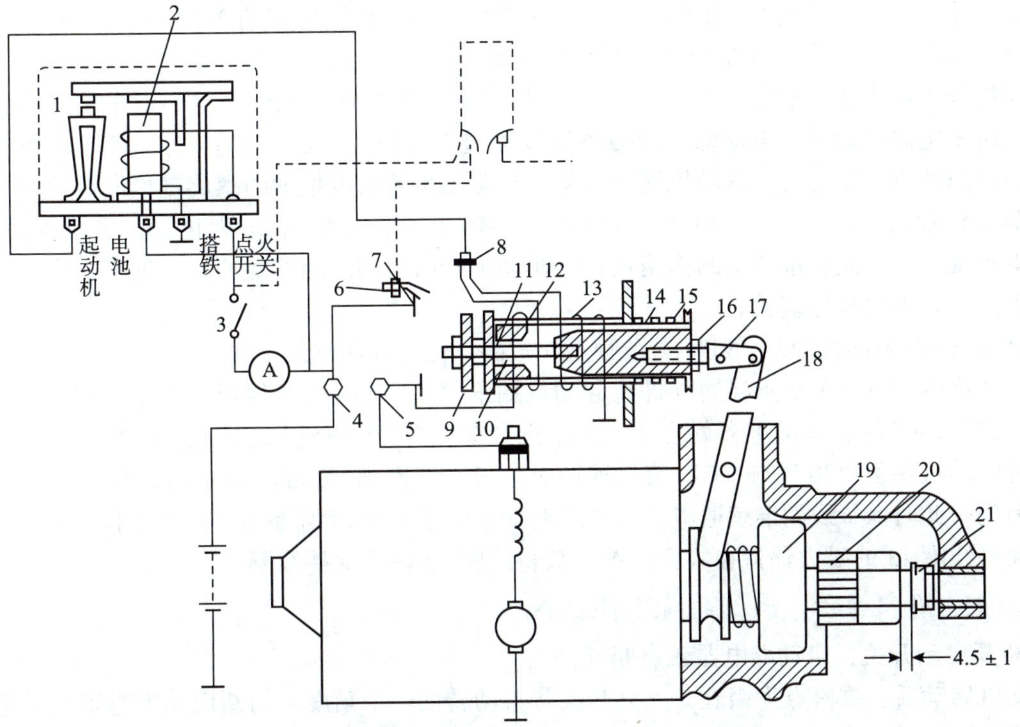

1－启动继电器触点；2－启动继电器线圈；3－点火启动开关；4－起动机“30”端子；
5－起动机“C”端子；6－附加电阻短路接线柱“15a”端子；7－开关触点；
8－起动机“50”端子；9－开关触盘；10－推杆；11－固定铁芯；
12－吸引线圈；13－保持线圈；14－活动铁芯；
15－复位弹簧；16－调节螺钉；17－耳环；
18－拨叉；19－滚柱式单向离合器；
20－驱动齿轮；21－止推垫圈。

图 5－4　ED1090 型载货汽车的启动控制电路

（一）启动发动机时，启动系统工作情况

（1）接通启动开关，启动继电器工作，电磁开关线圈电路接通。

启动发动机时，将点火开关转到启动位置，启动继电器线圈电路接通。蓄电池正极→起动机“30”端子→电流表→点火启动开关→启动继电器“点火开关”端子→启动继电器磁化线圈→启动继电器“搭铁”端子→蓄电池负极。电流流过启动继电器线圈使铁芯磁化，电磁吸力吸下触点臂，触点 1 闭合接通电磁开关中吸引线圈和保持线圈电路。吸引线圈电路为：蓄电池正极→起动机“30”端子→启动继电器“电池”端子→继电器支架、触点臂→继电器触点 1→继电器“起动机”端子→起动机“50”端子→吸引线圈 12→起动机“C”端子（图中代号为 5）→起动机磁场线圈、电枢绕组→搭铁→蓄电池负极。

保持线圈电路为：蓄电池正极→起动机“30”端子→启动继电器“电池”端子、支架、触点 1→继电器“起动机”端子→起动机“50”端子→保持线圈 13→搭铁→蓄电池负极。

（2）电磁开关与传动机构工作，起动机主电路接通，启动发动机。

当吸引线圈和保持线圈刚刚接通电流时，两线圈产生的磁通方向相同，使固定铁芯和活动铁芯被磁化，在其磁力的共同作用下，活动铁芯 14 向前移动（图中为向左移动），并带动拨叉绕支点（支撑螺

钉）转动，拨叉下端便拨动离合器 19 向右移动，离合器的驱动齿轮 20 便与飞轮齿圈进入啮合。

当驱动齿轮后移与飞轮齿圈发生抵住现象时，拨叉下端则先推动右半滑环压缩锥形弹簧继续向后移动，待电动机主电路接通使电枢轴稍微转动、驱动齿轮的轮齿与飞轮齿圈的齿槽对正时，即可进入啮合。

当驱动齿轮与飞轮齿圈接近完全啮合（啮合尺寸约为驱动齿轮齿宽的 2/3）时，活动铁芯带动推杆前移使触盘将起动机主电路（即电枢和磁场线圈电路）接通，其电路为：蓄电池正极→起动机“30”端子→电动机开关触盘 9→起动机“C”端子→磁场线圈→正电刷→电枢绕组→负电刷→搭铁→蓄电池负极。起动机主电路接通时，电枢绕组和磁场线圈通过电流很大（600 A 左右），产生电磁转矩驱动飞轮旋转，当转速达到一定值时，发动机便被启动。当驱动齿轮沿电枢轴的螺旋键槽向后移动（实为又转又移）时具有惯性力作用，后移直到抵住安装在电枢轴上的止推垫圈 21 为止。止推垫圈内装有卡环，卡环装在电枢轴上，因此止推垫圈的作用是：将驱动齿轮向后移动的惯性冲击力加到电枢轴上，防止冲击力作用到后端盖上而打坏端盖。

（3）当主电路接通时，吸引线圈 12 被触盘 9 短路，保持线圈继续工作。

在触盘 9 将电动机开关触点接通（即将起动机端子“30”与“C”接通）之前，吸引线圈的电流是从起动机“30”端子经启动继电器触点 1、起动机“50”端子、吸引线圈 12 流到起动机“C”端子。当触盘 9 将电动机端子“30”与“C”直接连通时，吸引线圈 12 便被触盘短路，吸引线圈因无电流流过而磁力消失。此时保持线圈继续通电，因为此时活动铁芯 14 与固定铁芯 11 之间的气隙很小，所以活动铁芯由保持线圈 13 的磁力保持在吸合位置。故将线圈 13 称为保持线圈。

（二）发动机启动后，启动系统工作情况

（1）断开启动开关，启动继电器触点断开。

当发动机启动后，放松点火钥匙，点火开关将自动转回一个角度，切断启动继电器线圈电路。继电器线圈 2 断电后，磁力消失，在支架的弹力作用下，触点 1 迅速张开。

（2）吸引线圈电流改道，电动机开关断开，齿轮分离。

当启动继电器触点刚刚断开时，吸引线圈 12 中的电流电路改道，其电路为：蓄电池正极→起动机“30”端子→触盘 9→起动机“C”端子→吸引线圈 12→起动机“50”端子→保持线圈 13→搭铁→蓄电池负极。

可见，此时吸引线圈 12 重又通电，但其电流和磁通方向与启动时相反。由于保持线圈 13 的电流和磁通方向未变，因此两个线圈产生的磁力相互抵消。在复位弹簧 15 的作用下，活动铁芯 14 立即右移复位，并带动推杆和触盘向右移动，使起动机主电路切断而停转。与此同时，拨叉带动单向离合器 19 向左移动，使驱动齿轮与飞轮齿圈分离，启动工作结束。

二、带启动保护的启动控制电路

在启动系统的控制电路中，一般通过增设保护开关或启动保护继电器的措施，来达到保护启动系统和增加行车安全的目的。

（一）增设保护开关

在启动系统的控制电路中，增设离合器开关或变速器空挡开关。只有在离合器踏板踩下或变速器换挡杆处于空挡时，接通启动开关，启动系统才能工作。如图 5－5 所示为 EQ1118GA 载货车启动系统电路图，其控制电路为两条：一条是由点火开关控制；另一条是由副启动开关控制。当驾驶室翻起时，可利用副启动开关启动发动机。为防止启动发动机时发生汽车行驶情况，必须将变速换挡杆置于空挡，此时，将钥匙开关置于“ON”位置，按下发动机启动按钮，发动机才可以启动。如变速器处于非空挡位置，由于空挡开关处于断开状态，发动机也就无法启动。

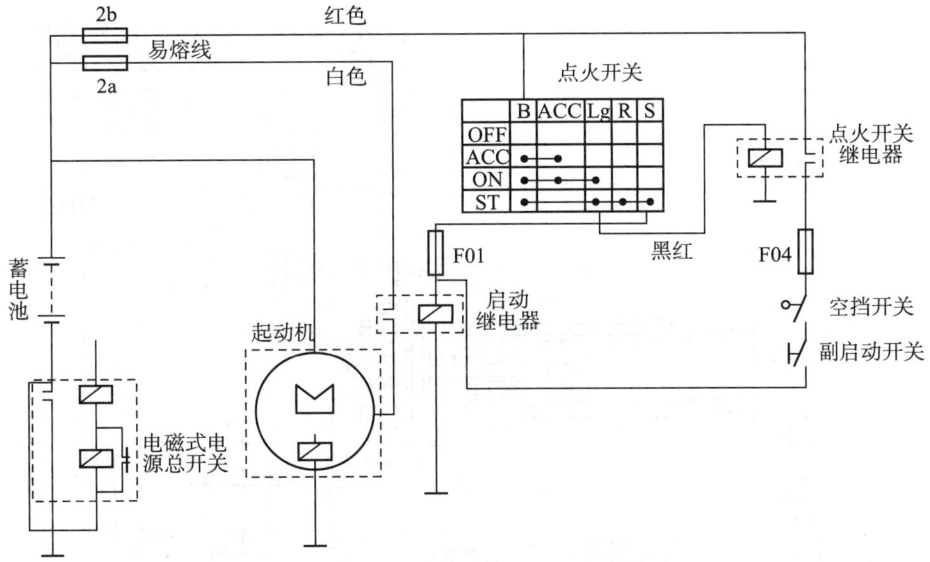

图 5－5　EQ1118GA 载货车启动系统的控制电路

（二）增设启动保护继电器

在启动系统的控制电路中，专门增设启动保护继电器。如图 5－6 所示为斯太尔载货车启动系统电路图，图 5－6 中 A8 是一启动保护继电器，其功用是：当发动机已启动正常工作时，启动保护继电器 A8 将起动机启动线路断路，如果驾驶员误将点火开关再次旋至启动位置时，起动机也不会工作，从而避免了起动机驱动齿轮与飞轮齿圈打齿故障。这对于后置发动机的汽车来说十分重要，因为车身较长，后置发动机是否已被启动，操作人员往往不易觉察，从而容易造成误操作。

启动保护继电器 A48 是由一组继电器线圈和晶体管集成电路组成的延时截止保护电路组成。当发动机启动后发电机 G3 的 D＋端子输出 28 V 电压，到保护继电器 A8 的 D＋端子，电子电路将启动控制线路断路，从而起到防止误操作的保护作用。

此外，启动保护继电器 A8 还具有限时与延时作用，继电器 A8 的通电时间为 13 s，延时 3 s。即钥匙开关旋至启动位置后，继电器 A8 仅使控制线路通电 13 s，超过 13 s 即自动断电，以防止钥匙开关不回位造成起动机烧损。延时 3 s 的作用是每次启动间隔必须超过 3 s，如果小于 3 s，启动线路将不能接通。同样，如果发电机不发电，此保护继电器也不会正常工作。

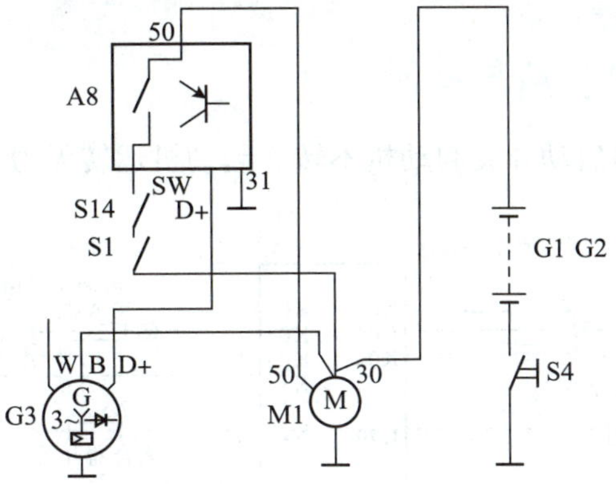

A8－启动保护继电器；G1，G2－蓄电池；G3－交流发电机；M1－起动机；
S1－点火开关；S4－电源开关；S14－空挡开关。

图 5－6　斯太尔载货车启动系统电路图

（三）采用组合继电器

如图 5－7 所示为解放 CA1091 启动系统控制电路。其启动工作情况与普通启动系统控制电路基本相同，所不同的是用组合继电器取代了启动继电器，从而实现了启动保护。

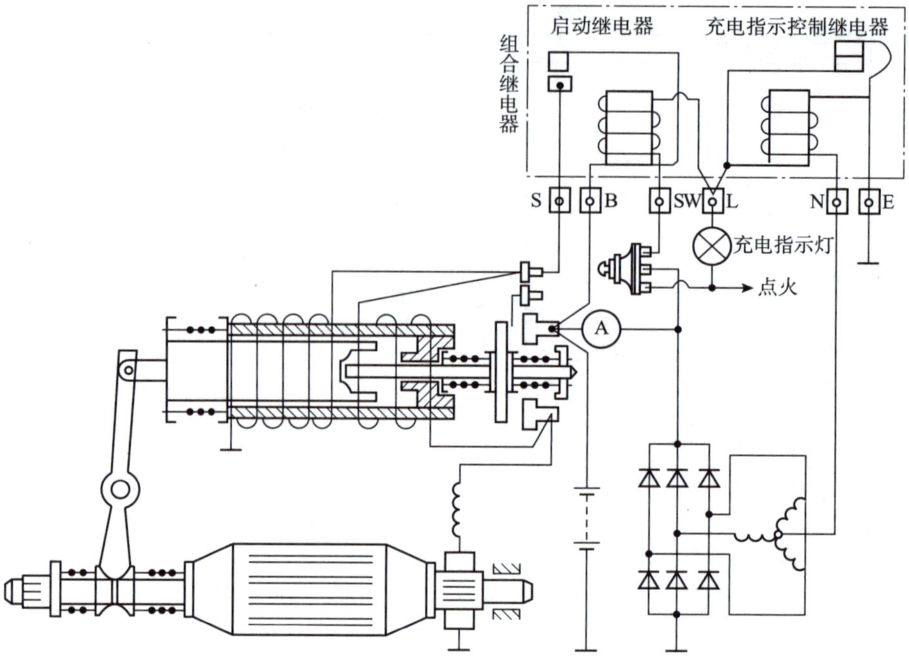

图 5－7　解放 CA1091 启动系统控制电路

在发动机正常工作时，如不慎接通启动开关，起动机也不会工作。因为发动机正常工作时，交流发电机已正常发电，其中性点输出电压始终高于充电指示灯继电器动作电压，充电指示灯继电器的常闭触点始终处于断开状态，启动继电器线圈中没有电流流过，其常开触点不可能闭合，所以起动机不会工作，从而实现启动保护，防止齿轮打坏。

（四）微机（ECU）控制的启动系统

如图 5－8 所示为典型微机（ECU）控制的启动系统电路。当点火开关处于“ST”挡时，点火开关的“30”与“50”端子导通，ECU 通过 K43 端子感知驾驶员的操作意图；此外，ECU 还要通过离合器开关、空挡开关等确定汽车所处的状态，判断是否符合启动条件。当满足启动条件时，ECU 通过 A30、A15 端子给启动继电器的线圈供电，来启动发动机。当发动机启动后，ECU 通过曲轴位置传感器判断发动机是否启动成功，以便及时切断启动继电器的供电电路。如在电路中增设防盗传感器，此电路还可具有防盗功能。

三、启动系统故障的诊断与排除

启动系统常见的故障有接通启动开关起动机不转、起动机运转无力、起动机空转和驱动齿轮与飞轮齿圈不能啮合而发出撞击声。

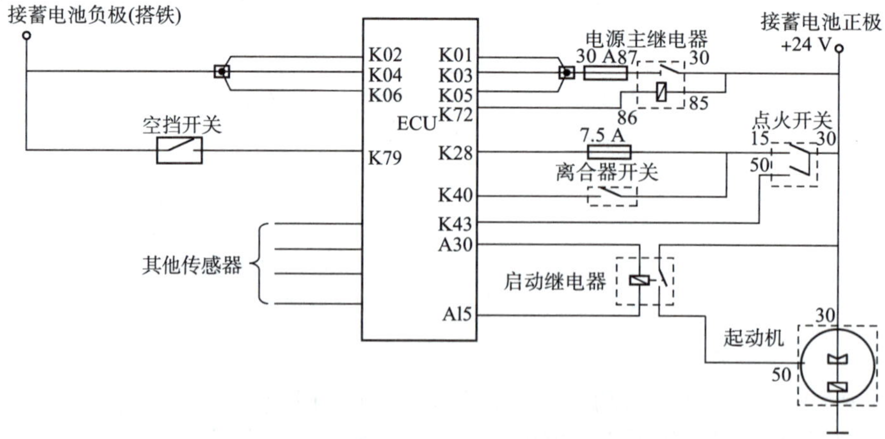

图 5－8　典型微机（ECU）控制的启动系统电路

（一）接通启动开关起动机不转

1. 故障现象

当启动开关接通时，起动机不工作，发动机不运转。

2. 故障原因

（1）蓄电池严重亏电；蓄电池正、负极柱上的电缆接头松动或接触不良。

（2）电动机开关触点严重烧蚀或两触点高度调整不当而导致触点表面不在同一平面内，使触盘不能将两个触点接通。

（3）换向器严重烧蚀而导致电刷与换向器接触不良。

（4）电刷弹簧压力过小或电刷在电刷架中卡死。

（5）电刷引线断路或绝缘电刷（即正电刷）搭铁。

（6）磁场绕组或电枢绕组有断路、短路或搭铁故障。

（7）电枢轴的铜衬套磨损过多，使电枢轴偏心而导致电枢铁芯“扫膛”（即电枢铁芯与磁极发生摩擦或碰撞）。

3. 故障诊断与排除

（1）接通汽车前照灯或喇叭，若灯发亮或喇叭响，说明蓄电池存电较足，故障不在蓄电池；若灯不亮或喇叭不响，说明蓄电池或电源线路有故障，应检查蓄电池搭铁电缆和火线电缆的连接有无松动以及蓄电池存电是否充足。

（2）检查启动系统熔断丝是否被烧断；若烧断，需更换熔断丝。

（3）将点火开关转到启动位置，可用试灯（或万用表）检测起动机“50”端子电压是否正常。如正常，说明起动机内部有断路、短路或搭铁故障，需拆下起动机进一步检修；如不正常，说明端子“50”至蓄电池正极之间的线路有故障。

（4）检测启动继电器“起动机”端子电压是否正常。如正常，说明启动继电器与起动机之间的导线断路；如不正常，继续下述检查。

（5）检测启动继电器“点火开关”端子电压是否正常。如正常，应检查启动继电器以及启动继电器的电源线和搭铁线；如检测启动继电器“点火开关”端子电压不正常，继续下述检查。

（6）检测点火开关的“启动”端子电压是否正常。如正常，说明点火开关与启动继电器之间的导线断路；如不正常，继续下述检查。

（7）检测点火开关的“电源”端子电压是否正常。如正常，说明点火开关损坏；如不正常，说明点火开关至蓄电池正极之间的线路断路，应检修。

（二）起动机运转无力

1. 故障现象

接通启动开关，若起动机能运转，则说明控制电路工作正常，起动机运转无力，说明带负载能力降低，实际输出功率减小。

2. 故障原因

（1）蓄电池存电不足或有短路故障使其供电能力降低。

（2）电动机主电路接触电阻增大使起动机工作电流减小。接触电阻增大的原因包括：蓄电池搭铁电缆搭铁不实；电池正、负极柱上的电缆端头固定不牢；电动机开关触点与触盘烧蚀；电刷与换向器接触不良；换向器烧蚀等。

（3）磁场绕组或电枢绕组局部短路使起动机输出功率降低。

（4）发动机装配过紧或环境温度很低而导致启动阻力矩过大时，也可能会出现起动机运转无力的现象。

3. 故障诊断与排除

（1）可用导体搭接起动机开关上的两个接线柱，若起动机转速明显增快，说明起动机开关触点接触不良，电阻增大；若起动机转速无变化，则应该检查蓄电池充电是否充足；电刷磨损是否过大，电刷弹簧是否过弱。

（2）起动机内部电枢线圈或磁场线圈局部短路，也是造成起动机无力的原因之一。可仔细抚摸起动电路导线及接头处，不良的导线和松动，锈蚀的接头，都会因电阻增大而发热。

（3）起动机内部机械故障也会影响起动机的正常运转。若电源、起动电路、起动开关均完好，则应该检查起动机轴承是否过紧；电枢轴是否弯曲造成电枢与磁极相互摩擦等。

（三）起动机空转

1. 故障现象

当启动开关接通时，起动机空转，发动机不运转。

2. 故障原因

（1）单向离合器打滑。

（2）起动机的启动时机过早。

（3）起动机的驱动齿轮或飞轮的齿圈损坏。

3. 故障诊断与排除

（1）接通启动开关喇叭，查听发动机的飞轮处有无齿轮“咔嚓、咔嚓”撞击声，若没有“咔嚓、咔嚓”撞击声，说明单向离合器打滑，需更换单向离合器；若有“咔嚓、咔嚓”撞击声，说明起动机的启动时机过早或起动机的驱动齿轮（或飞轮的齿圈）损坏。

（2）检查起动机的驱动齿轮或飞轮的齿圈是否损坏；若已损坏，需更换。

（3）调整起动机的启动时机。

（四）起动机发出异响

1. 故障现象

当接通启动开关时，起动机的活动铁芯产生连续不断的往复运动而发出“哒、哒……”声音的现象，称为“打机枪”现象。

2. 故障原因

（1）蓄电池严重亏电或内部短路。

（2）电磁开关保持线圈断路或搭铁不良。

（3）启动继电器触点断开电压过高。

3. 故障诊断与排除

排除故障时，可先用万用表检测蓄电池电压，接通起动机时，其电压不得低于9.6 V。如电压过低，说明严重亏电或内部短路，应予更换。如蓄电池性能状况良好，接通启动开关时仍有“打机枪”似的“哒、哒……”声，则说明电磁开关保持线圈搭铁不良而断路或启动继电器断开电压过高，分别检修或更换电磁开关、启动继电器，故障即可排除。

第三节 点火系统

一、传统点火系统电路分析

由于自从发明汽车以来，汽车上一直采用触点点火系统，因此触点点火系统又称为传统点火系统。传统点火系统主要由蓄电池、点火开关、点火线圈、分电器、火花塞和高压线等组成。其工作电路如图 5－9 所示。

传统点火系统

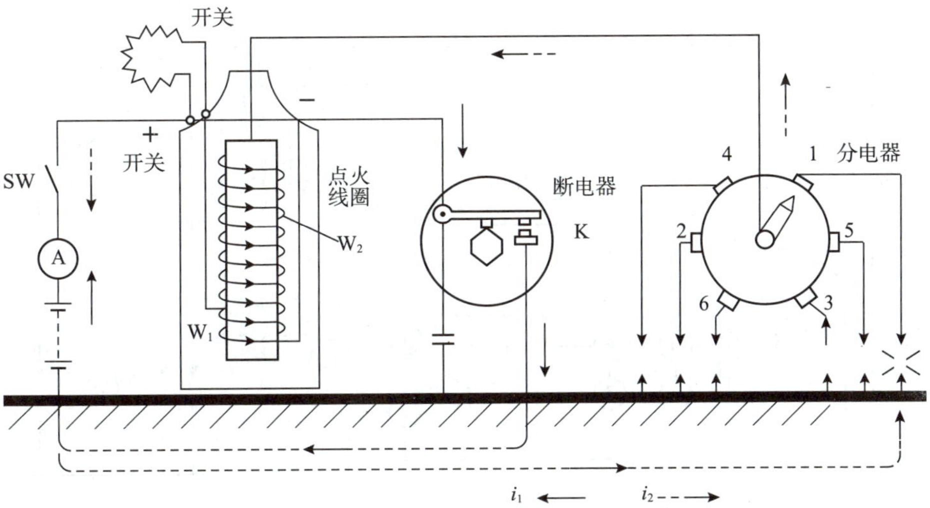

图 5－9　传统点火系统的工作电路

发动机工作时，凸轮在配气凸轮轴的驱动下旋转，断电器的触点交替地闭合与断开。在点火开关接通的情况下，当触点闭合时，初级绕组中就有电流流过（初级电流 i_1 用实线表示），其电路为：蓄电池正极→电流表→点火开关→点火线圈“＋开关”端子→附加电阻→点火线圈“开关”端子→点火线圈初级绕组 W_1→点火线圈“－”端子→断电器的触点→搭铁→蓄电池负极。当凸轮将触点断开时，初级电路被切断，初级电流消失，它所形成的磁场随之迅速变化，在两个绕组中都会感应产生电动势。由于次级绕组的匝数多，因此在次级绕组中将感应产生 15～20 kV 的高压电动势，它足以击穿火花塞的电极间隙，并产生电火花点着可燃混合气。高压电流 i_2 用虚线表示，流过的路径为：点火线圈次级绕组 W_2→“开关”端子→附加电阻→“＋开关”端子→点火开关→电流表→蓄电池→搭铁→火花塞旁电极→中心电极→配电器旁电极→分火头→次级绕组。由此可见，点火系统有两个电路：初级电流 i_1 流经的电路称为低压电路或初级电路，而高压电流流经的电路称为高压电路。但在使用中，一般将点火线圈到火花塞之间的电路称为高压电路。

断电器的触点每断开一次，点火线圈就产生一个高压电。分电器轴每转一转，配电器就按发动机的点火顺序，轮流向各缸火花塞输送一次高压电。发动机工作时，断电器凸轮和分电器轴在发动机凸轮轴的驱动下连续旋转，断电器的触点循环开闭，点火线圈不断产生高压电，配电器按点火顺序循环向各缸火花塞输送高压电，产生电火花点燃混合气，保证发动机正常工作。如要发动机停止工作，只需断开点火开关，切断低压电路即可。

二、电子点火系统电路分析

电子点火系统分为电磁式、霍尔式和光电式 3 种类型。各种类型的电子点火系统的组成和原理基本相同，不同点主要是点火信号发生器。霍尔式电子点火系统的电路如图 5－10 所示。

当发动机工作，信号发生器输出高电压时，点火器中的大功率三极管就导通，初级绕组中就有电流流过，其电路为：蓄电池正极→电流表→点火开关→点火线圈初级绕组→大功率三极管→搭铁→蓄电池负极。初级电流在线圈的铁芯中形成磁场。当信号发生器输出低电压时，点火器中的大功率三极管就截止，初级电路被切断，初级电流消失，它所形成的磁场随之迅速变化，在两个绕组中都会感应产生电动势。由于次级绕组的匝数多，因此在次级绕组中将感应产生 15～20 kV 的高压电动势，它足以击穿火花塞的电极间隙，并产生电火花点着可燃混合气。点火器大功率三极管每截止一次，点火线圈就产生一个高压电。分电器轴每转一转，配电器就按发动机的点火顺序，轮流向各缸火花塞输送一次高压电。发动机工作时，点火信号转子在发动机凸轮轴的驱动下连续旋转，传感器中不断产生点火信号，大功率三极管循环导通与截止，点火线圈不断产生高压电，配电器按点火顺序循环向各缸火花塞输送高压电，产生电火花点燃混合气，保证发动机正常工作。如要发动机停止工作，只需断开点火开关，切断低压电路即可。

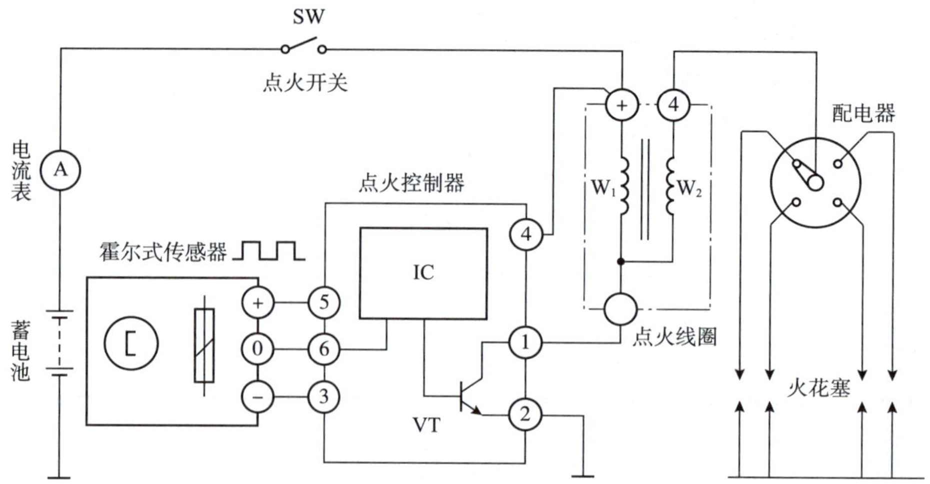

图 5－10　霍尔式电子点火系统的电路

三、微机控制点火系统电路分析

微机控制点火系统又称为 ECU 控制点火系统。如图 5－11 所示，系统主要由监测发动机运行状况的传感器，处理信号、发出指令的微处理机，响应微机发出指令的点火器、点火线圈等元件组成。

现代汽车发动机大多数都采用集中控制系统，微机控制点火系统是其子系统。ECU 既是燃油喷射控制系统的控制核心，也是点火控制系统的控制核心。ECU 不断接收各种传感器发送的信号，并按预先编制的程序进行计算和判断后，向点火控制器发出接通与切断点火线圈初级电路的控制信号。

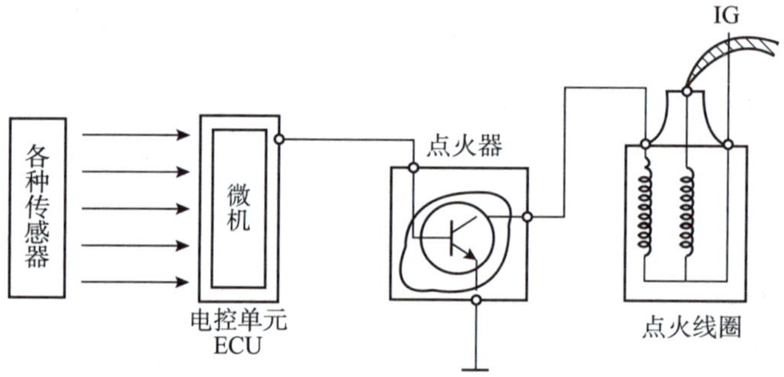

图 5－11　微机控制点火系统的组成简图

点火控制器的电路、功能与结构依车型而异，有的与 ECU 制作在同一块电路板上，如北京 2020VJ 发动机集中控制系统；有的为独立总成，并用线束和插接器与 ECU 相连接，如丰田轿车采用的 TCCS 系统；有的点火控制器与点火线圈安装在一起，如帕萨特 1.8T 电控发动机的点火线圈。

微机控制点火系统高压电的分配方式可分为机械配电方式和电子配电方式两种。如图 5－12 所示，北京 BJ2020VJ 型吉普车点火系统采用了机械配电方式点火系统。其中，点火控制器与发动机电控单元（ECU）组装在一起。点火线圈初级绕组的电路为：蓄电池正极→点火开关→黄色导线→点火线圈初级绕组→绿色导线→ECU28 端子→ECU 内 VT→ECU31 端子→蓄电池负极。

采用电子配电方式分配高压电的点火系统称为无分电器点火系统 DIS，主要有双缸同时点火和各缸单独点火两种配电方式。

采用单独点火方式时，每一个气缸都配有一个点火线圈，并安装在火花塞上方。采用双缸同时点火方式时，每两气缸配有一个点火线圈，点火线圈的次级线圈的两端分别与两个气缸上的火花塞相连接。气缸的组合原则为：一缸处于压缩行程的末期，另一缸处于排气行程的末期（四缸发动机的 1、4 缸或 2、3 缸；六缸发动机的 1、6 缸、2、5 缸或 3、4 缸），曲轴旋转 360°后两缸所处的行程正好相反。双缸同时点火时的放电电路如图 5－13 所示。

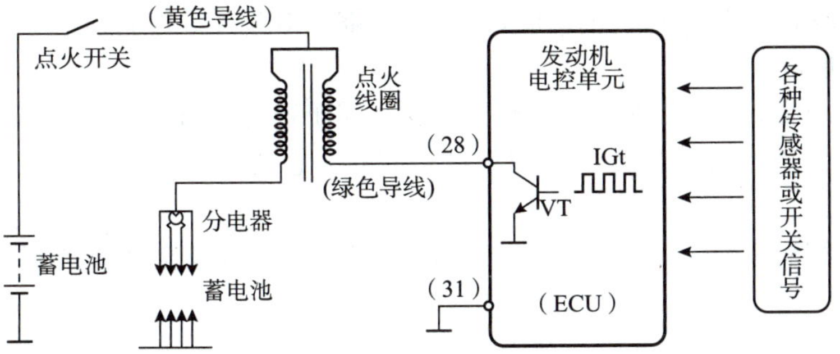

图 5－12　北京 BJ2020VJ 型吉普车点火系统的组成与原理

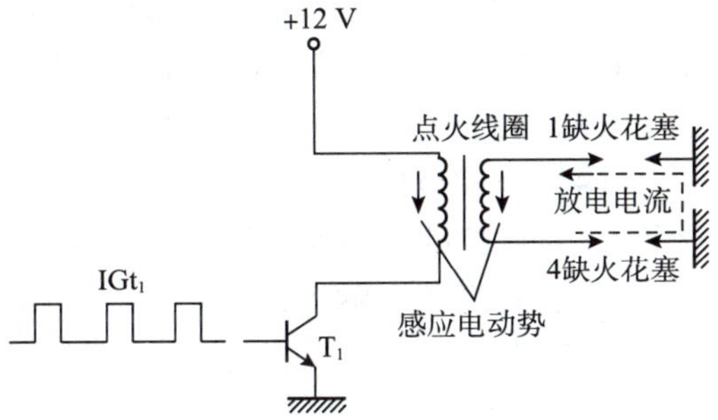

图 5－13　双缸同时点火时的放电电路

为防止次级绕组在初级电流接通时产生的电压（约为 1 000 V）加到火花塞电极上而导致误跳火，在部分点火线圈次级回路中连接有一只高压二极管。

第四节　照明系统与信号系统

一、照明系统

（一）照明系统电路的特点

照明系统主要由蓄电池（发电机）、熔断丝、灯控开关、灯光继电器、变光器、灯及其线路组成。汽车的照明灯一般由前照灯、雾灯、小灯、后灯、内部照明灯等组成。不同车型所配置的照明设备不完全相同，其控制线路也各不相同。

（1）如图 5－14 所示，照明灯由用灯光开关直接控制。灯光开关在“0”挡时，所有照明灯关断；灯光开关在“1”挡时，小灯亮（包括示宽灯、尾灯、仪表灯、牌照灯）；灯光开关在“2”挡时，前照灯、小灯同时亮。

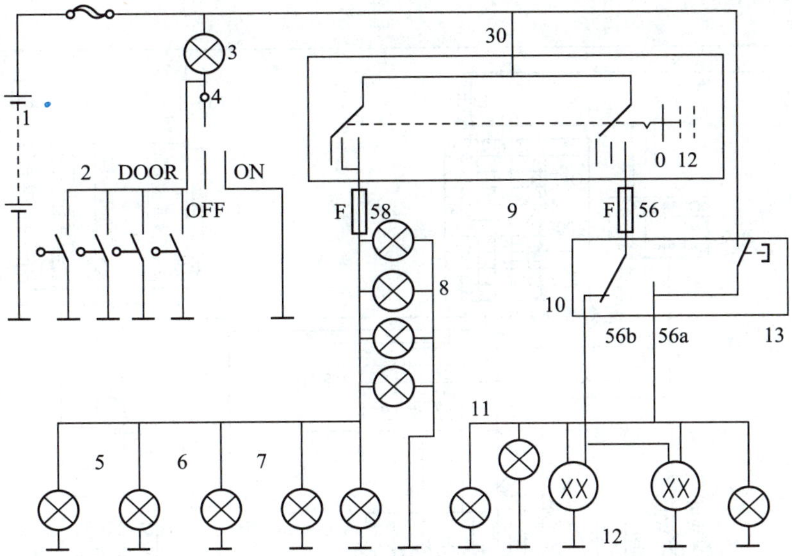

1－蓄电池；2－门控开关；3－室内灯；4－室内灯手控开关；5－示宽灯；6－尾灯；7－牌照灯；8－仪表灯；9－灯光开关；10－变光开关；11－远光指示灯；12－前照灯；13－超车灯开关。

图 5－14　常见照明系统电路

（2）如图5－15所示，为带前照灯继电器的照明电路照明系统安装有继电器，灯光开关控制断电器线圈，而继电器触点流过的电流才是灯泡的电流。

（3）超车灯信号常用远光灯亮灭来表示，发出此信号时不通过灯光开关，属于短时接通式。

（4）室内灯位于车内前部顶棚上，其功能是给驾驶员提供照明条件。此外，它还能受各车门开关控制，为驾驶员提供各个车门的开闭状态信号。

（5）在有些车辆中，为了保证发动机顺利启动，当点火开关打至启动挡时，前照灯及空调系统等耗电量较大的用电设备的电路将切断。

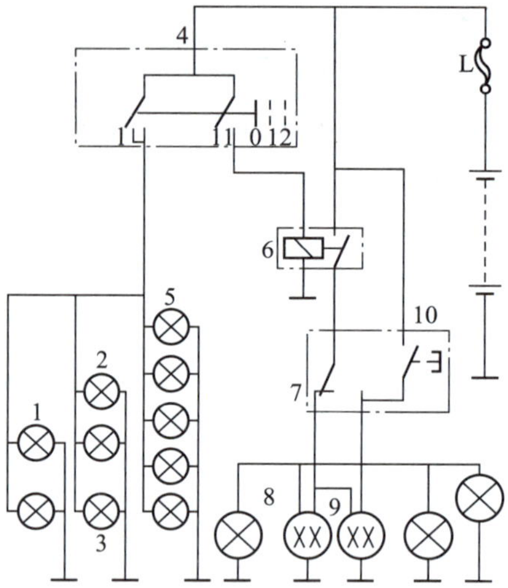

1－示宽灯；2－尾灯；3－牌照灯；4－灯光开关；5－仪表灯；6－前照灯继电器；7－变光开关；8－远光灯及远光指示灯；9－近光灯丝；10－超车灯开关。

图5－15 带前照灯继电器的照明电路

（二）典型照明系统的电路

1. 东风EQ1118GA汽车照明系统

东风EQ1118GA汽车照明的电路如图5－16所示，主要由灯控开关、远光继电器、近光继电器、变光和超车灯开关、前照灯、各种小灯和雾灯组成。图中“W22”的含义为：“W”表示导线，“22”表示线号，其颜色需要查表5－1获得。

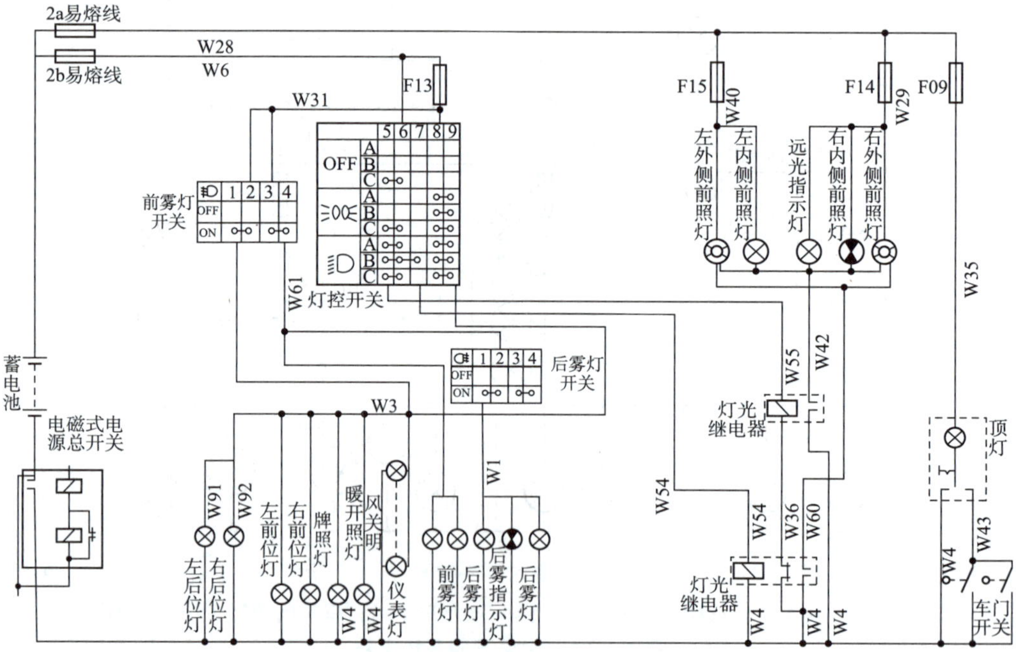

图5－16 EQ1118GA照明系统的电路图

表 5－1　东风 EQ1118GA 汽车导线代号与颜色对照表

导线代号	导线颜色	导线代号	导线颜色	导线代号	导线颜色
W1	绿/蓝色	W31	绿/蓝色	W54	红/蓝色
W3	绿/白色	W35	红色	W55	红/黄色
W4	黑色	W36	白色	W60	红/黑色
W6	红色	W40	红/绿色	W61	红/蓝色
W28	白色	W42	红/白色	W91	白色
W29	红/黄色	W43	绿色	W92	白色

（1）小灯电路。灯控开关置于“1”挡，小灯点亮。从图 5－16 可知，小灯电路为：蓄电池正极→易容线 2b→导线 W6（红色）→熔断丝 F13→导线 W31（绿/蓝色）→灯控开关 8 端子→灯控开关“1”挡→灯控开关 9 端子→导线 W3（绿/白色）→各种小灯（仪表灯、暖风开关照明灯、前位灯、后位灯）→搭铁→电磁式电源总开关→蓄电池负极。

（2）前照灯电路。灯控开关置于“2”挡，前照灯点亮。分析图 5－16 电路图，可画出前照灯的电路如图 5－17 所示。

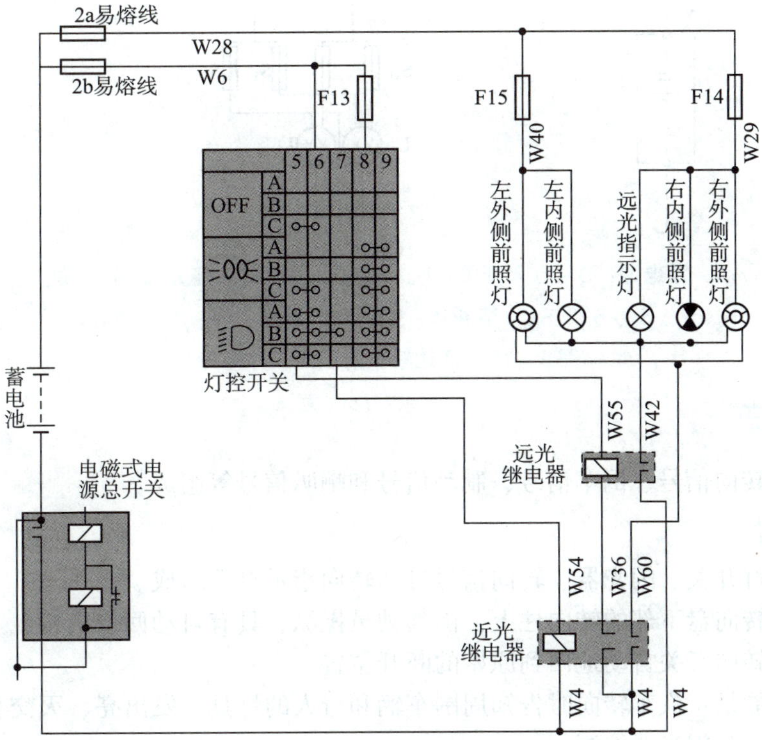

图 5－17　前照灯电路

2. 捷达轿车前照灯工作电路

捷达轿车前照灯的工作电路如图 5－18 所示，主要由蓄电池、点火开关、熔断丝、灯光开关及变光/超车灯开关等组成。其工作过程如下。

（1）接通点火开关，车灯开关 E_1 置于 2 挡（前）位置，变光开关 E_4 处于 0（近光）位置。此时前照灯电路中的工作电流由蓄电池正极（＋）→点火开关 X 接线端子→车灯组合开关 X 接线端子→灯光开关 2 挡→车灯组合开关 56 端子→变光开关 0 挡位→车灯组合开关 56b 端子→熔断丝 S_1 与 S_2→前照灯近光灯丝→搭铁→蓄电池负极（－），于是两前照灯近光灯点亮。

（2）在上述前照灯近光工作的情况下，将变光开关远光 E_4 朝转向盘方向拉过压力点，使变光开关

E_4处于 1 挡位，此时前照灯电路中的工作电流由蓄电池正极（+）→点火开关 X 接线端子→车灯组合开关 X 接线端子→灯光开关 2 挡→车灯组合开关 56 端子→变光开关 1 挡位→车灯组合开关 56a 端子→熔断丝 S_{11} 与 S_{12}→前照灯远光灯丝及远光指示灯→搭铁→蓄电池负极（-），于是前照灯远光及仪表板中的远光指示灯均被点亮。

（3）超车时，只需将变光开关 E_4 朝转向盘方向拉至压力点，此时超车灯电路工作电流由蓄电池正极（+）→车灯组合开关 30 端子→变光开关超车挡位→车灯组合开关 56a 端子→熔断丝 S_{11} 与 S_{12}→前照灯远光灯丝及远光指示灯→搭铁→蓄电池负极（-），于是前照灯远光及仪表板中的远光指示灯同时点亮。当松开开关手柄时，前照灯远光及远光指示灯同时熄灭；再将该开关拉动，前照灯远光及远光指示灯又被点亮，如此反复地操纵变光/超车灯开关，即可得到前照灯远光闪亮的超车信号。

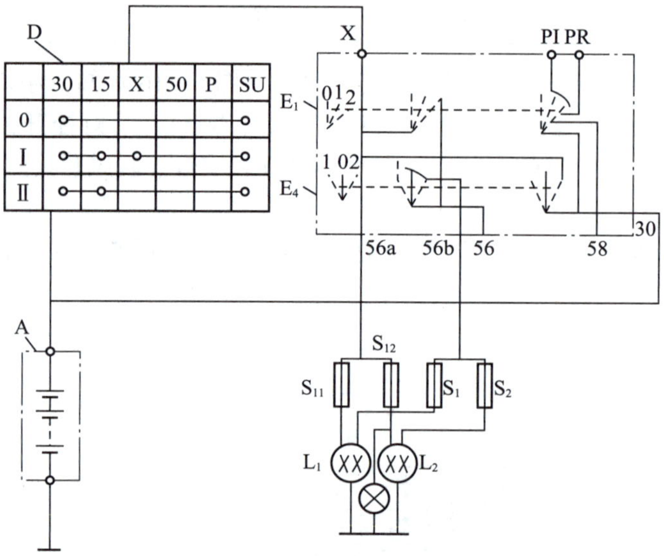

A－蓄电池；D－点火开关；E_1－灯光开关；E_4－变光/超车开关；
S_1、S_2、S_{11}、S_{12}－熔断丝；L_1－左前照灯；L_2－右前照灯。

图 5－18 捷达轿车前照灯工作电路

二、信号系统

信号系统主要由转向信号、倒车信号、制动信号和喇叭信号等组成。

（一）转向信号

转向信号由转向灯开关、闪光器、转向信号灯和转向指示灯等组成。

转向灯开关装在转向盘下部的转向柱上，由驾驶员操纵，具有自动回位机构，当汽车转弯后，随着转向盘的回位，能将转向开关自动地回到原始的断开位置。

转向信号灯的功能是：汽车转向时告知周围车辆和行人的灯具，发出亮、灭交替的闪光信号，颜色为琥珀色、受转向开关和闪光器控制。

转向指示灯安装在仪表板上，标志汽车转向并指示转向灯工作情况的灯具，它与转向信号灯并联，并一起工作。

1. 转向信号灯控制电路

转向灯的电路一般是：电源→熔断丝→闪光器→转向灯开关→右（左）转向灯及其指示灯→搭铁。但随车型不同其电路也略有差别。如图 5－19 所示为东风 EQ1090E 转向灯控制电路。如图 5－20 所示为丰田皇冠车转向信号系统控制电路。

2. 典型转向及危险警报信号系统

如图 5－21 所示为捷达轿车转向信号灯及危险警报信号灯工作电路。

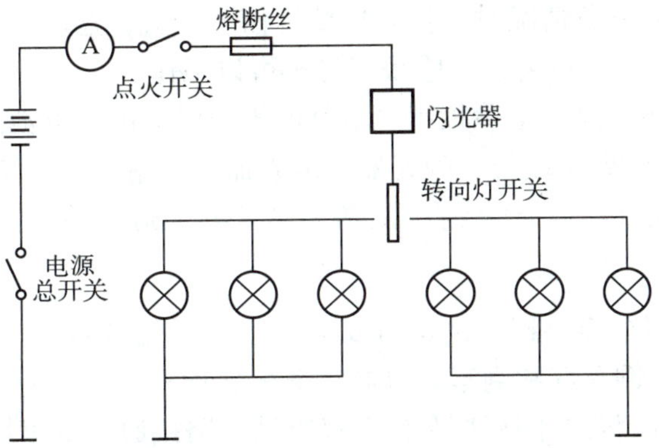

图 5－19　东风 EQ1090E 汽车转向信号灯控制电路

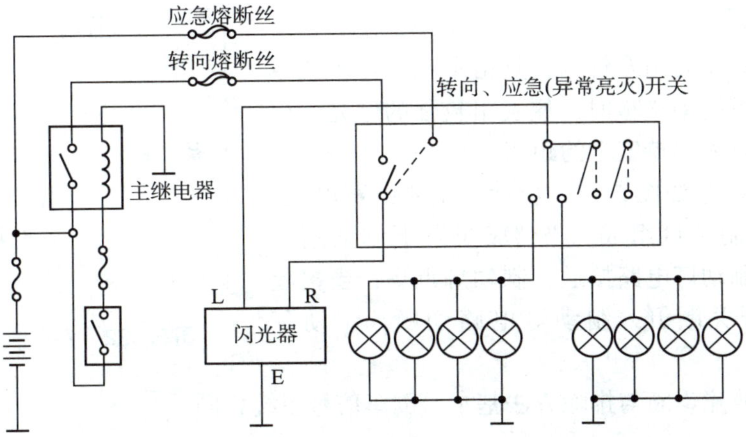

图 5－20　丰田皇冠车转向信号系统控制电路

(1) 当点火开关转至点火挡时，如果车辆向左转弯行使，将转向开关 E_2 手柄向下搬动，这时转向及报警信号电路中的工作电流由蓄电池正极（＋）→点火开关 15 端子→熔断丝 S_{17}→危险报警灯开关 E_3 的常闭触点→闪光器 49 端子→闪光器→闪光器 49a 端子→转向灯开关 E_2 的左侧触点→左侧转向灯及转向指示灯→搭铁→蓄电池负极（－），于是左侧转向灯及转向指示灯闪亮。当转向结束，转向盘回位时会自动将转向开关拨回，转向灯及仪表板上的转向指示灯同时熄灭。当右转向时，工作电流在转向开关处发生改变，变为向右转向灯和右转向指示灯供电。

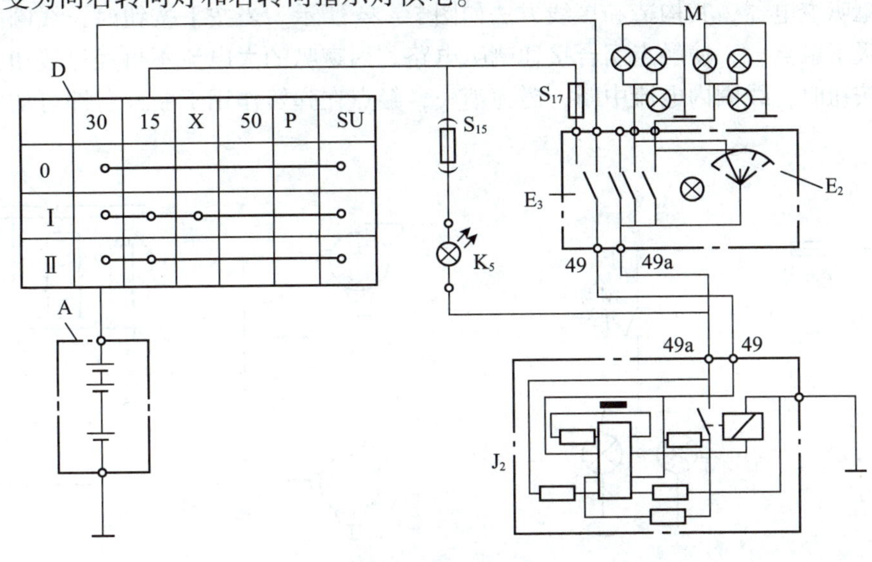

A－蓄电池；D－点火开关；S_{15}，S_{17}－熔断丝；M－转向灯泡；K_5－转向指示灯；

E_3－危险报警灯开关；E_2－转向灯开关；J_2－闪光器。

图 5－21　转向信号灯及危险警报信号灯工作电路

（2）当汽车发生故障或有紧急情况时，打开报警灯信号开关，这时前后左右4个转向灯一起闪亮，以示警告。无论点火开关处于什么位置，危险报警灯都可以工作。

将危险报警灯开关 E_3 按下，这时危险报警灯电路的工作电流由蓄电池正极（+）→点火开关30端子→危险报警灯开关 E_3→闪光器49端子→闪光器→闪光器49a端子→危险报警灯开关 E_3→转向灯及转向指示灯→搭铁→蓄电池负极（-），于是前后、左右4个转向灯及转向指示灯同时闪亮。

（二）倒车信号

倒车信号包括倒车灯和倒车蜂鸣器。倒车灯安装在汽车后组合灯内，倒车灯开关安装在变速器盖上，倒车蜂鸣器则单独安装。倒车灯和倒车蜂鸣器由倒车灯开关统一控制。如图5-22所示，当变速器挂入倒挡时，倒车灯开关触点闭合，倒车灯和倒车蜂鸣器电路接通，倒车灯点亮，蜂鸣器鸣叫；当变速器摘除倒挡时，倒车灯开关触点打开，倒车灯和倒车蜂鸣器电路切断，倒车灯熄灭，蜂鸣器停叫。

（三）制动信号灯

制动信号灯装在汽车后组合灯内，是指示汽车停车或减速的指示灯具。在踏下制动踏板时，便发出较强的红光，用以提醒后面的车辆或行人保持安全的距离。

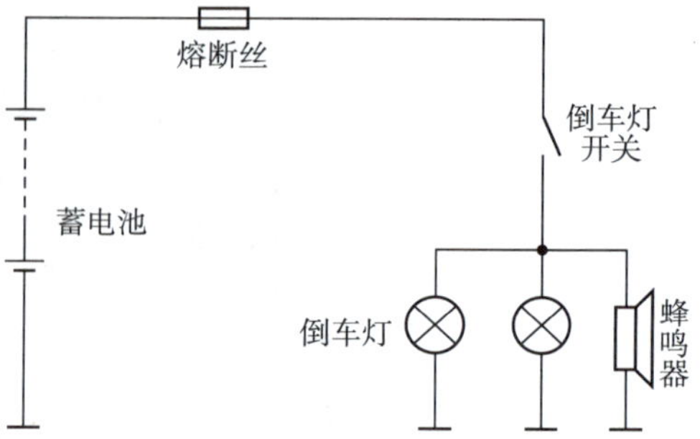

图5-22 倒车信号系统的工作电路

制动信号灯工作电路如图5-23所示，主要由蓄电池、熔断丝、制动开关和制动灯组成。当驾驶员踩下制动踏板时，制动开关闭合，制动灯电路接通，制动灯点亮；当抬起制动踏板时，制动开关断开，制动灯电路切断，制动灯熄灭。

制动信号系统的故障诊断与排除方法基本与倒车信号系统相同。

（四）喇叭信号

汽车上都装有喇叭，用来警告行人和其他车辆，以引起注意，保证行车安全。为了得到更加悦耳的声音，在汽车上常装有两个不同音调（高、低音）的喇叭。其中高音喇叭膜片厚、扬声筒短，低音喇叭则相反。

1. 电喇叭控制电路

电喇叭电路有带继电器与不带继电器两类。装用一只喇叭时，喇叭工作电流直接通过喇叭按钮。当装用双喇叭时，因为喇叭消耗电流较大（15~20 A），用按钮直接控制时，按钮容易烧坏。为了避免这个缺点，常采用喇叭继电器，其构造和接线方法如图5-24所示。当按下按钮时，线圈因有电流通过而产生电磁吸力，吸下触点臂，使触点闭合接通喇叭电路。因喇叭的大电流不再经过按钮，从而保护了喇叭按钮。当松开按钮时，线圈内电流中断，磁力消失，触点在弹簧作用下断开，即可切断喇叭电路，使喇叭停止发音。

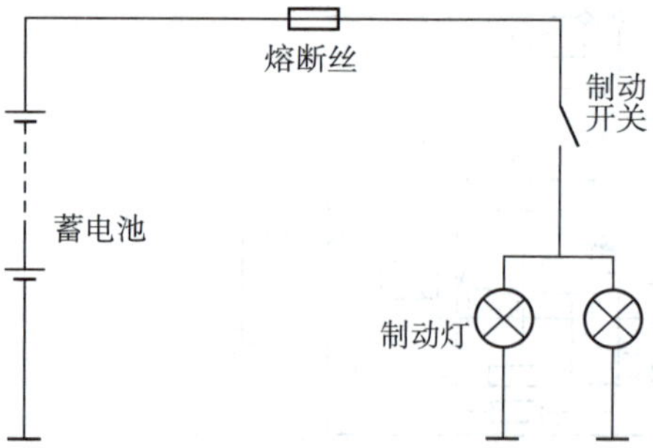

图5-23 制动信号灯工作电路

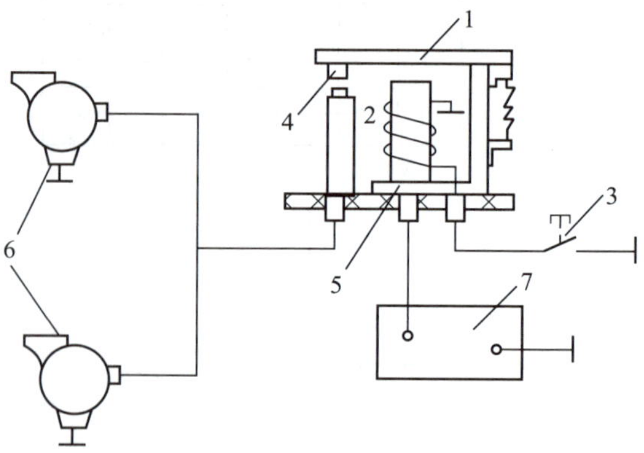

1-活动触点臂；2-线圈；3-按钮；4-触点；5-铁芯；6-喇叭；7-蓄电池。

图5-24 电喇叭控制电路

2. 典型喇叭控制电路

东风 EQ1118GA 汽车喇叭控制电路如图 5－25 所示。

（1）当喇叭转换开关置于电喇叭挡时，按下喇叭按钮，喇叭继电器触点闭合，电喇叭开始鸣响。电喇叭电路为：蓄电池正极→易熔线 2b→导线 W28→熔断丝 F12→喇叭继电器触点→导线 W12→喇叭转换开关 6 端子→喇叭转换开关 7 端子→导线 W58→电喇叭→搭铁→电磁式电源总开关→蓄电池负极。

（2）当喇叭转换开关置于气喇叭挡时，按下喇叭按钮，喇叭继电器触点闭合，气喇叭电磁阀电路导通，气流使气喇叭开始鸣响。气喇叭电磁阀的电路为：蓄电池正极→易熔线 2a→导线 W28→熔断丝 F12→喇叭继电器触点→导线 W12→喇叭转换开关 1 端子→喇叭转换开关 2 端子→导线 W62→气喇叭电磁阀→搭铁→电磁式电源总开关→蓄电池负极。

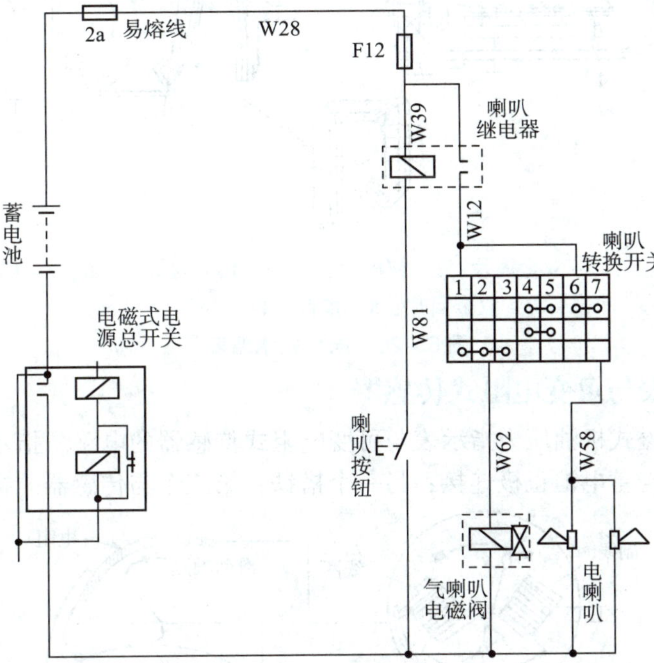

图 5－25　东风 EQ1118GA 汽车的电喇叭和气喇叭电路

第五节　仪表系统

汽车仪表系统由各种指示仪表、指示灯、报警灯和电子显示器件等组成。电子显示器件包括发光显示器件、线条图形显示器件以及液晶显示屏等。随着新型传感器、电子显示器件以及电子技术在汽车上的广泛应用，汽车仪表电子化已经成为显示汽车信息的发展潮流。汽车仪表通常都安装在仪表盘上组成一个总成，称为组合仪表盘或组合仪表盘。汽车仪表按特点可分为传统仪表系统和电控仪表系统（即微机控制仪表系统）。

一、仪表与报警系统电路特点

汽车仪表与报警系统受点火开关控制。当点火开关接通时，仪表与报警系统与电源接通；当点火开关闭时，仪表报警系统与电源断开。

当汽车装有电流表时，串联在蓄电池和发电机之间。当汽车装有电压表时，并联在电源正负极之间。

汽车仪表一般由指示表和传感器组成。指示表有电热式和电磁式两种，传感器有电热式和可变电阻式两种，其匹配方式如下。

（一）电热式指示表与电热式传感器

如图 5－26 所示为电热式水温指示表与电热式传感器的连接电路，指示表与传感器串联。指示表有两个接线端子，一个通过点火开关和熔断丝与蓄电池正极连接；另一个与传感器的接线端子连接。

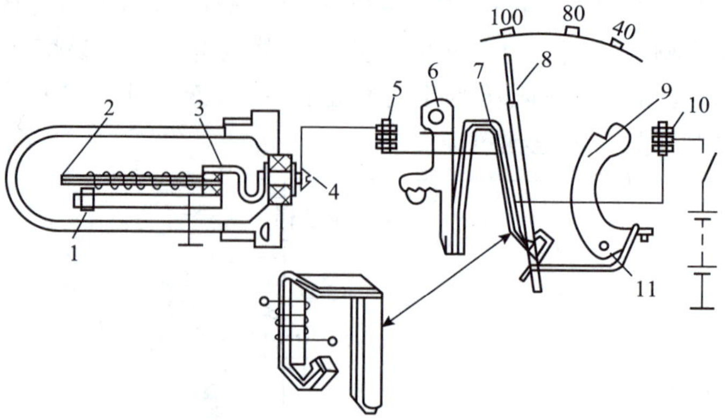

1－固定触点；2－双金属片；3－接触片；4，5，10－接线拄；6、9－调节齿扇；
7－双金属片；8－指针；11－弹簧片。

图 5－26　电热式水温表

（二）电磁式指示表与可变电阻式传感器

如图 5－27 所示为电磁式机油压力指示表与可变电阻式传感器的电路。指示表有三个接线端子，一个通过点火开关和熔断丝与蓄电池正极连接；另一个搭铁；第三个与传感器的接线端子连接。

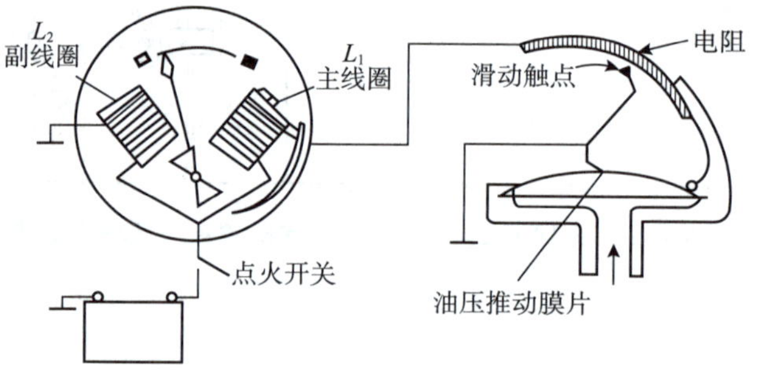

图 5－27　电磁线圈并联式油压表

（三）电热式指示表与可变电阻式传感器

如图 5－28 所示为电热式燃油指示表与可变电阻式传感器的连接电路。为了防止电源电压波动对指示精度的影响，此种形式指示表与传感器连接一般都安装有仪表稳压器。

报警装置一般由传感器、报警灯（或蜂鸣器）组成。报警灯通常安装在仪表板上，功率为 1～3 W，在灯泡前有滤光片，以使灯泡发黄或红光，滤光片上通常有图形符号。

如图 5－29 所示为水温报警装置。当冷却水温升高到 90～95 ℃时，双金属片 1 向静触点 4 方向弯曲，使两触点接触，红色警告灯亮如图 5－29（a）所示。如图 5－29（b）所示则是加以改进的警告灯，双金属片开关组成一单刀双掷动作。当水温低于 66 ℃时，开关电路经绿色指示灯搭铁，绿色指示灯亮，向驾驶员提供发动机过冷的警告，使驾驶员不要突然加速。随着冷却液温度的升高，双金属开关臂脱离“冷”触点，处于“冷”和“热”触点之间的某一位置。当发动机水温超过 95 ℃时，双金属片向“热”触点方向弯曲，与“热”触点闭合，红色指示灯亮，表示发动机过热。

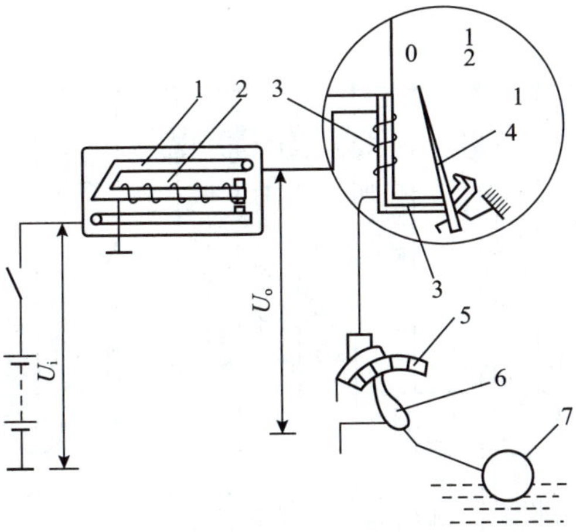

1－稳压电源；2－加热线圈；3－双金属片；4－指针；
5－可变电阻；6－滑片；7－浮子。

图 5－28　电热式燃油表

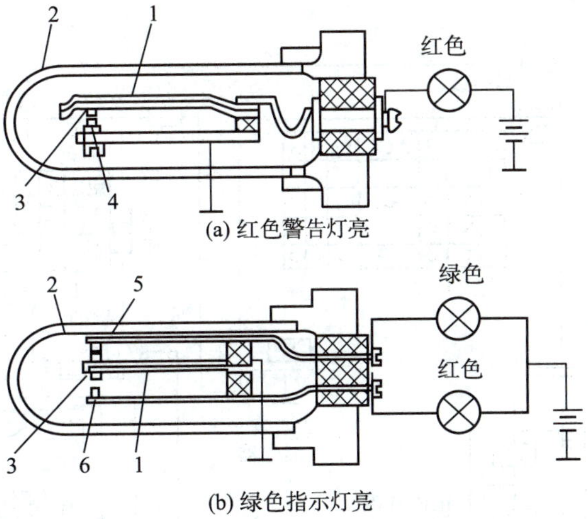

1－双金属片；2－壳体；3－动触点；4－静触点；
5－冷触点；6－热触点。

图 5－29　水温报警装置

为了便于安装和维修，一般将各种汽车仪表和报警装置的电路采用集中薄膜印刷电路。如图 5－30 所示为常见汽车仪表与报警系统电路图。

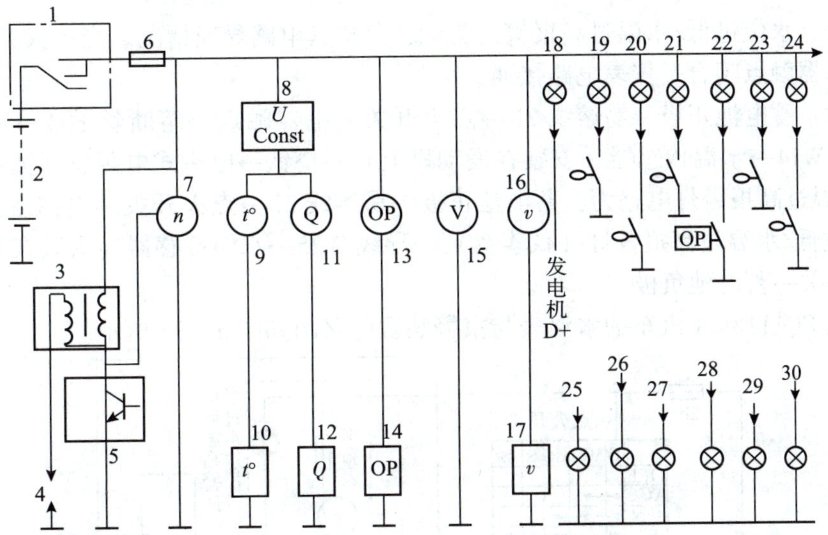

1－点火开关；2－蓄电池；3－点火线圈；4－火花塞；5－点火模块；6－熔断丝；7－发动机转速表；
8－仪表稳压器；9－发动机冷却系统温度表；10－温度表传感器；11－燃油表；12－燃油表传感器；
13－机油压力表；14－机油压力表传感器；15－电压表；16－车速表；17－车速表传感器；
18－充电指示灯；19－驻车制动指示灯；20－制动液面报警灯；21－门未关报警灯；
22－机油压力报警灯；23－备用报警灯；24－水位过低报警灯；25－远光指示灯；
26，27－左右转向指示灯；28－座椅安全带未系报警灯；
29－防抱死制动指示灯（ABS）；30－巡航控制指示灯。

图 5－30　常见汽车仪表与报警系统电路图

二、典型仪表电路

东风 EQ1118GA 汽车信息显示系统电路图如图 5－31 所示，主要由仪表和报警装置两部分组成。指示表主要由机油压力表、水温表、燃油表、发动机转速表、车速里程表、电压表及气压表等组成。报警指示灯主要由水位过低/水温过高报警灯、气压过低报警灯、机油压力过低报警灯、驻车制动指示灯、排气制动指示灯、充电指示灯、远光指示灯、转向信号指示灯、进气预热指示灯、空滤阻塞指示灯（选装）等组成。

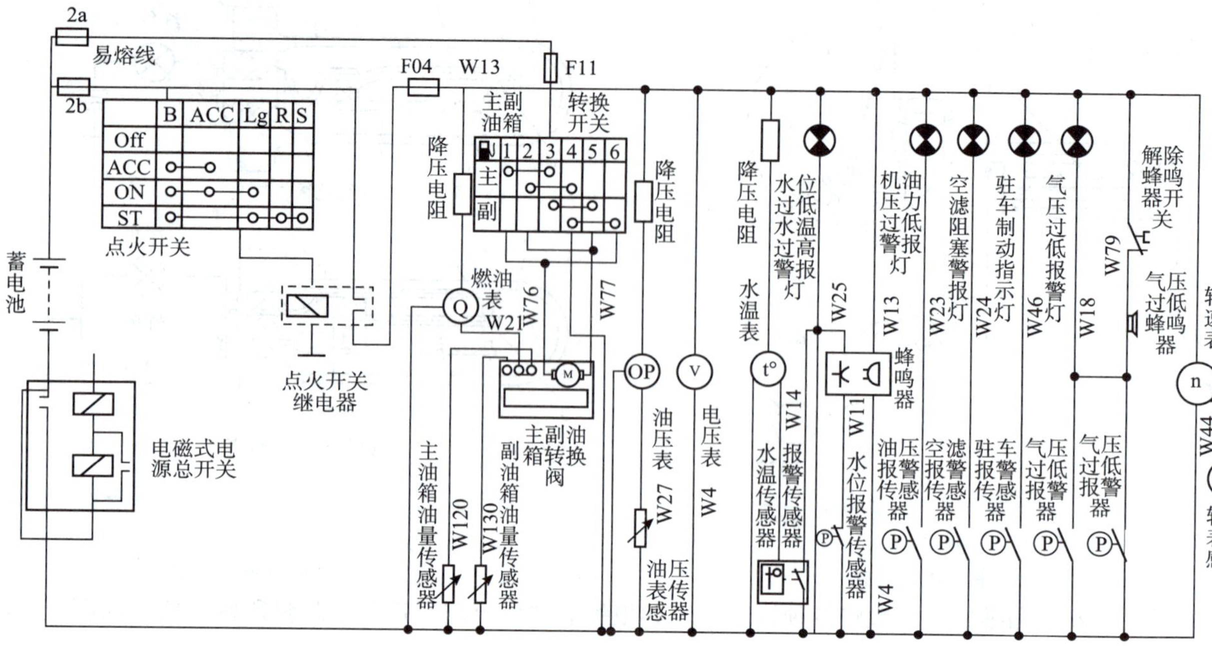

图 5-31　东风 EQ1118GA 汽车信息显示系统电路图

下面以水温表、水位过低/水温过高报警灯为例，分析其电路导通情况。当点火开关置于“ON”挡时，点火开关继电器触点闭合，仪表电路接通。

水温表电路为：蓄电池正极→易熔线 2b→点火开关继电器触点→熔断丝 F04→导线 W13→水温表（仪表盘）→导线 W14→水温传感器（安装在发动机上）→搭铁→电磁式电源总开关→蓄电池负极。

水位过低/水温过高报警灯电路为：蓄电池正极→易熔线 2b→点火开关继电器触点→熔断丝 F04→导线 W13→水位过低/水温过高报警灯（仪表盘）→导线 W25→水温传感器（安装在发动机上）→搭铁→电磁式电源总开关→蓄电池负极。

分析后，东风 EQ1118GA 汽车的水温表与报警装置电路图如图 5-32 所示。

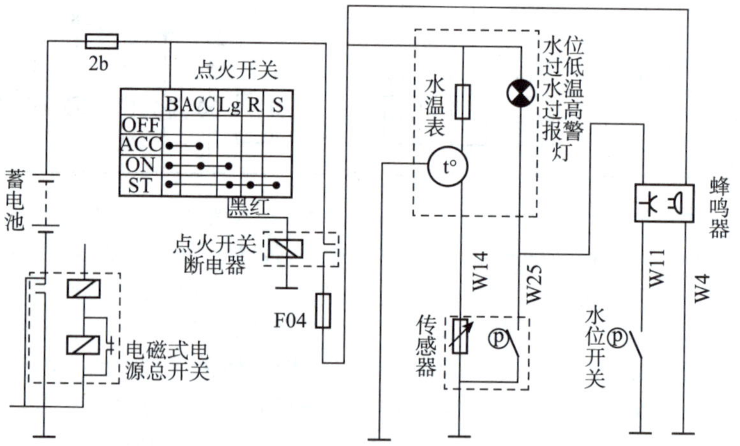

图 5-32　东风 EQ1118GA 汽车的水温表与报警装置电路图

三、电控仪表系统

（一）电控仪表系统的组成

如图 5-33 所示，电控（微机控制）仪表系统主要由各种传感器、电控单元 ECU 和各种电子显示器件组成，其中电控单元 ECU 和各种电子显示器件一般集中安装于仪表盘内。电控单元 ECU 利用各种传感器传来的信号，进行计算，以确定车辆的行驶速度、发动机转速、发动机冷却液温度、燃油量及车辆其他情况的测量数据，并将这些数据以数字或条形图形式显示出来。

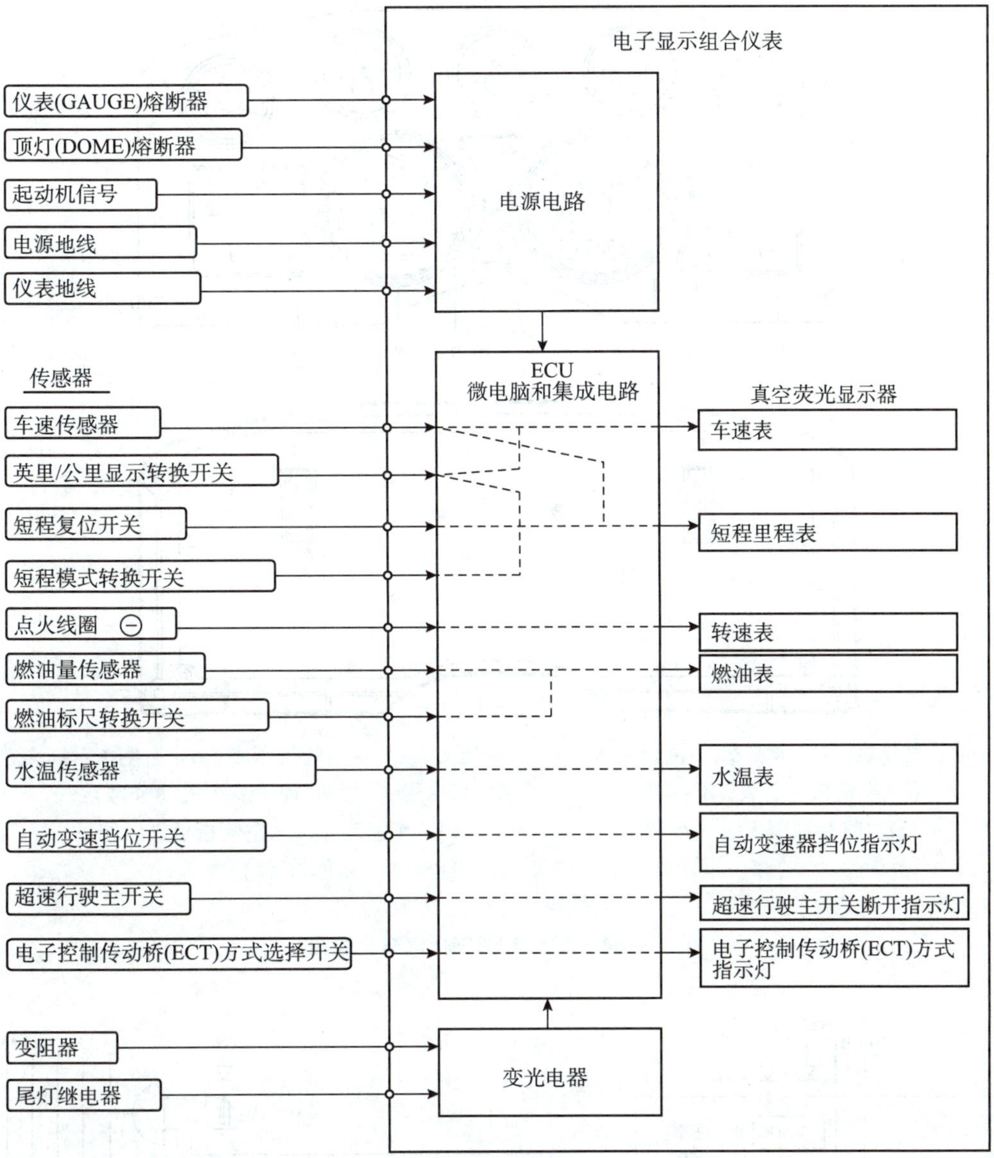

图 5－33　电控仪表系统的组成

（二）典型电控仪表系统

如图 5－34 所示为猛士 EQ2050 汽车采用电控（微机控制）仪表系统。电控单元 ECU 和各种电子显示器件一般集中安装于仪表盘内。电子显示器件主要包括各种指示表和指示灯（或报警灯），指示表的表针采用步进电机进行驱动；仪表指示灯均采用高亮亮度发光二极管。

猛士 EQ2050 汽车的仪表盘内部电路如图 5－35 所示，猛士 EQ2050 汽车的仪表系统电路如图 5－36 所示。

仪表的电源电路为：蓄电池正极→166 黄色导线→插接器 B25 和 B26 端子→仪表盘→插接器 B21 和 B22 端子（或插接器 A25 和 A26 端子）→搭铁→蓄电池负极。当点火开关置于“ON”时，仪表 ECU 从接线端子 A9 接收点火开关接通信号，控制各指示表和指示灯工作。各指示表和指示灯状态取决于各传感器的输入信号。

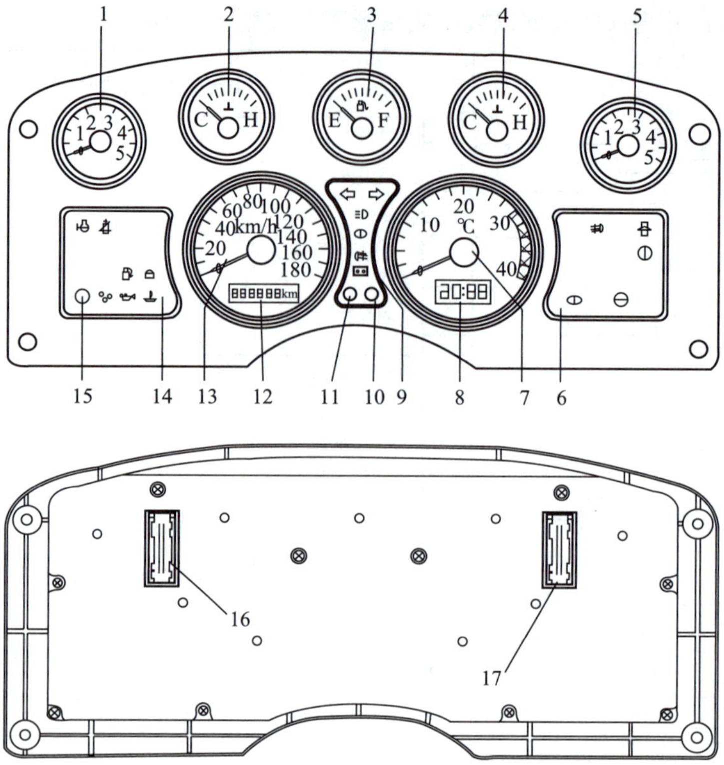

1－前轮气压表；2－水温表；3－燃油表；4－机油压力表；5－后轮气压表；6－右侧指示灯区域；7－发动机转速表；8－时钟；9－中部指示灯区域；10－时钟调节按钮（分钟）；11－时钟调节按钮（小时）；12－里程表；13－车速表；14－左侧指示灯区域；15－累计日计调节按钮；16－插座 A（棕色 26 针）；17－插座 B（黑色 26 针）。

图 5－34　猛士 EQ2050 汽车仪表盘

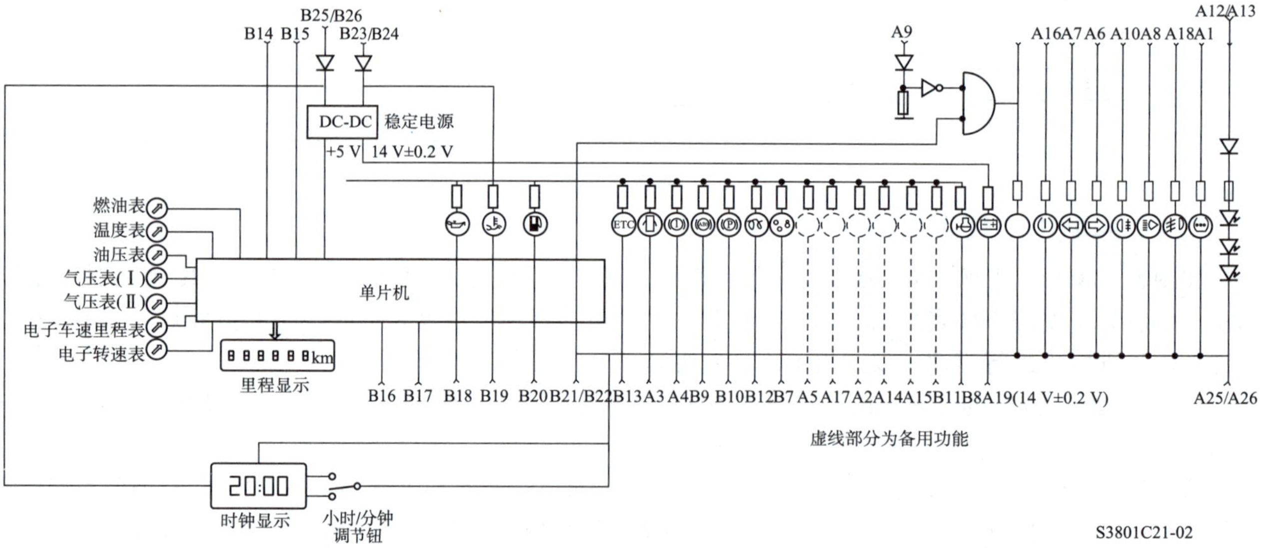

图 5－35　猛士 EQ2050 汽车的仪表盘内部电路图

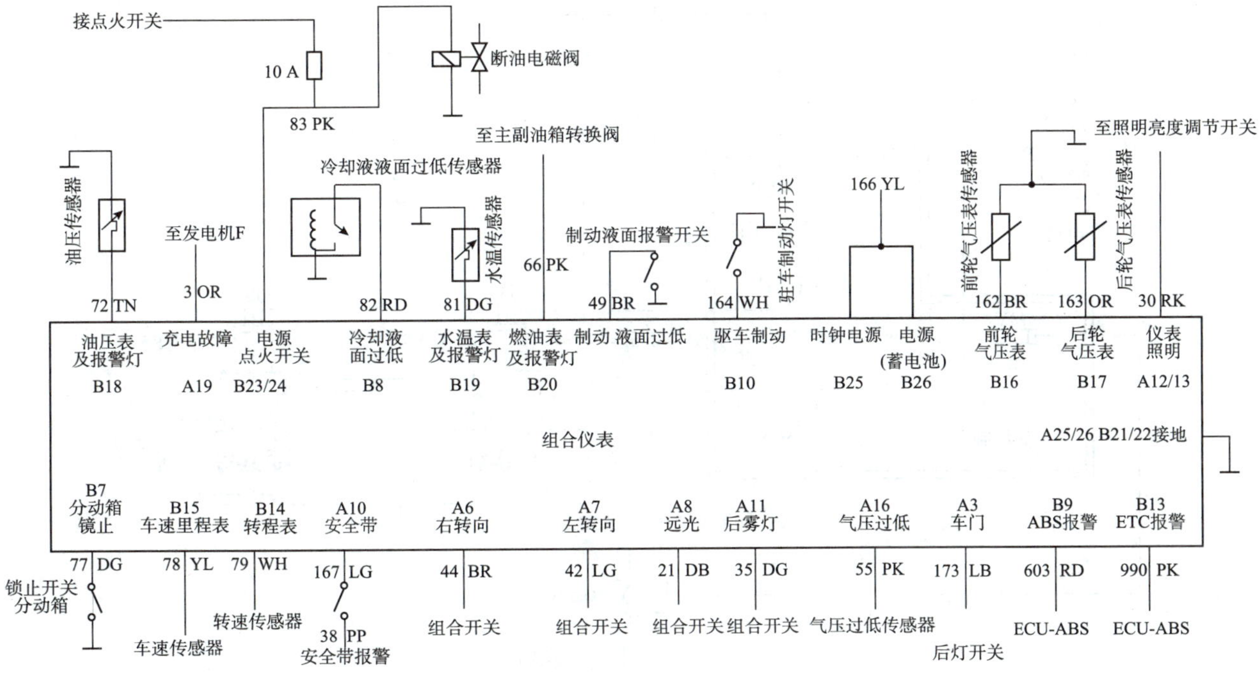

图 5－36　猛士 EQ2050 汽车的仪表系统电路图

第六节　辅助电气系统

一、进气预热系统电路的识读

为改善汽车的冷启动性能，在汽车上特别是在大、重型货车上安装有进气预热系统。

（一）火焰式进气预热系统

如图 5－37 所示为 SX2190 货车进气预热系统的电路图，主要由预热控制器 A24、温度传感器（安装在发动机水道上）、电磁阀、电热塞 R4、电热塞 R5 和预热指示灯等组成。

斯太尔汽车进气预热系统的电路分为：电源电路、输入信号电路和输出信号电路。

1. 电源电路

预热控制器通过接线端子 30 与蓄电池正极连接，通过接线端子 31 搭铁与蓄电池负极连接。

2. 输入信号电路

预热控制器通过接线端子 15 接收钥匙开关（也称为点火开关）信号，据此信号，控制器开始工作；通过接线端子 T 接收温度传感器信号，据此信号，控制器判断是否工作，决定电热塞加热的时间；通过接线端子 50 接收启动开关信号，若在 30 s 内不启动发动机，电路自动停止工作；通过接线端子 D＋接收发电机输出信号，预热控制器据此信号和温度信号，预热一段时间后，停止电磁阀供电，切断燃油供给。

3. 输出信号电路（结果）

预热控制器通过接线端子 L 控制预热指示灯各种亮、灭或闪烁状态；通过接线端子 FGK 控制火焰预热电热塞是否通电，并控制导电时间长短；通过接线端子 MV 控制电磁阀导通时机。

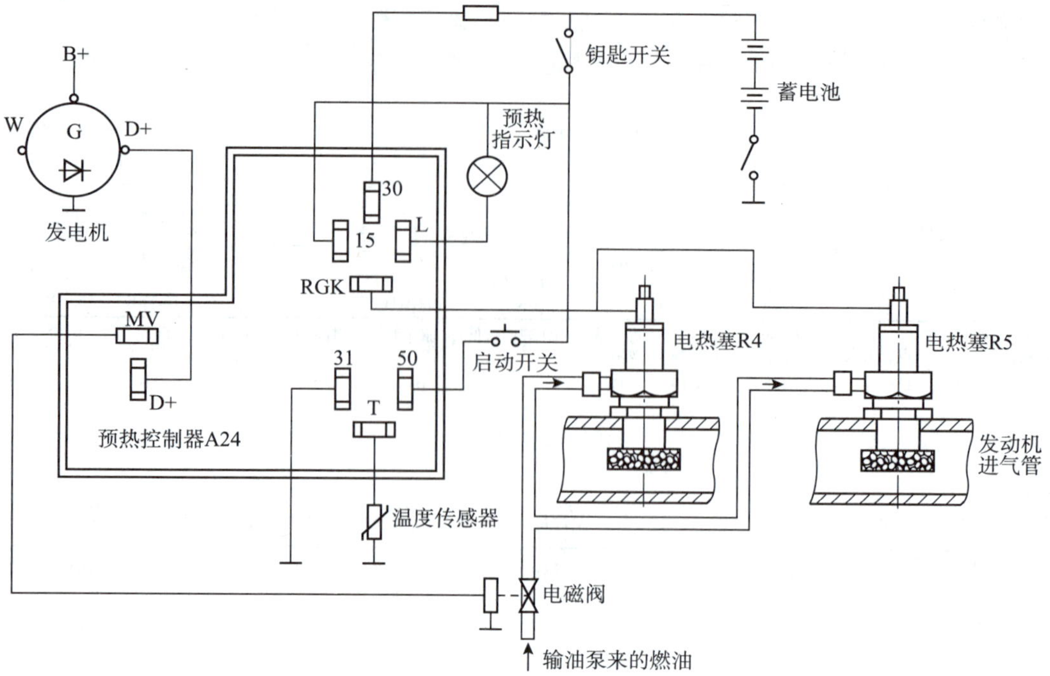

图 5－37　SX2190 货车进气预热系统的电路图

（二）PTC 陶瓷式进气预热系统

如图 5－38 所示为解放 CA1122P1K2S 汽车进气预热系统的电路图，主要由蓄电池、点火开关、预热按钮、预热控制器、预热指示灯（安装在预热按钮内）、预热继电器、PTC 陶瓷预热器和行程电磁铁等组成。

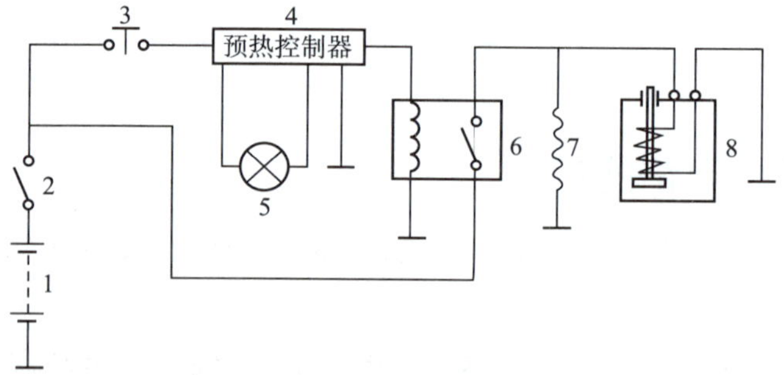

1－蓄电池；2－点火开关；3－预热按钮；4－预热控制器；5－预热指示灯；6－预热继电器；
7－PTC 陶瓷预热器；8－行程电磁铁。

图 5－38　解放 CA1122P1K2S 汽车进气预热系统的电路图

当点火开关接通时，只要按下预热按钮，预热控制器电源电路便接通。其电源电路为：蓄电池正极→点火开关→预热按钮→预热控制器→搭铁→蓄电池负极。

当预热控制器电源电路接通时，预热控制器就开始工作：一是控制进气预热指示灯点亮；二是控制预热继电器的触点闭合；三是发出启动信号。

当预热继电器的触点闭合时，一是行程电磁铁电路接通，拉动阻风门，使阻风门关闭，改变进入气缸空气的通道；二是 PTC 预热器的电路接通，预热开始。

行程电磁铁电路为：蓄电池正极→点火开关→预热继电器触点（此时处闭合状态）→行程电磁铁的线圈→搭铁→蓄电池负极。

PTC 预热器电路为：蓄电池正极→点火开关→预热继电器触点（此时处闭合状态）→PTC 预热器→搭铁→蓄电池负极。

预热控制器从预热开始计时，4～6 min 后，控制进气预热指示灯闪烁，同时控制蜂鸣器鸣叫，这时驾驶员可以启动发动机。

（三）分缸电热塞式进气预热系统

分缸电热塞式进气预热系统电路图，主要由电热塞、预热控制器、点火开关、预热继电器、水温传感器、车速传感器、溢流电磁阀和预热指示灯等组成，如图5－39所示为勇士汽车进气预热系统电路图。

分缸电热塞式进气预热系统的电路主要由电源电路、输入信号电路、输出信号电路组成。

1. 电源电路

预热控制器通过接线端子10与蓄电池正极连接，通过接线端子4搭铁与蓄电池负极连接。

2. 输入信号电路

预热控制器通过接线端子6接收点火开关“ON”信号，据此信号，预热控制器开始工作；通过接线端子6接收温度传感器信号，据此信号，预热控制器判断是否工作，决定电热塞加热的时间；通过接线端子7接收点火开关ST启动信号，若在10 s±2 s内不启动发动机，电路自动停止工作。另外，预热控制器通过接线端子2接收车速传感器信号。

3. 输出信号电路（结果）

预热控制器通过接线端子5控制预热指示灯各种亮、灭或闪烁状态；通过接线端子9控制溢流电磁阀是否通电开启；通过接线端子8控制预热继电器是否工作，从而控制电热塞是否通电加热，并通过控制预热继电器工作时间长短，来确定电热塞是否通电加热的时间。

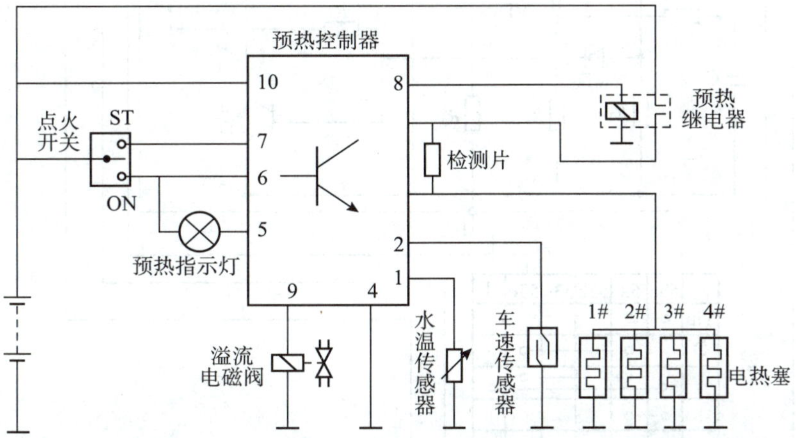

图5－39 勇士汽车分缸电热塞式进气预热系统的电路图

二、电动刮水器的电路分析

（一）双速刮水电动机的控制电路

双速刮水电动机的控制电路如图5－40所示。通过控制开关，可实现刮水器的低速运转、高速运转及停机复位等功能。

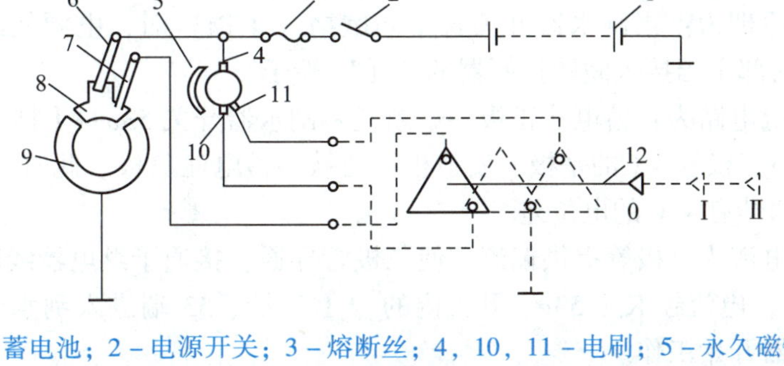

1－蓄电池；2－电源开关；3－熔断丝；4，10，11－电刷；5－永久磁铁；
6，7－自动复位触片；8，9－自动复位滑片；12－刮水器变速开关。

图5－40 双速刮水电动机的控制电路

当电源开关接通，刮水器变速开关 12 接到“Ⅰ”挡时，电流由蓄电池正极→电源开关 2→熔断丝 3→电刷 4→电枢→电刷 10→变速开关“Ⅰ”挡搭铁，最后回到负极。这时电枢在永久磁场作用下转动，转速较低。

当变速开关 12 拉到“Ⅱ”挡位置时，电流由蓄电池正极→电源开关 2→熔断丝 3→电刷 4→电枢→电刷 11→变速开关“Ⅱ”挡，回到负极。此时由于电刷 4 与偏置电刷 11 通电，电机转矩增大，其转速升高。

当变速开关拨到“0”时，如果刮水片没有停到适当位置，此时自动复位触片 7 与自动复位滑片 9 接触，电流从蓄电池→电源开关→熔断丝→电刷 4、10→触片 7→滑片 9→搭铁，电机继续转动。当摇臂摆到应停位置时，触片 7 与滑片 9 脱开，同时触片 6、7 和滑片 8 接触，使电枢短路，刮水片停到挡风玻璃下缘的适当位置。

（二）间歇式电动刮水器电路分析

刮水系统的间歇功能主要靠间歇控制器来实现，一般由间歇控制器、刮水器开关、洗涤电动机、刮水电动机等组成，如图 5－41 所示。

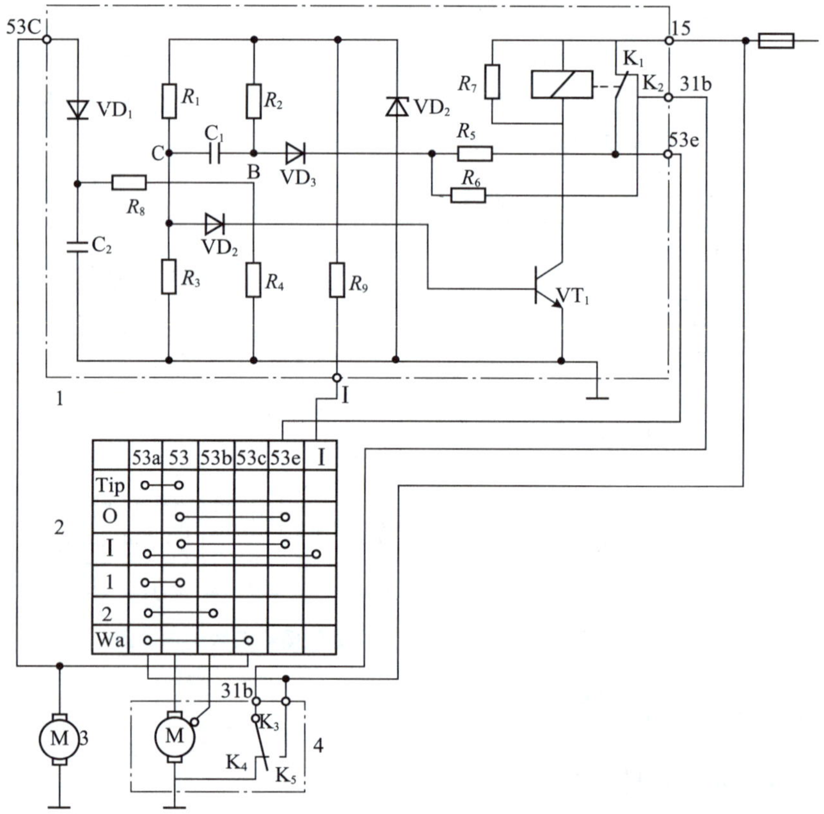

1－间歇控制器；2－刮水器开关；3－洗涤电动机；4－刮水器开关。

图 5－41　间歇式电动刮水器的工作原理

间歇控制器的工作原理为：当刮水器开关置于间歇挡（Ⅰ挡）时，电源便经熔断丝，刮水器开关 53a 端子、刮水器开关内部Ⅰ挡接入间歇控制器的“Ⅰ”端子。

C_1被充电。C_1的充电电路为：蓄电池正极→熔断丝→刮水器开关 53a→Ⅰ挡→间歇控制器“Ⅰ”端子→R_9→R_2→C_1→VD_2→三极管 VT 的基极、发射极→搭铁→蓄电池负极。此时 C 点的电位为 1.6 V，B 点的电位为 5.6 V，C_1两端有 4 V 的电位差。

C_1充电时，其充电电流为三极管提供偏流，使三极管导通，接通了继电器线圈的电路，继电器的常开触点 K_1闭合、K_2打开，电流经 K_1、53e、开关内的“Ⅰ”挡、53 端进入刮水电动机的电枢，使刮水电动机慢速旋转，刮水器开始工作。

当刮水片往返一次又回到风窗玻璃的最下位置时，刮水电动机也旋转至自动复位时，K_3、K_4接通，使31b端搭铁，为C_1的放电提供了通路。

C_1放电回路主要有两条。一路经R_2、R_1放电；另一条经VD_3、R_6、31b、电机自动复位触点K_3、K_4、搭铁、稳压管VD、R_1放电。放电瞬间B点电压突然降到2.8 V，由于C_1原有4 V电位差，使C点电位降为-1.2 V，三极管VT的基极电位翻转为低电平，于是三极管截止，切断了继电器线圈的电路，则其常开触点K_1又断开，常闭触点K_2又闭合，恢复到自然状态时的31b与53e接通，将电阻R_5、R_6并联，加速C_1放电，为C_1的再充电作准备。

随着C_1放电时间的增加，C点电位逐渐升高，当C点电位接近2 V时，三极管又导通，C_1又恢复为充电状态。

可见，只要刮水器开关置于间歇挡，电源便接入间歇控制器的"Ⅰ"端子，C_1就会不间断地充、放电，三极管就会导通、截止反复翻转，使继电器反复接通与断开，如此形成了间歇刮水的工作状态，刮洗时间为2～4 s，间歇时间为4～6 s，直到断开刮水器开关。

三、电子除霜加热器

如图5-42所示为电子除霜加热器电路的典型结构，它主要由电热线、传感器、继电器、控制电路、除霜开关以及指示灯等组成。

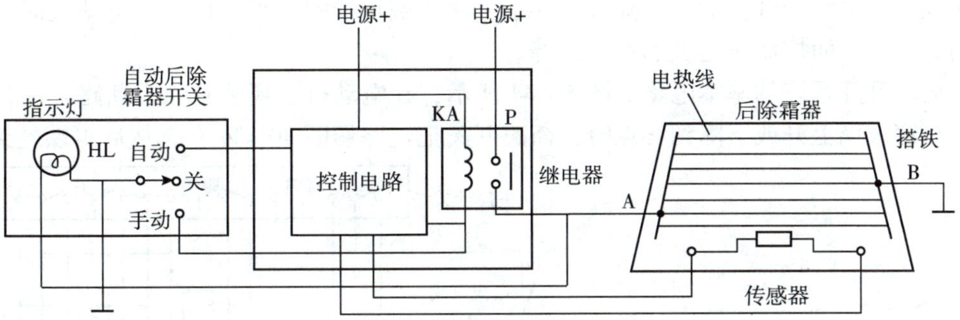

图5-42　电子除霜加热器的典型结构

（一）电热线

当在电热涂料两端加上12 V电压时，即会产生25～30 ℃的微温，将玻璃加热以消除霜层。

（二）传感器

传感器是一种热敏电阻，一般安装在后窗玻璃下方，用以检测有无积霜。如果有积霜，则传感器电阻减小，控制器就使继电器线圈通电，吸合触点P，使电热线通电。当除霜结束时，玻璃上温度上升，传感器阻值变大，控制电路将继电器断电，使除霜自动停止。

（三）控制电路

控制电路一般主要由分立元件电路或单片集成电路构成。其输入信号有两个，一个是手动/自动除霜开关信号；另一个是传感器信号。传感器信号主要是控制其内的一只电子开关，使电子开关在传感器电阻值减小（也即结霜）时导通，使继电器KA线圈内的电流通路形成，吸合触点P接通，于是给电热线通电加热。

当传感器电阻值增大（即除霜后玻璃温度上升）后，上述电子开关截止，这就切断了KA线圈电流，电热线加热停止。

（四）除霜指示灯

除霜指示灯实际上是并接在电热线的两端，受KA继电器的控制。当电热线加温时，该指示灯也同时点亮，以示除霜电路处于除霜工作状态。当除霜停止时，该指示灯熄灭。

（五）除霜电路工作原理

1. 手动除霜

当采用手动除霜时，除霜开关接通到“手动”挡，KA 继电器线圈内有电流通过，其触点 P 吸合接通，从而形成以下电流回路：蓄电池正极→KA 继电器 P 触点（闭合）→电热线 A、B 端→搭铁→蓄电池负极。

此时，除霜指示灯 HL 也点亮，以示除霜状态。除霜器的功率一般在 100 W 左右。

2. 自动除霜

当采用自动除霜时，控制电路的工作状态受传感器输入信号的控制。当结霜、传感器电阻变小时，启动电热线工作，即开始加热。当温度上升到除完霜后，即传感器的电阻值增大到一定值时，断开电热线电流回路。如此循环，就实现了自动除霜的目的。

四、电动车窗

（一）电动车窗玻璃升降系统的基本电路

电动车窗玻璃升降系统一般由电动机、主控开关、分控开关（门窗开关）和门窗升降器组成。其中电动机广泛采用永磁式直流电动机，也可采用双磁场式电动机。如图 5－43 所示，电动机内有两组绕向不同的磁场线圈，分别和开关的升、降接点相连，两个磁场线圈分别工作，使电动机能输出正、反两个方向的转动力矩，从而控制车窗玻璃的升或降。

电动车窗玻璃升降系统的基本电路如图 5－44 所示，在电动机上还装有一个断路开关，控制电动机的搭铁线，当车窗玻璃上升或下降到终点时，断路开关把电路切断 40 s 左右，然后再恢复到接通状态。

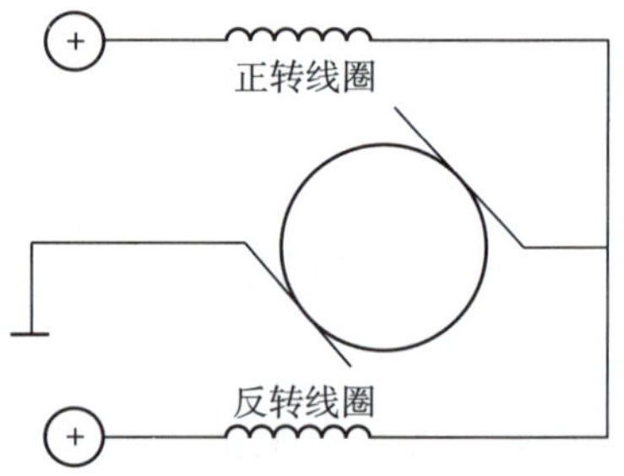

图 5－43　能正反转的电动机结构原理简图

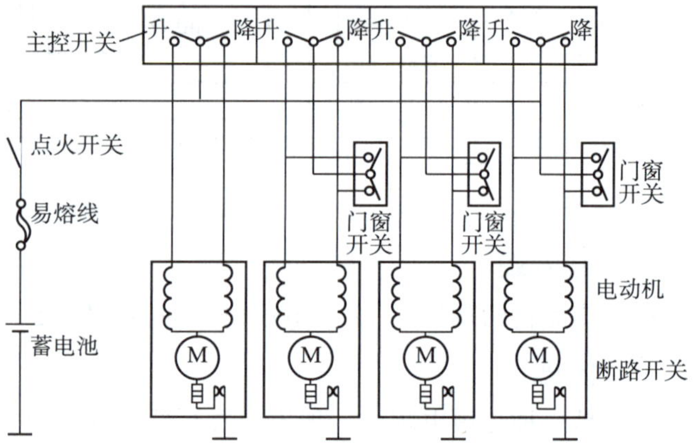

图 5－44　电动车窗升降系统的基本电路

（二）常见的电动车窗玻璃升降器的工作过程

图 5－45 是一种具有 4 个车门的玻璃升降器电子控制电路，除具有驾驶席主开关外，它还由各个车门开关、乘客车窗玻璃升降的驱动电机，以及前驱动器（包括开关、电机）等组成。

1. 手动操作控制玻璃升降

当把手动推向车辆前方时，车窗玻璃即上升。此时，触点Ⓐ与“UP”（向上）接点相连，触点Ⓑ处于原来状态，电机按“UP”箭头方向通过电流，车窗玻璃上升且关闭；当把手离开调节柄时，利用其开关自身的回复力，此时开关回到中立位置。若把手动调节柄推向车辆后方，触点Ⓐ保持原位不动；而触点Ⓑ则与“DOWN”（向下）侧相接，电机所通过的电流按“DOWN”箭头所示的方向流动，电机反转，以实现车窗玻璃向下移动，直至下降到底。

2. 自动控制玻璃升降

当把自动旋钮压向车辆前方时，触点Ⓐ与“UP”侧相接，电机按“UP”箭头方向通过电流，门窗玻璃上升且关闭；与此同时，电阻 R 上电压降低，此电压加于比较器 1 的一端，它与参考电压 Ref. 1 进行比较。Ref. 1 的电压值设定为相当于电机锁止电流值约 15 A，通常为比较器 1 的低电位端（“ –”端）；而比较器 2 的参考电压 Ref. 2 通常设定为小于比较器 1 的输出，且为高电位端（“ +” 端）。所以，比较器 2 的输出为高电位，使三极管正偏而导通，电磁线圈通过较大的电流，其路径为：蓄电池的“ +” →点火开关→ “UP” →触点Ⓐ→二极管 D_1→电磁线圈→三极管→二极管 D_4、触点Ⓑ→电阻 R→搭铁（蓄电池“ –”）。此电流产生较大的电磁力，吸引驱动器开关的柱塞，使棘爪板向上升，越过棘爪板凸缘的滑锁，在原来位置被锁定，这样即使把手离开自动调节柄，开关仍会保持原来的状态。

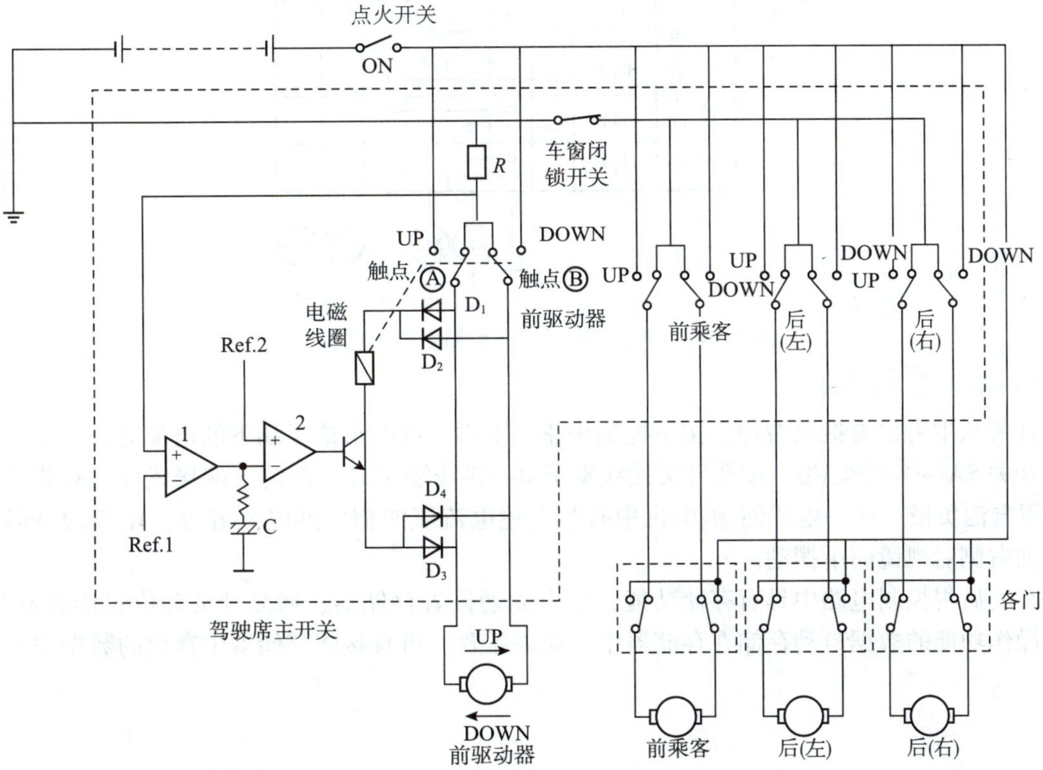

图 5 –45 电动车窗控制电路

当门窗玻璃上升至终点位置，在电机上有锁止电流流动，电阻 R 上的压降增大，当此电压超过参考电压 Ref. 1 时，比较器 1 的输出由低电位转变为高电位，此时，电容器 C 开始充电，当电容器 C 两端电压上升至超过比较器 2 的参考电压 Ref. 2 时，比较器 2 则输出低电位，三极管立即截止，电磁线圈中的电流被切断，棘爪板在滑锁内由弹簧的反力被压下，自动调节柄自动回复到中立位置，触点Ⓐ搭铁，电机停转。

门窗玻璃自动下降的工作情况与上述情况相反，操作时只需将自动调节柄压向车辆后方即可。

五、电动后视镜

后视镜角度的调整一般比较麻烦，采用电动后视镜，驾驶员坐在座椅上通过电动机就可以方便快捷地对后视镜的后视角度进行任意调节。

电动后视镜主要由调整开关、电动机、传动和执行机构等组成。如图 5 –46 所示为丰田皇冠后视镜控制电路示意图，其控制原理如下。

（一）后视镜向上摆动

以右侧后视镜为例，其向上摆动时的原理如下，将滑动开关从中央位置拨至右边，按下控制按钮的上端，此时形成了如下的电流通路：蓄电池正极→点火开关 SA→熔断丝 FU→按钮开关接线端子 B→接线端子 V_2→电动机 M_3→接线端子 C→搭铁端子 E→蓄电池负极。这一电路使 M3 电机中有电流流过，电机产生的转矩带动右侧后视镜向上摆动。

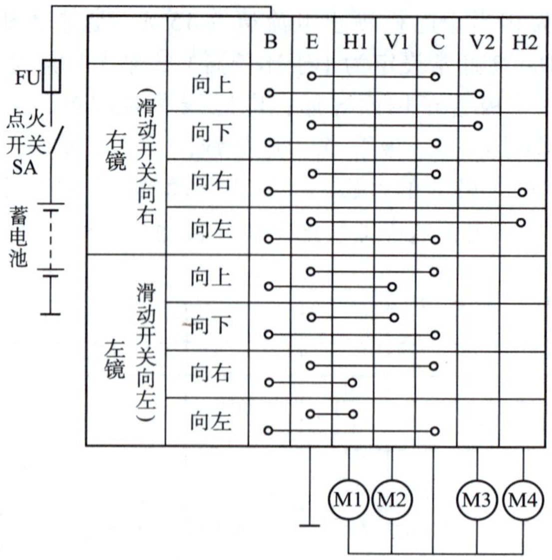

图 5－46　丰田皇冠后视镜控制电路示意图

（二）后视镜向下摆动

将滑动开关从中央位置拨至右边，按下控制按钮的下端。此时形成了如下的电流通路：蓄电池正极电流→点火开关 SA→熔断丝 FU→按钮开关接线端子 B→接线端子 C→M_3的下端接线柱→V_2接线柱端→E 搭铁端→蓄电池负极。这一电路使 M_3电机中有与上述电流流向相反的电流流过，M_3以改变转动方向的转矩，带动右侧后视镜向下摆动。

有些汽车的后视控制电路中具有存储功能，它由驱动位置存储器、回复开关和位置传感器等组成。用以将上述操作功能的数据自动存储在存储器中。如果需要，可直接将存储器中存储的数据调出使用。

第七节　发动机电控系统

一、发动机电子控制系统的组成

发动机电子控制系统的核心是电控单元（ECU），电控单元根据发动机各种传感器送来的信号，进行燃油喷射控制、点火控制、燃油蒸发回收控制、发动机怠速控制、空调压缩机控制等。

电子控制系统主要由各种传感器、电控单元（ECU）和各种执行器组成。

二、发动机电子控制系统电路图的组成

不论何种电控发电机，按电路的功能，发动机电子控制系统电路图主要由电源电路、传感器电路和执行器电路组成。富康轿车采用的 TU5JPK 发动机电子控制系统电路图如图 5－47 所示，下面将以此为例加以说明，以达到举一反三的目的。

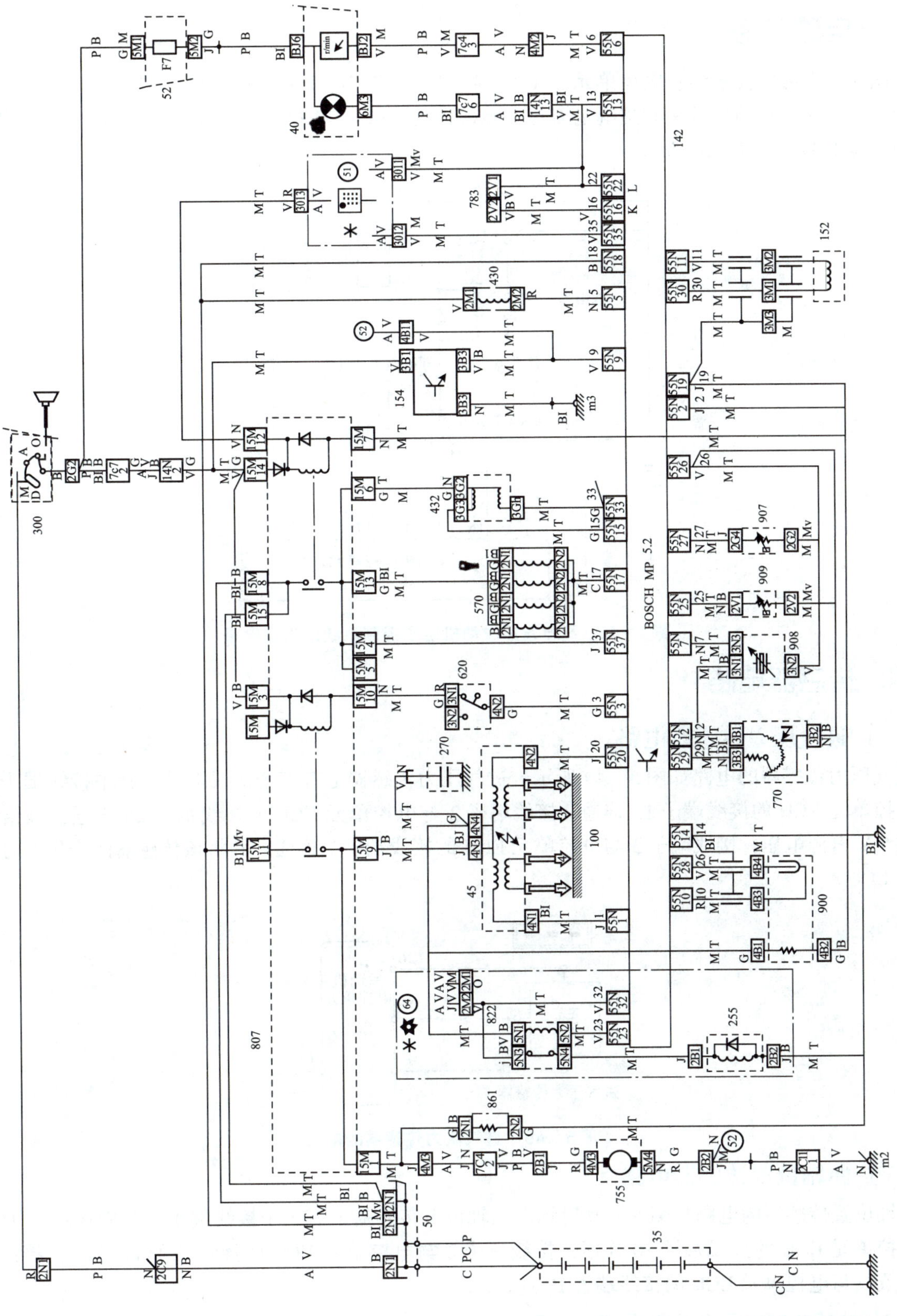

35－蓄电池；40－仪表板；45－点火线圈；50－电源盒；52－内接熔断丝盒；142－发动机电控单元；152－曲轴位置传感器；154－车速传感器；176－防盗密码控制盒（选装）；255－空调压缩机离合器；270－点火线圈上的电容器；300－点火开关；430－炭罐控制阀；432－怠速控制阀；570－喷油器；620－惯性开关；755－燃油泵；770－节气门位置传感器；783－故障自诊断插座；807－主继电器；900－氧传感器；907－进气温度传感器；908－进气压力传感器；909－水温传感器。

图5－47　TU5JPK发动机电子控制系统电路图

三、电源电路

从图 5－47 可以检索到：电控单元 ECU 的端子 18 直接与电源盒连接，端子 37 通过主继电器与电源盒连接，端子 3 通过惯性开关和主继电器与电源盒连接，端子 14 搭铁。据此，TU5JPK 发动机电子控制系统的电源电路如图 5－48 所示。

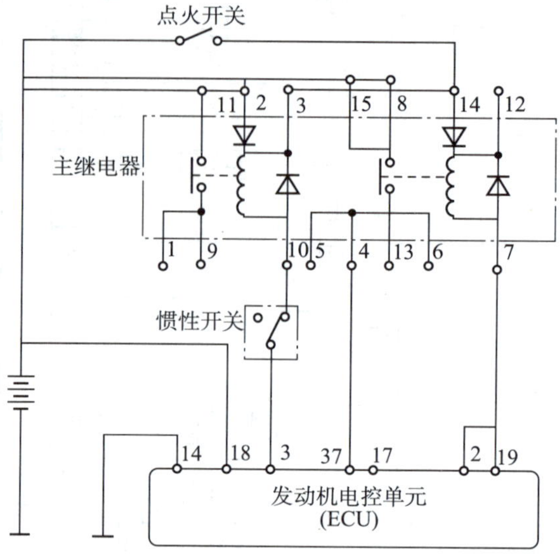

图 5－48　TU5JPK 发动机电子控制系统的电源电路

四、传感器电路

（一）进气压力传感器电路

进气压力传感器的电路如图 5－49 所示。进气压力传感器上有三个接线端子，其中接线端子 1 与发动机电控单元 ECU 的接线端子 12 连通；接线端子 2 与电控单元 ECU 的接线端子 26 连通，并给该传感器提供 5 V 电源电压；接线端子 3 与电控单元 ECU 的接线端子 7 连通，并将该传感器的产生信号送给电控单元 ECU。

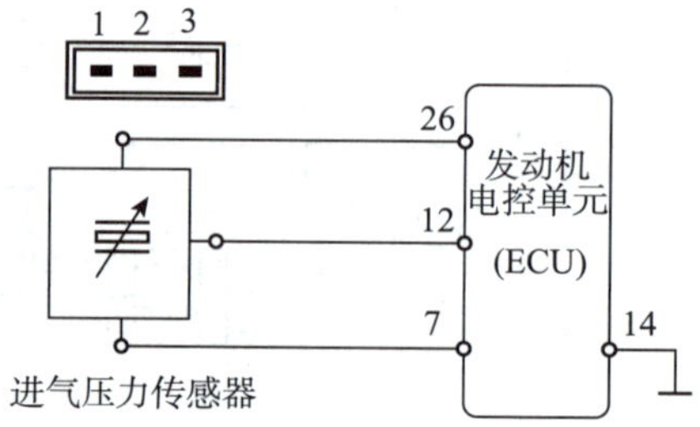

图 5－49　进气压力传感器的电路

（二）曲轴位置传感器电路

曲轴位置传感器的电路如图 5－50 所示。曲轴位置传感器上有 3 个接线端子，其中接线端子 1 与发动机电控单元 ECU 的接线端子 30 连通，接线端子 2 与电控单元 ECU 的接线端子 11 连通；接线端子 3 是一屏蔽线与电控单元 ECU 的接线端子 19 连通。

（三）节气门位置传感器电路

节气门位置传感器的电路如图 5－51 所示。节气门位置传感器上有 3 个接线端子，其中接线端子 1 与发动机电控单元 ECU 的接线端子 12 连通；接线端子 2 与电控单元 ECU 的接线端子 26 连通，并给该传感器提供 5 V 电源电压；接线端子 3 与电控单元 ECU 的接线端子 29 连通，并将该传感器的产生信号送给电控单元 ECU。

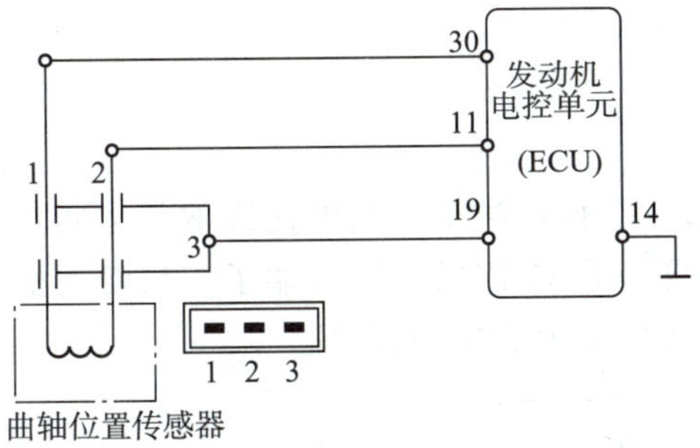

图 5－50 曲轴位置传感器的电路

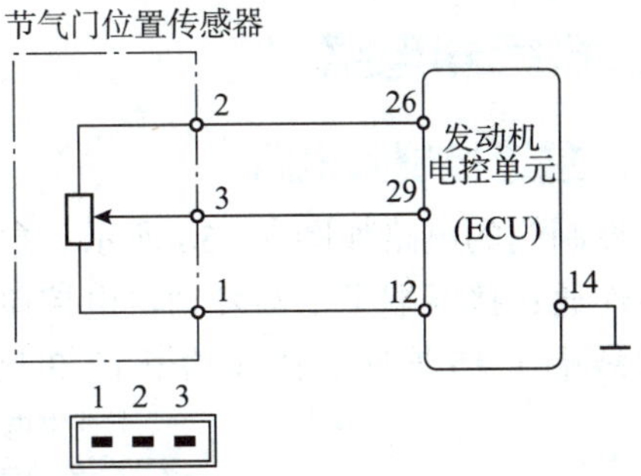

图 5－51 节气门位置传感器的电路

（四）进气温度传感器电路

进气温度传感器的电路如图 5－52 所示。进气温度传感器上有 2 个接线端子，其中接线端子 2 与发动机电控单元 ECU 的接线端子 26 连通，并给该传感器提供 5 V 电源电压；接线端子 4 与发动机电控单元 ECU 的接线端子 27 连通。

（五）水温传感器电路

如图 5－53 所示为冷却水温传感器上有 2 个接线端子，其中接线端子 2 与发动机电控单元 ECU 的接线端子 26 连通，并给该传感器提供 5 V 电源电压；接线端子 1 与发动机电控单元 ECU 的接线端子 25 连通。

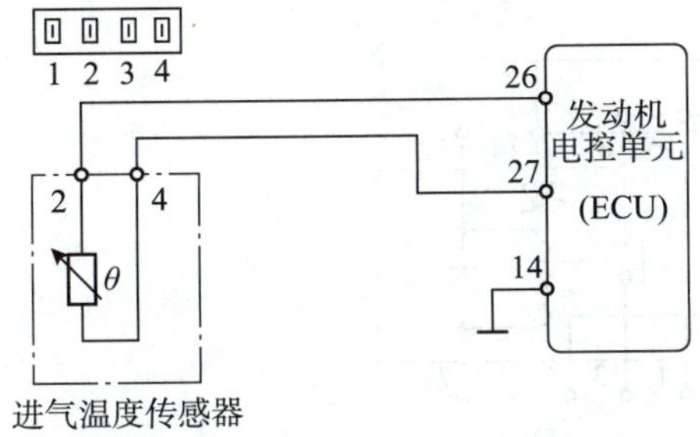

图 5－52 进气温度传感器电路

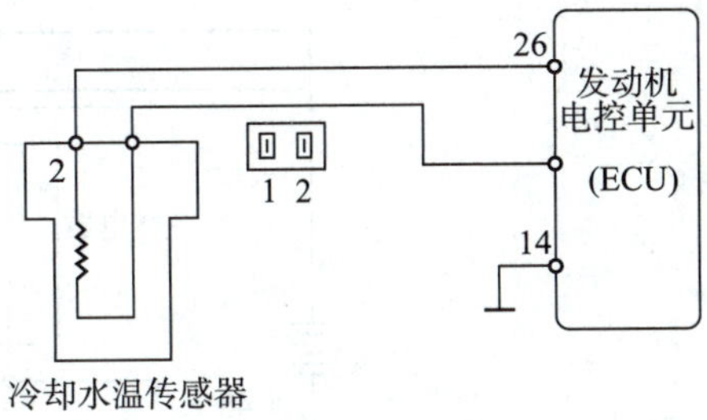

图 5－53 冷却水温传感器电路

（六）氧传感器电路

氧传感器的电路如图 5－54 所示。氧传感器上有 4 个接线端子，其中接线端子 1 通过主继电器与蓄电池连通；接线端子 2 与发动机电控单元 ECU 的接线端子 19 或 2 连通；接线端子 3 与电控单元 ECU 的接线端子 10 连通；接线端子 4 与电控单元 ECU 的接线端子 28 连通。

（七）车速传感器电路

车速传感器的电路如图 5－55 所示。车速传感器上有 3 个接线端子，其中接线端子 1 通过点火开关与蓄电池连通；接线端子 2 搭铁；接线端子 3 是一信号输出线，它与发动机电控单元 ECU 的接线端子 9 连通。

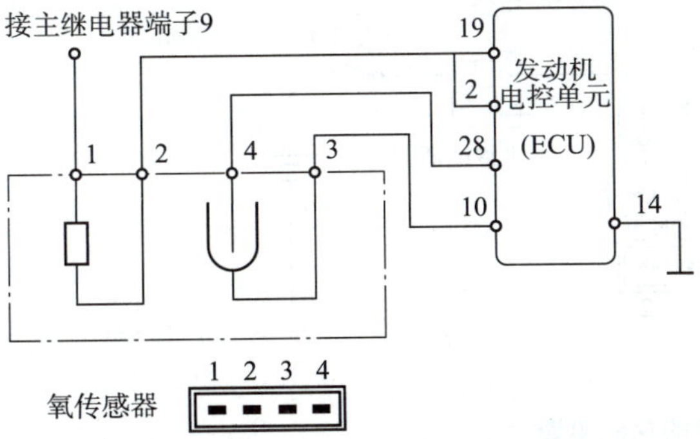

图 5－54 氧传感器的电路

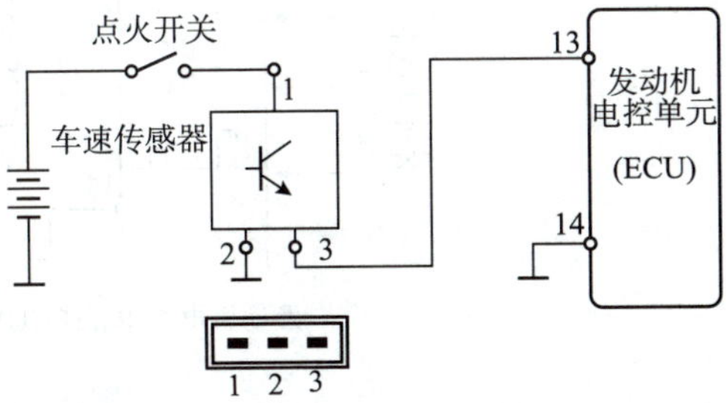

图 5－55 车速传感器的电路

五、执行器电路

（一）怠速控制阀电路

怠速控制阀的电路如图 5－56 所示。怠速控制阀上有 3 个接线端子，其中接线端子 2 通过主继电器与蓄电池连通；接线端子 1 与发动机电控单元 ECU 的接线端子 33 连通，接线端子 3 与发动机电控单元 ECU 的接线端子 15 连通。接线端子 1、3 接收电控单元 ECU 发出的控制信号。

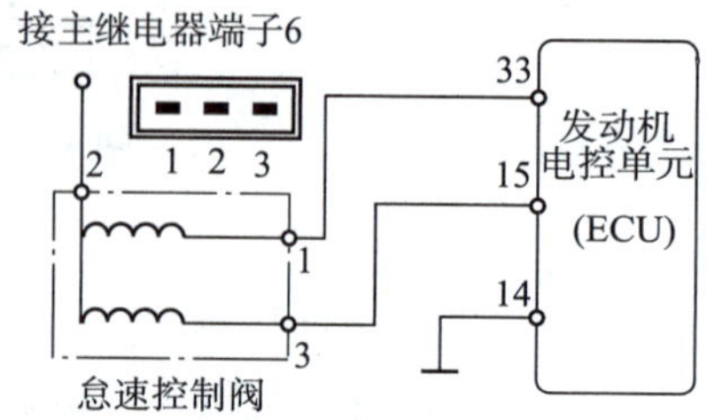

图 5－56　怠速控制阀的电路

（二）燃油泵电路

燃油泵的电路如图 5－57 所示。燃油泵上有 2 个接线端子，其中接线端子 2 通过主继电器与蓄电池连通；接线端子 4 搭铁。

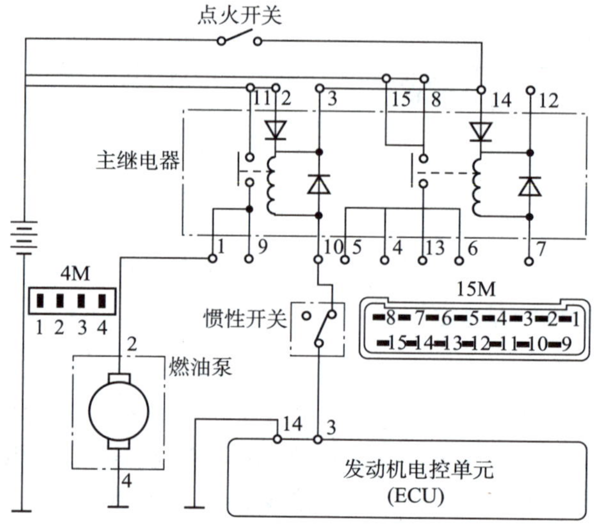

图 5－57　燃油泵的电路

（三）喷油器控制电路

喷油器的控制电路如图 5－58 所示。喷油器上有 2 个接线端子，其中接线端子 1 通过主继电器与蓄电池连通；接线端子 2 与发动机电控单元 ECU 的接线端子 17 连通。

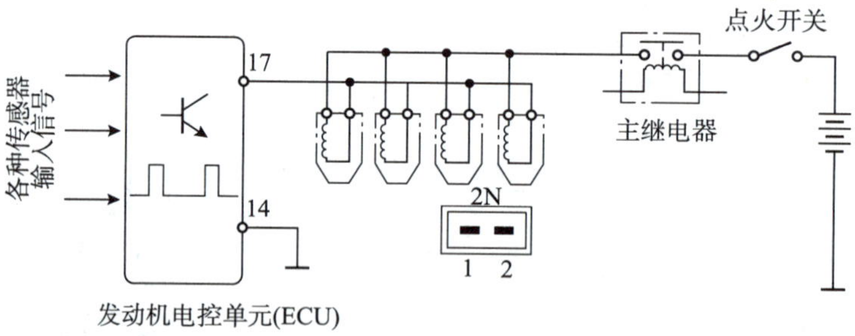

图 5－58　喷油器的控制电路

（四）点火系统的电路

富康轿车电控点火系统的电路如图 5－59 所示。点火线圈有 4 个高压线插孔，分别插接 1、2、3、4 缸的高压线；另外点火线圈上还有一个插座，插座内有四个接线端子，其中接线端子 1 与发动机电控单元 ECU 的接线端子 1 连通；接线端子 2 与发动机电控单元 ECU 的接线端子 20 连通；接线端子 3、4 通过主继电器与蓄电池连通。电控单元 ECU 通过控制接线端子 1、20 电路的通断来控制点火线圈低压电路的通断。

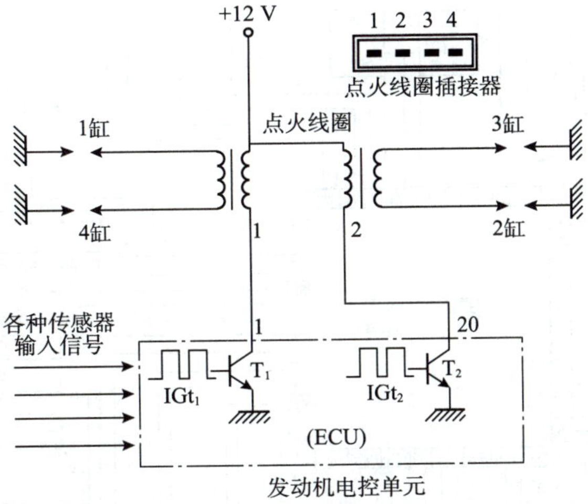

图 5－59　富康轿车电控点火系统

第八节　汽车底盘电控系统

一、汽车底盘电子控制系统的组成

汽车底盘电子控制系统主要包括：电子控制自动变速器、电子控制制动防抱死系统、驱动防滑控制系统、动力转向系统、悬架控制系统、巡航控制系统等。它们具有共同特点，即电子控制系统主要由各种传感器、电控单元（ECU）和各种执行器组成。下面以电子控制自动变速器为例加以说明。

二、自动变速器电子控制系统的组成及其电路图特点

（一）自动变速器电子控制系统的组成

自动变速器的电子控制系统由各种传感器、变速器电控单元和电磁阀等执行机构组成。电控单元采集各种传感器的信号，如：各种转速、负荷、排挡杆的位置、油温、油压、制动等，经过运算后输出信号控制压力调节、流量调节、变矩器锁止、换挡规律的选择和自动升降挡等。

（二）自动变速器电路图的特点

自动变速器电路图主要由电源电路、传感器电路和执行器电路等组成。以 AL4 自动变速器为例，讲述其主要部件的电路分析方法 AL4 自动变速器电子控制系统的电路图如图 5－60 所示。

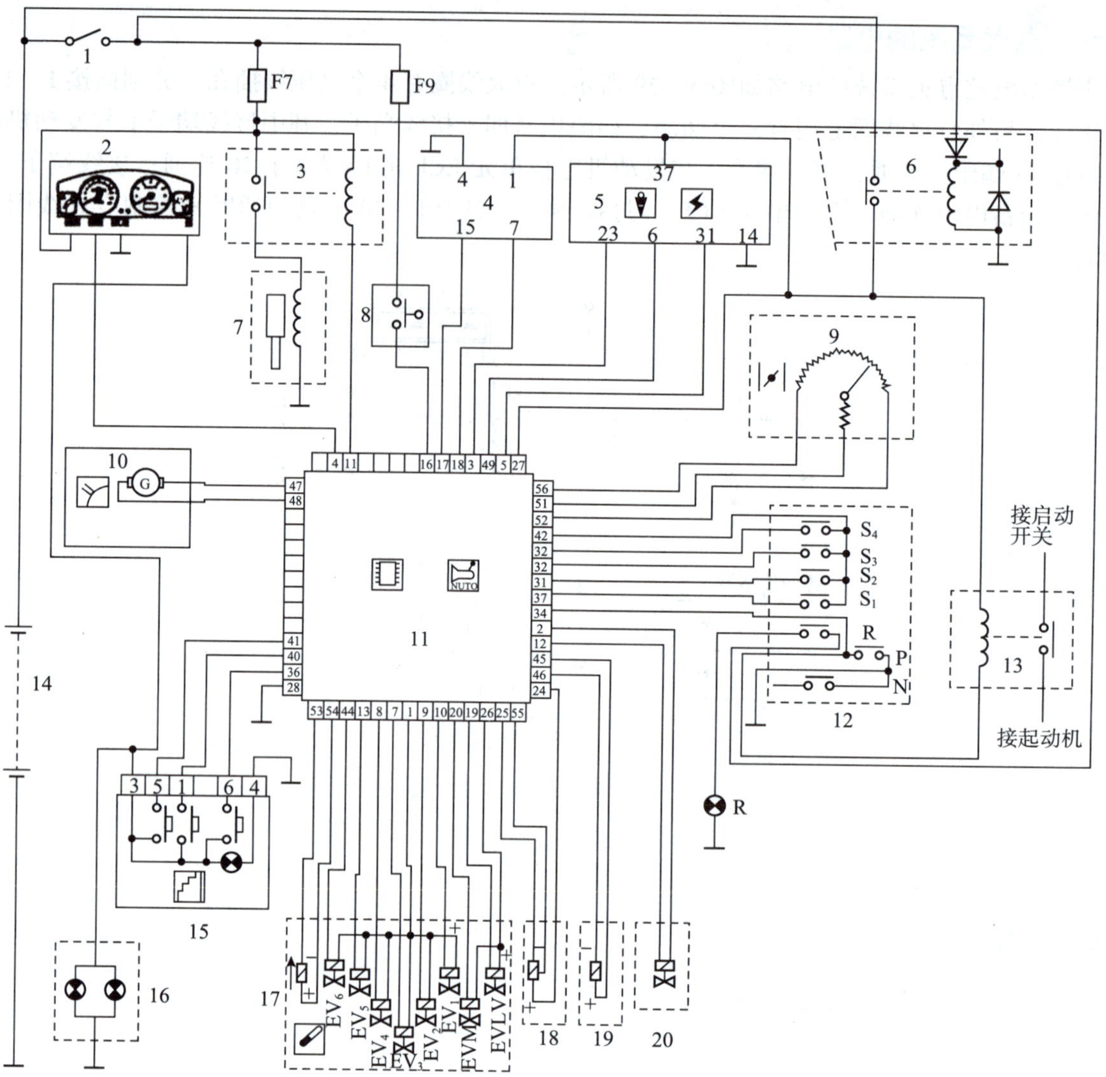

1－点火开关；2－仪表盘；3－排挡杆锁止继电器；4－16 通道诊断插座；5－发动机电控单元；6－主继电器；7－排挡杆锁止机构；8－制动开关；9－双轨道节气门位置传感器；10－变速器输出转速传感器；11－自动变速器电控单元；12－挡位开关；13－禁止启动继电器；14－蓄电池；15－程序选择器；16－换挡板照明灯；17－油温传感器和各种电磁阀（其中 EV1～6 为顺序电磁阀，EVM 为油压调节电磁阀，EVLV 为变矩器锁止电磁阀）；18－油压传感器；19－变速器输入转速传感器；20－流量调节电磁阀。

图 5－60　AL4 自动变速器电子控制系统电路

三、自动变速器的电路分析

（一）自动变速器的电源电路

ALA 自动变速器电控单元的电源电路如图 5－61 所示。

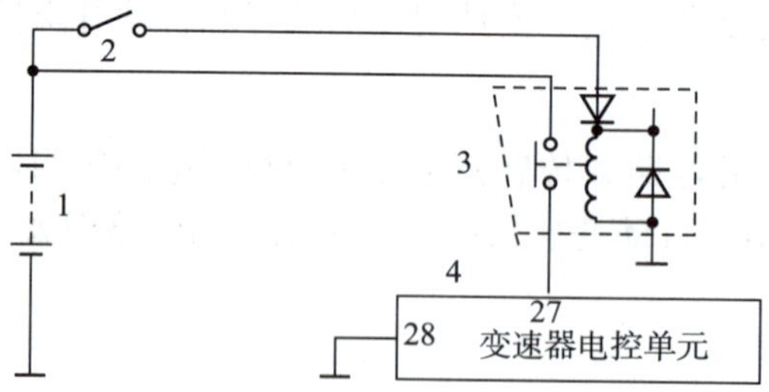

1－蓄电池；2－点火开关；3－主继电器；4－变速器电控单元。

图 5－61　变速器电控单元的电源电路

（二）变速器输入（输出）转速传感器电路

变速器输入传感器电路如图 5-62 所示，变速器输入转速传感器与电控单元通过两根导线连接。

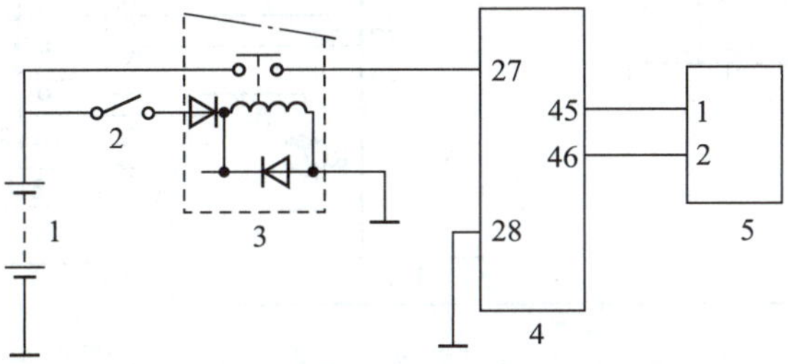

1-蓄电池；2-点火开关；3-主继电器；4-变速器电控元；5-变速器输入转速传感器。

图 5-62　变速器输入传感器电路

（三）油温传感器电路

油温传感器的电路图如图 5-63 所示，油温传感器与变速器电控单元通过 2 根导线连接。电控单元通过接线端子 54 给传感器提供 5 V 的电源电压；传感器通过接线端子 53 给电控单元输送一个随变速器油温度变化而变化的电压信号。

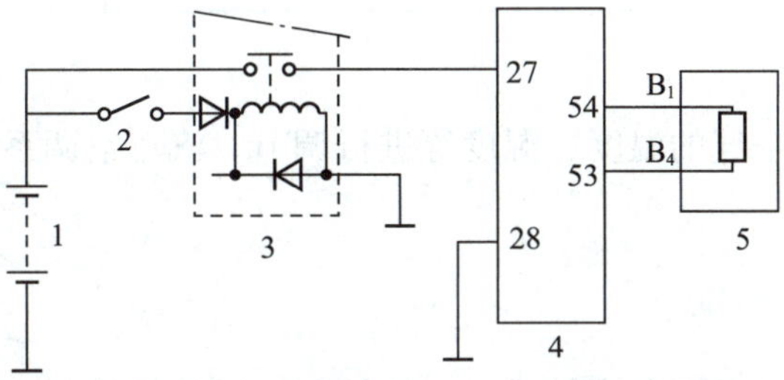

1-蓄电池；2-点火开关；3-主继电器；4-变速器电控单元；5-油温传感器。

图 5-63　油温传感器的电路

（四）油压传感器电路

油压传感器的电路图如图 5-64 所示，油压传感器与变速器电控单元通过 3 根导线连接，其中一根是电控单元给传感器提供一个 5 V 电源电压；一根是传感器通过电控单元搭铁，另外一根是传感器向电控单元输送一个电压信号。随着主油道压力变化，传感器的接线端子 C2 向电控单元反馈回一个 0.5 ~ 4.5 V 连续变化的电压。

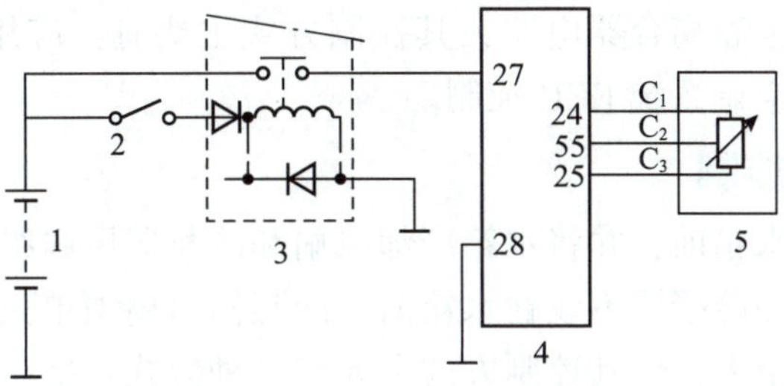

1-蓄电池；2-点火开关；3-主继电器；4-变速器电控单元；5-油压传感器。

图 5-64　油压传感器的电路

（五）挡位开关电路

挡位开关的电路如图 5-65 所示，变速器电控单元通过 7 根导线与挡位开关连接。其中，电控单元的接线端子 42 为挡位开关的搭铁端子；电控单元接线端子 31、32、33、34、37 正常情况为高电位（12 V），当某一挡位接通时，其相应接线端子变为低电位（0 V）。变速器电控单元据此可知变速器当前所处的挡位。

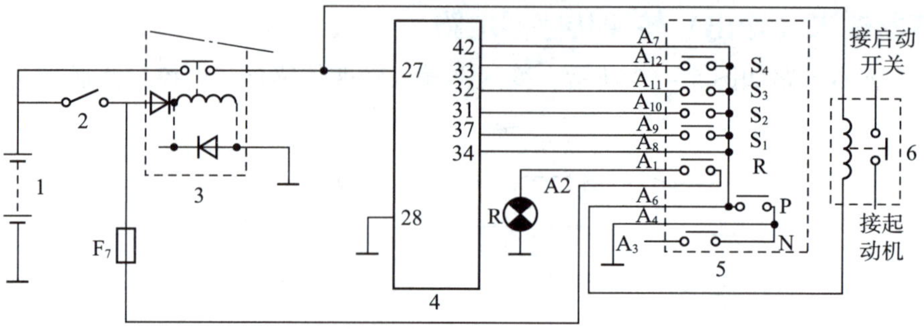

1－蓄电池；2－点火开关；3－主继电器；4－变速器电控单元；5－挡位开关；6－禁止启动继电器。

图5－65 挡位开关的电路

第九节 空调系统

汽车空调的作用是对车内空气的温度、湿度等进行调节。汽车空调系统按操纵和控制方式可划分为手动空调和自动空调。

一、汽车空调电路特点

汽车空调系统基本控制电路可以分成鼓风机电机控制、压缩机控制、冷凝器风扇电机控制、发动机负荷控制、安全保护控制和通风系统控制等。

（一）鼓风机电机控制

为使车内获得舒适的环境，除控制送风温度外，还应根据环境变化和乘员的不同需要，控制鼓风电机（简称鼓风机）的转速，以控制送风速度。鼓风机转速的控制主要有三种方式：手动鼓风机挡位开关和调速电阻控制方式、ECU 通过晶体管自动控制方式、晶体管和调速电阻组合控制方式。

（二）压缩机控制

压缩机控制即控制压缩机电磁离合器电路，其控制方式主要有：应用于手动空调系统的开关控制、空调控制器控制及应用于自动空调系统 ECU 控制。

（三）冷凝器风扇电机控制

空调的冷凝器一般都装在水箱前，并将水箱冷却风扇和冷凝器风扇组装在一起，利用一个或两个风扇对水箱和冷凝器进行散热。如冷凝器不装在水箱前，冷凝器风扇须单独设置。车型不同，则配置风扇的数量不同，控制线路差异也很大，但其控制方式主要有三种方式：空调开关直接控制、空调开关与水温开关联合控制、制冷剂压力开关与水温开关联合控制。

（四）发动机负荷控制

非独立式空调由发动机驱动，空调的运行会影响发动机负荷的变化，进而影响汽车的行驶性能。发动机负荷控制一般通过怠速提升装置和加速切断装置完成。

怠速提升装置有两种不同的结构形式。一种是增大节气门开度（化油器式发动机）或油门开度（柴油发动机）；另一种是（电喷式发动机）通过怠速控制阀调整发动机怠速时转速。

加速切断装置的功用是汽车加速或超车时暂时切断压缩机离合器电路，提高汽车的加速性能，同时保护压缩机。加速切断装置分为机械式和微机控制式两种形式。

(五) 安全保护控制

当制冷系统由于某种原因出现压力、温度异常时，如果没有安全措施，就会发生运行故障，因此，在汽车空调系统中都设有安全控制电路。安全控制电路很简单，就是通过压力开关、温度开关等，当系统出现压力过高、过低或温度过高时，切断压缩机电磁离合器电路，使制冷压缩机停止运转，对制冷系统起到保护和自动控制的作用。

(六) 通风系统控制

通风系统控制就是通过控制混合门、模式门的位置，改变送风方向和送风温度，以满足空气调节的需要。风门的控制方式有机械拉索控制、真空控制和电机控制三种方式，其中手动空调一般采用机械拉索控制方式；自动空调一般采用电机控制，其控制方式又分为直流电机驱动型和步进电机驱动型两种形式。

二、手动空调系统的电路

手动空调系统是依靠驾驶员拨动控制板上的各种功能键实现对温度、通风机构和风向、风速的控制。

(一) 手动空调控制开关

空调控制板上设有三个控制开关，分别是风机开关、空调方式选择开关和温度选择开关。

1. 风机开关

风机开关设有不同的挡位，以控制风机不同的转速。风机为一直流电机，其转速的改变是通过调整串入风机电路的电阻值来实现的。风机除在停用状态不工作外，在制冷、取暖及通风状态下均可工作。

2. 空调方式选择开关

空调方式选择开关用于确定空调系统的功能，驾驶员通过拨动开关可要求空调是制冷、取暖、通风还是除霜。

3. 温度选择开关

温度选择开关是控制温度门的开关，用钢丝和温度门连接。当开关处于左半区时，温度门关死通向加热器的风道，出来的空气是未经加热的空气，称为冷风区。当开关处于右半区时，温度门打开通向加热器的风道，送入车内的空气是经过除湿后的暖空气，称为热风区。开关可在左右两半区无级连续调节，可停在任意位置，对应温度门也有确定的位置。

(二) 手动汽车空调系统的基本电路

汽车空调系统的基本电路如图 5－66 所示。其工作过程如下。

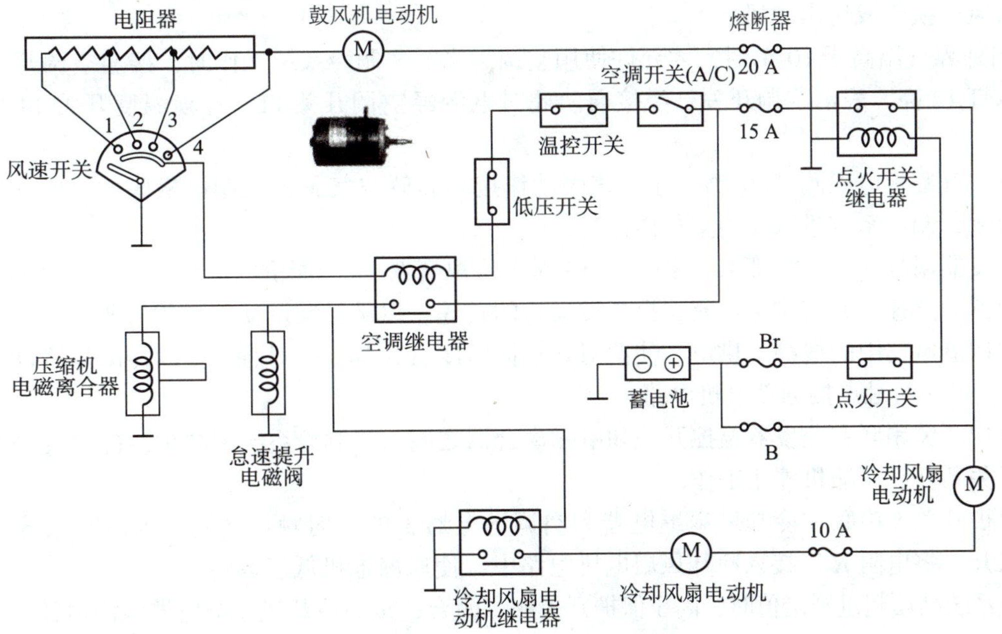

图 5－66　汽车空调系统的基本电路

（1）接通点火开关，点火开关继电器触点闭合。

点火开关继电器线圈电路为：蓄电池正极→熔断丝 Br→点火开关→点火开关继电器线圈→搭铁→蓄电池负极。

（2）接通空调开关（A/C），将鼓风机开关（图中为风速开关）置于 1 挡（或其他挡），此时，空调继电器线圈电路导通，鼓风机开始工作。

空调继电器线圈电路为：蓄电池正极→熔断丝 B→点火开关继电器触点→15 A 熔断丝→空调开关（A/C）→温控开关→低压开关→空调继电器线圈→鼓风机开关 1 挡（或其他挡）→搭铁→蓄电池负极。

鼓风机电路为：蓄电池正极→熔断丝 B→点火开关继电器触点→20 A 熔断丝→鼓风电动机→电阻器→鼓风机开关 1 挡→搭铁→蓄电池负极。

（3）空调继电器触点闭合，压缩机电磁离合器、怠速提升电磁阀、冷却风扇继电器线圈电路导通。

压缩机电磁离合器电路为：蓄电池正极→熔断丝 B→点火开关继电器触点→15 A 熔断丝→空调继电器触点→压缩机电磁离合器→铁→蓄电池负极。

怠速提升电磁阀电路为：蓄电池正极→熔断丝 B→点火开关继电器触点→15 A 熔断丝→空调继电器触点→怠速提升电磁阀→搭铁→蓄电池负极。

冷却风扇继电器线圈电路为：蓄电池正极→熔断丝 B→点火开关继电器触点→15 A 熔断丝→空调继电器触点→冷却风扇继电器线圈→搭铁→蓄电池负极。

（4）冷却风扇继电器线圈触点闭合，冷却风扇电动机电路导通。

冷却风扇电动机电路为：蓄电池正极→熔断丝 B→冷却风扇电动机→10 A 熔断丝→冷却风扇电动机→冷却风扇继电器触点→搭铁→蓄电池负极。

（三）典型汽车空调系统电路分析

如图 5－67 所示为桑塔纳轿车空调电路，它由电源电路、电磁离合器控制电路、鼓风机控制电路和冷凝器风扇电机控制电路组成。其工作过程如下。

（1）点火开关 1 处于断开（置 OFF）位置时，减荷继电器 2 的线圈电路切断，触点张开，空调系统不工作。

（2）点火开关 1 处于启动（置 ST）位置时，减荷继电器线圈电路切断，触点张开，中断空调系统的工作，以保证发动机启动时，蓄电池维持足够的电能。

（3）点火开关处于接通（置 ON）位置时，减荷继电器线圈电路接通，触点闭合，空调继电器 10 中的线圈 J_2 通电，接通鼓风机电路，此时可由鼓风机开关 12 进行调速，使鼓风机按要求的转速运转，进行强制通风、换气或送出暖风。

（4）当外界气温高于 10 ℃时，才允许使用空调。当需要制冷系统工作时，接通空调开关 11，空调开关的指示灯 19 亮，表示空调开关已经接通。此时电源经空调开关 11、环境温度开关 14 可接通下列电路。

①新鲜空气翻板电磁阀 18 电路接通，该阀动作接通新鲜空气翻板控制电磁阀的真空通路，使新鲜空气进口关闭，制冷系统进入车内空气内循环。

②经蒸发器温控开关 13、低压保护开关 15 对电磁离合器 17 线圈供电，同时电源还经蒸发器温控开关接通化油器的怠速提升真空转换阀，提高发动机的转速，以满足空调动力源的需要。

③对空调继电器中的线圈 J_1 供电，使两对触点同时闭合，其中一对触点接通冷凝器冷却风扇继电器 7 线圈电路；另一对触点接通鼓风机电路。

低压保护开关串联在蒸发器温控开关和电磁离合器之间，当制冷系统因缺少制冷剂使制冷系统压力过低时，开关断开，压缩机停止工作。

高压保护开关 5 串联在冷却风扇继电器和空调继电器 J_1 的一对触点之间，当制冷系统高压值正常时，触点张开，将电阻 R 串接入冷却风扇电机电路中，使风扇电机低速运转。

当制冷系统高压超过规定值时，高压保护开关触点闭合，接通冷却风扇继电器线圈电路，冷却风扇继电器的触点闭合，将电阻 R 短路，使风扇电机高速运转，以增强冷凝器的冷却能力。同时，冷却风扇电机还直接受发动机冷却液温控开关 4 的控制，当不开空调开关时，若发动机冷却液温度低于 95 ℃时，风扇电机不转动，高于 95 ℃时，冷却风扇电机低速转动。当冷却液温度达到 105 ℃时，则风扇电机将高速转动。

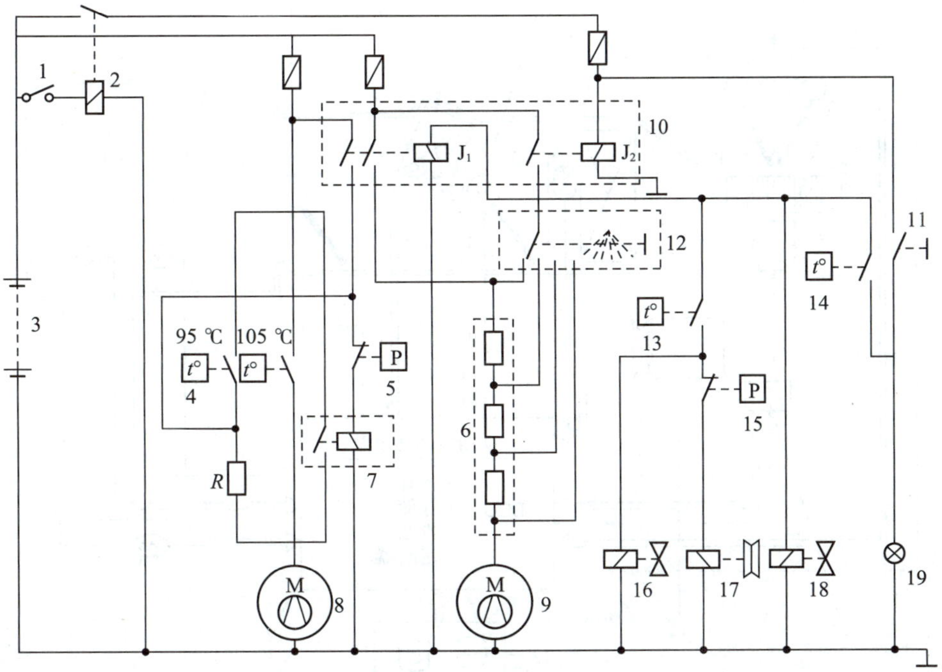

1－点火开关；2－减荷继电器；3－蓄电池；4－冷却液温控开关；5－高压保护开关；6－鼓风机调速电阻；7－冷却风扇继电器；8－冷却风扇电机；9－鼓风机；10－空调继电器；11－空调开关；12－鼓风机开关；13－蒸发器温控开关；14－环境温度开关；15－低压保护开关；16－怠速提升真空转换阀；17－电磁离合器；18－新鲜空气翻板电磁阀；19－空调开关指示灯。

图 5－67　桑塔纳轿车空调控制电路图

空调继电器中的 J_1 触点在空调开关一接通时即可闭合，使鼓风机低速运转，以防止蒸发器因表面温度过低而结霜。

三、自动空调系统的电路

自动空调系统由电子控制单元根据传感器监测到的信号或驾驶员设定的信号，通过对执行元件的控制，对车内温度、鼓风机转速、配风方式等进行调节。

（一）空调控制面板

如图 5－68 所示，自动空调的控制面板上有多个按键，以便驾驶员进行车内温度的设定、空调工作模式的选择等操作。

1　2　3　4

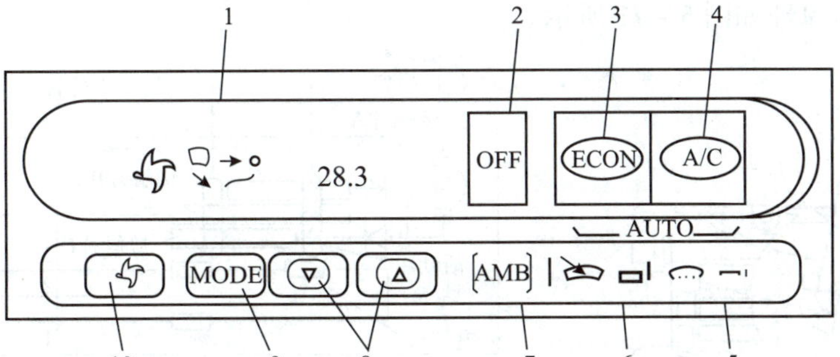

10　9　8　7　6　5

1－显示屏；2－停止键；3－经济模式；4－空调开关；5－除霜开关；6－风门控制开关；7－车外温度显示按键；8－车内温度设定；9－鼓风机模式转换；10－鼓风机开关。

图 5－68　自动空调的控制面板

（二）自动汽车空调系统的基本电路

自动空调系统的组成及控制示意图如图 5－69 所示，其电路主要由传感器电路和执行器控制电路组成。

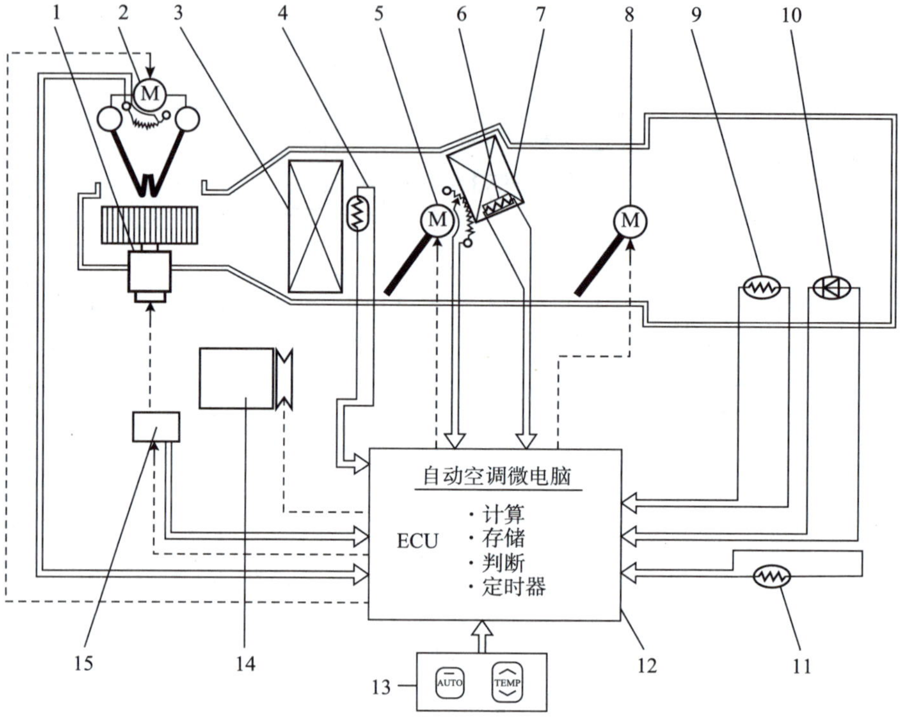

1－鼓风机；2－进气风门伺服电机；3－蒸发器；4－蒸发器温度传感器；5－冷暖空气混合风门伺服电机；6－水温传感器；7－热交换器；8－出风风门伺服电机；9－车内温度传感器；10－阳光传感器；11－车外温度传感器；12－空调电控单元 ECU；13－空调控制面板；14－压缩机；15－功率晶体管。

图 5－69 自动空调系统的组成及控制示意图

1. 传感器及开关信号输入电路

传感器主要有车内温度传感器、车外温度传感器、水温传感器、蒸发器温度传感器和阳光（光照）传感器；有部分汽车还安装有制冷剂流量传感器、空气质量传感器。开关信号包括制冷系统的压力开关、控制面板各种按键开关等。

2. 执行器电路

执行器主要包括压缩机电磁离合器、鼓风机和风门伺服电机。风门伺服电机主要包括进气风门伺服电机、出风口风门伺服电机和冷暖空气混合风门伺服电机。

（1）风门伺服电机电路。各种风门伺服电机的电路原理基本相同。进气风门伺服电机结构简图如图 5－70 所示，其电路原理如图 5－71 所示。

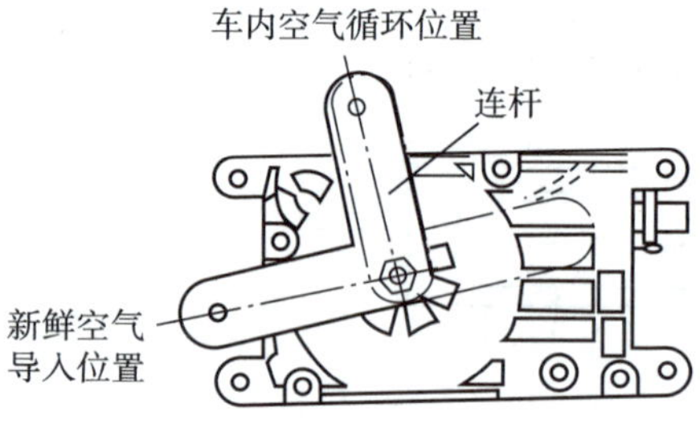

图 5－70 进气风门伺服电机结构简图

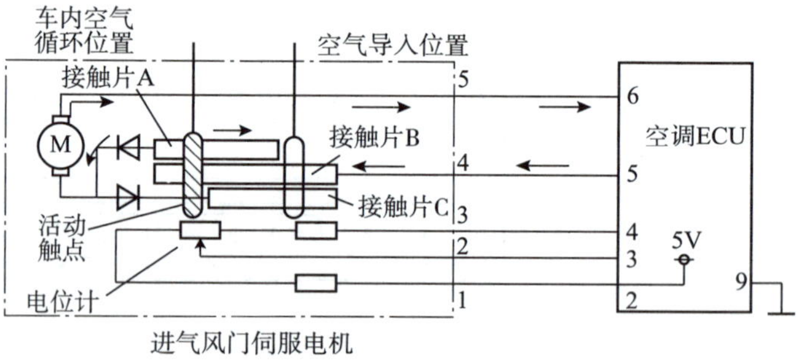

图 5－71 进气风门伺服电机的电路原理

电机的电枢轴经连杆与进气风门连接，当空调 ECU 输出“车内空气循环”或“车外空气导入”控制信号时，电机带动连杆顺时针或逆时针转动，使进气风门转至相应的位置，以实现改变进风方式的控制。

当按下“车外空气导入”按键时，伺服电机电路为：空调 ECU 5 号端子→伺服电机 4 号端子→接触片 B→活动触点→接触片 A→电机→伺服电动机 5 号端子→空调 ECU 6 号端子→空调 ECU 9 号端子到搭铁。此时，电机通电转动，带动进气风门转动及活动触点移动。当进气风门转至“车外空气导入”位置时，活动触点与接触片 A 脱离，电机停转，进气风门停在车外进气通道开启、车内进气通道关闭的位置。

当按下“车内空气循环”时，伺服电机电路为：空调 ECU 6 号端子→伺服电机 5 号端子→电机→接触片 C→活动触点→接触片 B→伺服电机 4 号端子→空调 ECU 5 号端子→空调 ECU 9 号端子到搭铁。此时，电机通电反向转动，带动进气风门转动及活动触点反向移动。当进气风门转至“车内空气循环”位置时，活动触点与接触片 C 脱离，电机停转，进气风门停在车内进气通道开启、车外进气通道关闭的位置。

当按下“自动控制”按键时，空调 ECU 则根据各相关传感器的信号计算所需的出风温度，并根据计算结果自动控制进气风门伺服电动机的转动方向，实现进气方式的自动控制。

进气风门伺服电动机内部的电位计活动触点随电动机转动而移动，用于向空调 ECU 反馈进气风门的位置信号。注意：当采用步进电机时，由于步进电机具有自身定位功能，则不需此电位计。

（2）鼓风机风扇转速控制电路。鼓风机风扇转速控制电路用于控制空调的风量，典型鼓风机的风扇转速控制电路如图 5－72 所示。

当按下高速按键时，空调 ECU 输出高速控制信号（ECU 的 40 号端子搭铁），使高速继电器线圈通电、触点闭合，鼓风机电流经高速继电器触点直接搭铁，电流最大而高速旋转。

当按下低速按键时，空调 ECU 输出低速控制信号（ECU 的 31 号端子无电流输出），风机控制模块大功率晶体管 VT_2 截止，鼓风机电流经鼓风机电阻搭铁，电流最小而低速旋转。

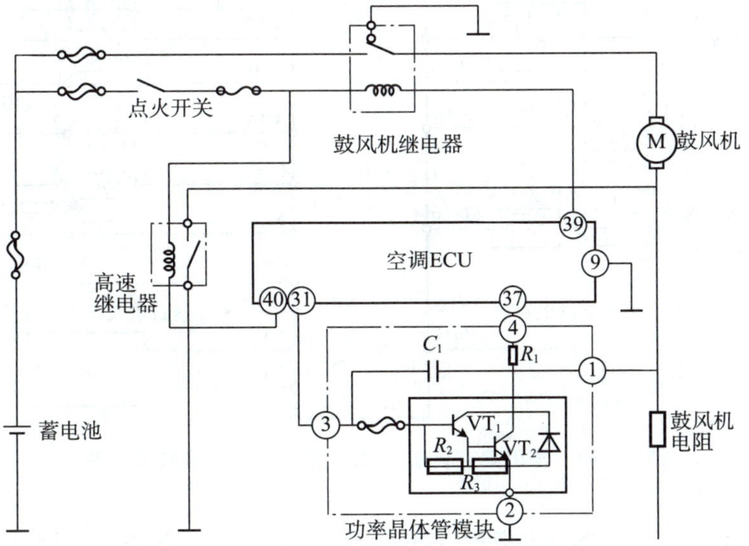

图 5－72 鼓风机风扇转速控制电路

当按下“自动控制”按键时，空调 ECU 根据计算结果输出相应的控制信号（ECU 的 31 号端子输出占空比脉冲电压）使风机控制模块大功率晶体管 VT_2 间歇性导通。VT_2 导通时，鼓风机电流经 VT_2 搭铁，空调 ECU 使 VT_2 的导通时间增加，鼓风机风扇的转速就提高。空调 ECU 通过 31 号端子输出不同的占空比脉冲信号实现对风机风扇电动机转速（风量）的无级调节。

（三）典型自动空调系统电路分析

丰田雷克萨斯 LS400 轿车自动空调系统电路如图 5－73 所示，系统除了有对空调的温度、出风温度及送风方式等自动控制功能外，还设置了冷气最足送风控制功能，用于使车内迅速凉爽。空调 ECU 可通过冷气最足伺服电动机控制冷气最足风门在全开、中间和关闭三个位置。

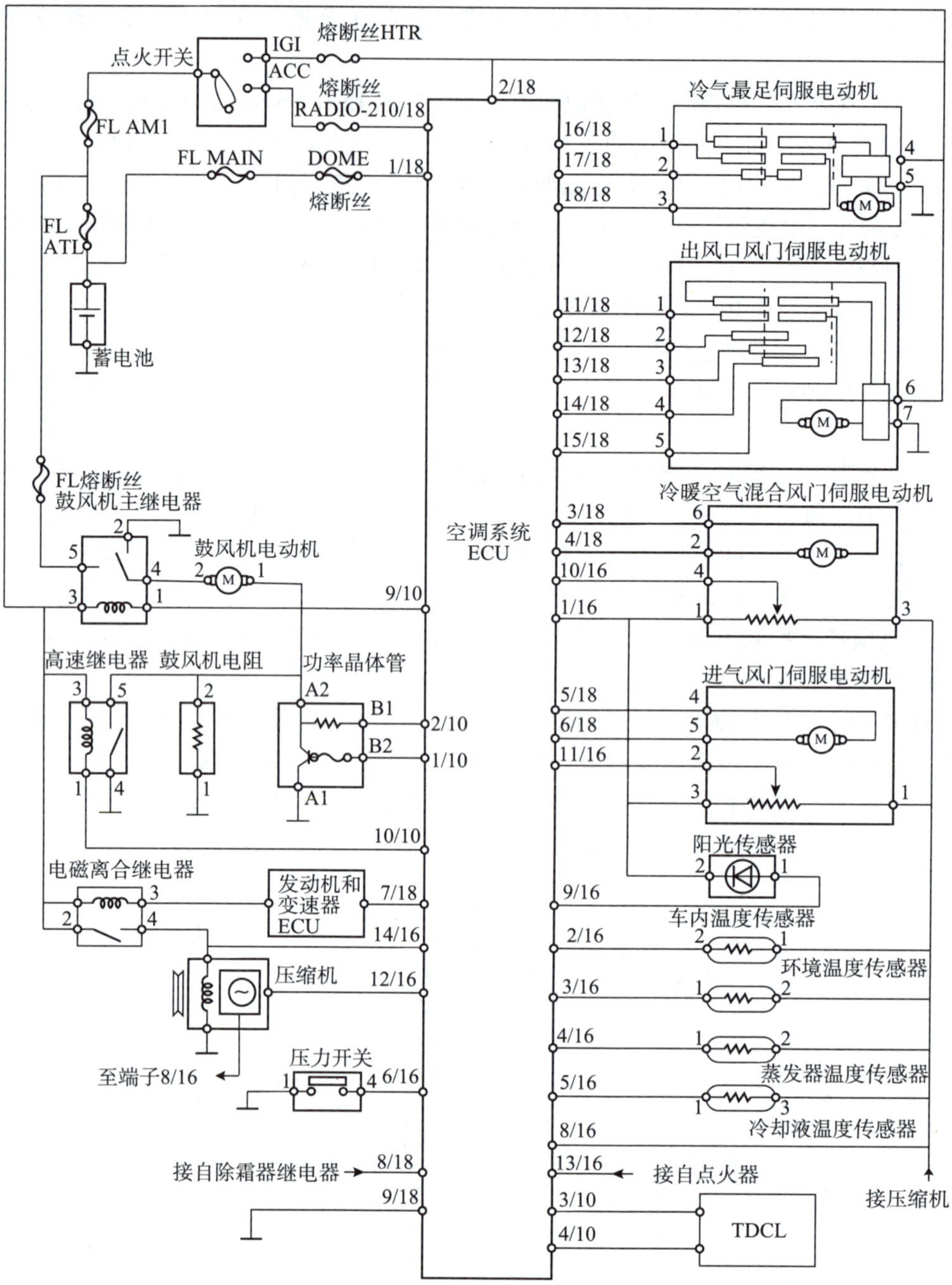

图 5－73　丰田雷克萨斯 LS400 轿车自动空调系统电路

1. 空调 ECU 电源电路

空调 ECU 通过 1/18 端子和熔断丝与蓄电池正极连接，在任何时候都给电控单元供电；通过 2/18 端子和点火开关间接向电控单元供电，并提供点火开关信号；通过 9/18 端子搭铁。

2. 传感器电路

（1）阳光传感器。阳光传感器有两个接线端子，分别与空调 ECU 的 1/16 端子和 9/16 端子连接。

（2）车内温度传感器。车内温度传感器有两个接线端子，分别与空调 ECU 的 2/16 端子和 8/16 端子连接。

（3）环境温度传感器。环境温度传感器即车外传感器，它有两个接线端子，分别与空调 ECU 的 3/16 端子和 8/16 端子连接。

（4）冷却液温度传感器。冷却液温度传感器即水温传感器，它有两个接线端子，分别与空调 ECU

的5/16端子和8/16端子连接。

(5) 蒸发器温度传感器。蒸发器温度传感器有2个接线端子，分别与空调ECU的4/16端子和8/16端子连接。

(6) 压力开关。压力开关一个端子与空调ECU的6/16端子连接，另一个搭铁。

(7) 压缩机转速传感器。压缩机转速传感器有2个接线端子，分别与空调ECU的12/16端子和8/16端子连接。当汽车在转向和爬坡需要最大动力，且压缩机转速传感器较低时，空调ECU将切断压缩机电路，因此压缩机转速传感器又称为锁止传感器。

3. 执行器电路

(1) 压缩机电磁离合器。空调ECU通过发动机和变速器ECU、电磁离合器继电器控制压缩机电磁离合器电路。

(2) 鼓风机电路。空调ECU通过高速继电器、鼓风机电阻、功率晶体管控制鼓风机电路，使鼓风机风扇具有高速、低速及两者期间的无级变速状态。

(3) 冷气最足送风伺服电机。冷气最足送风伺服电机有5个接线端子，其中有3个与空调ECU相应端子连接，端子4与点火开关连接，端子5搭铁。

(4) 出风口风门伺服电机。出风口风门伺服电机有7个接线端子，其中有5个与空调ECU相应端子连接，端子6与点火开关连接，端子7搭铁。

(5) 冷暖空气混合风门伺服电机。冷暖空气混合风门伺服电机有5个接线端子与空调ECU相应端子连接，其中端子2、6为电机控制端子，端子1、3、4为进气风门电位计端子。

(6) 进气风门伺服电机。进气风门伺服电机有5个接线端子与空调ECU相应端子连接，其中端子4、5为电机控制端子，端子1、2、3为进气风门电位计端子。

实践操作

识图作业

一、蓄电池的检测

当汽车无法启动，车灯不能正常开启且汽车电喇叭不响时，故障原因可能是蓄电池存电量不足或发生故障。此时应对蓄电池进行检测。

(一) 用高率放电计检测蓄电池放电程度

高率放电计实物及工作原理如图5-74所示，具体检测步骤如下。

步骤一：按照先负后正原则拆卸蓄电池。

步骤二：观察蓄电池外观是否完好，正负极接线端子有无氧化、腐蚀现象。

步骤三：将高率放电计红色放电针接蓄电池正极，黑色放电针接蓄电池负极，按下负载按钮2~3 s后松开，观察放电计中电压表的读数并记录。

步骤四：按照先正后负原则安装蓄电池。

注意：用高率放电计对蓄电池的测量不能连续进行，必须间隔1 min后方可进行下次测量，以防止损坏蓄电池。

(二) 用万用表进行随车启动测试

在汽车启动系统正常的情况下，以启动机作为实验负荷对蓄电池进行随车测试，具体步骤如下。

步骤一：拔下分电器中央高压线并搭铁。

步骤二：将万用表置于电压挡，用红表笔接蓄电池正极接线柱，黑表笔接蓄电池负极接线柱。

步骤三：接通启动机15 s，读取万用表中的电压读数并记录。

步骤四：接回分电器中央高压线。

对以上两组测量的电压值读数进行分析，如果数值在10.5～12 V之间表示蓄电池无故障，存电量充足；如果数值在9.6～10.5 V之间表示蓄电池无故障但存电量不足；如果数值在9.6 V以下表示蓄电池故障或存电量严重不足。

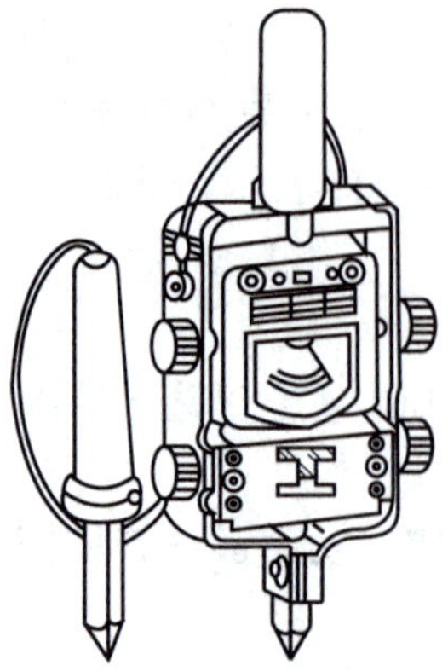

(a) 实物图

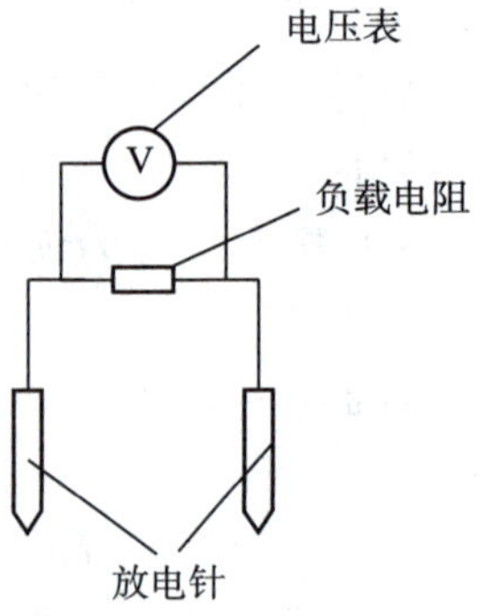

(b) 原理图

图5－74　高率放电计实物及原理图

二、发电机的检测

当汽车发电机不能发电或发电量不足时，应先确认故障位置是在外部电路还是发电机内部。若判定故障位置在发电机内部，则可将发电机拆下，对其进行检测与维修。在拆卸发电机时，应先断开点火开关及一切用电设备，拆下蓄电池负极电缆线，再依次拆除发电机上的导线接头。

（一）用万用表检测发电机

步骤一：测量发电机的输出端子 $B+$ 与搭铁端子 E（壳体或搭铁接线柱）之间的正、反向电阻值并记录。测得数值应近似为 $R_{BE}=\infty$，$R_{EB}=0$，否则说明发电机整流电路发生故障。

步骤二：测量发电机正极电刷F接线柱与负极电刷E接线柱之间的电阻值并记录。两个电刷之间的阻值应为励磁线圈的阻值，一般在3 Ω左右，在连接良好的情况下与测量的环境、测量精确度有关。若测得数值为0则说明励磁线圈发生短路，若数值为∞则表明励磁线圈发生断路。

如果通过万用表的测量仍不能确定发电机的故障位置，则应对发电机进行试验台测试。

（二）试验台测试发电机

1. 空载测试

步骤一：将发电机与试验台调速电动机连接，调整好位置后进行固定。

步骤二：接通电源，旋转调速开关置于低挡，观察充电指示灯是否发亮，观察发电机工作状况，记录试验台电压表读数。

步骤三：调整转速并观察试验台转速表，当转速达到700～800 r/min时将发电机置于空载状态。

步骤四：缓慢提升转速并观察电压表，当电压增加至14 V时停止增加转速，通过转速表观察此时转速并记录。正常值应不高于1 000 r/min，否则说明发电机发生故障。若测试结果显示不出发电机故障，则对发电机进行负载测试。

2. 负载测试

步骤一：在试验台上，当发电机输出电压稳定（14 V）时，将发电机置于负载状态，观察发电机工作状况。

步骤二：缓慢提升发电机转速并观察电压表电压的变化。

交流发电机有些故障在没有电流输出的情况下不会表现出来，而在发电机带有负载的情况下通过试验台进一步测试发电机是否发生故障，可根据具体的故障现象找出故障所在位置并对发电机进行分解、维修。

（三）用示波器检测发电机

将发电机输出端子接入示波器，观察示波器上发电机输出电压的波形，根据波形判断发电机内部故障原因是整流器故障还是定子绕组故障，发电机输出电压的波形及故障原因如图 5 -75 所示。

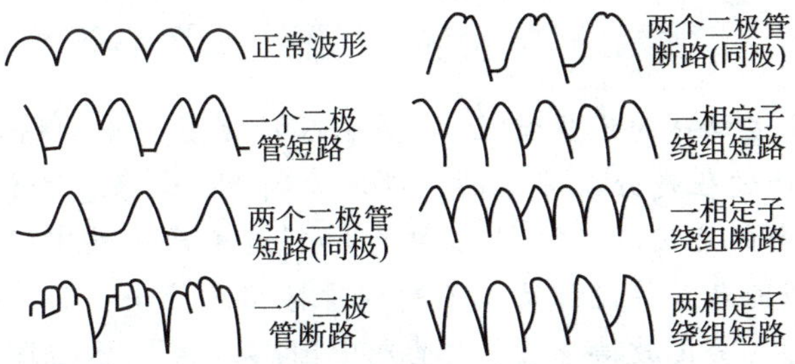

图 5 -75　发电机输出电压的波形及故障原因

三、汽车照明系统故障检测

（一）所有车灯都不亮

步骤一：用跨接线检测蓄电池至灯光开关之间、开关与各车灯之间及搭铁线路的导线，查看其中是否出现断路。

步骤二：用万用表检测灯光开关相应插脚之间是否导通，以判断灯光开关是否损坏。

步骤三：查看熔断器是否熔断，并用万用表检测熔断器是否良好。

（二）仅远光灯或近光灯不亮

步骤一：用万用表检测变光器相应插脚是否导通，以判断变光器是否损坏。

步骤二：用跨接线测量各段导线是否断路。

步骤三：检查不亮的车灯所对应的熔断丝是否熔断。

步骤四：用跨接线两端分别连接中央配电盒上 30 与 87 所对应的插孔，查看车灯能否点亮，如车灯能亮则说明灯光继电器损坏。

步骤五：检测灯光开关是否损坏。

（三）仅小灯不亮

步骤一：用跨接线检测各段导线是否断路。

步骤二：检查不亮的车灯所对应的熔断丝是否熔断。

步骤三：用跨接线两端分别连接中央配电盒上 30 与 87 所对应的插孔，查看车灯能否点亮，如车灯能亮则说明灯光继电器损坏。

步骤四：检测灯光开关是否损坏。

课程思政

扎实耕耘 推动集成电路行业“芯”发展

2022 年的政府工作报告明确提出，加快发展工业互联网，培育壮大集成电路，提升关键软硬件技术创新和供给能力。作为数字经济发展的重要基础，集成电路是支撑国家经济社会发展和保障国家安全的战略性、基础性和先导性产业，已成为实现科技强国、数字中国必不可少的关键组成部分。

集成电路是一种微型电子器件，芯片是集成电路经过设计、制造、封测后的独立整体；广义上我们可以将芯片等同于集成电路。芯片短缺是近两年最引人关注的话题之一，面对全球缺芯潮持续、供应链紧张的现状，多位两会代表委员聚焦“缺芯”“国产化”等关键词，为集成电路行业未来发展建言献策。

加强政策扶持 补"短板"求突破

"短板决定成败，是集成电路的产业特性。"全国政协委员、中国科学院微电子研究所研究员周玉梅点明，"芯片的生产过程是分段完成的，设计、制造、封装、测试是在不同的公司完成的。产品是否成功是由产业链条的短板决定的。"集成电路制造是产业链中极其重要的一环，也是我国当前该产业的薄弱环节。"随着芯片设计及工艺制程目标越来越小，芯片性能提高逐步放缓，芯片制造工艺提升越来越困难。"全国政协委员、"星光中国芯工程"总指挥邓中翰院士提到，目前主要发达国家纷纷出台新举措，不断加大资金投入，我国需要抓住历史机遇期，加快缩小与技术先进国家的差距，抢占技术制高点。邓中翰认为，我们不仅需要投入更多资金，还需要比照美、日、韩等半导体强国的超常规举措，出台更有力的政策，发挥新型举国体制优势，强化国家对芯片研发领域的支持，做到"抓住不放，实现跨越"。

全国人大代表、海特集团董事长李飚则从民营集成电路制造企业的角度指出，第二代、第三代化合物半导体制造企业，是国家军事装备自主可控不可或缺的战略资源，而承担化合物半导体晶圆制造的民营企业是国家集成电路产业发展的重要组成部分。由于半导体制造产业具有周期长、难突破的特性，这使有些企业长期处于亏损状态。对此，李飚建议国家有针对性地制定特殊政策。如在出台"稳链强链"扶持政策时要充分考虑化合物半导体晶圆制造企业的特点，在选择头部企业、承担国家重大项目以及税收等方面给予支持。

扎实耕耘"稳链强链"

"集成电路技术的不断升级和产业的持续创新越发依赖材料技术的底层突破，材料技术的每一次发展都为集成电路新结构、新器件的开发创造新的空间。"全国人大代表、致公党上海市委专职副主委邵志清表示，集成电路产业对材料的技术指标、稳定性、可重复性要求很高，最终可商用材料的研发成功率相对较低，企业研发风险很大。从芯片材料研发角度，邵志清建议加速建设集成电路材料表征测试和应用研究平台，建立集成电路材料相关行业标准和评价体系，建设集成电路材料行业数据库和基因组技术创新平台。在材料研发、行业标准、平台建设等方面扎实推进，完善产业规范，真正打通研发－产品－应用的通道，以确保供应链安全。

在聚焦汽车关键零部件产业链方面，全国人大代表，广汽集团党委书记、董事长曾庆洪认为，新冠肺炎疫情及自然灾害等导致芯片等核心电子零部件企业开工不足，汽车芯片短缺，让上游芯片供应链措手不及。全国人大代表、小康集团董事长张兴海认为，当前形势下提高车规级芯片国产化、实现进口替代已经迫在眉睫。张兴海建议，一方面，在国家部委层面下设汽车新品主管部门，专司汽车新品发展顶层设计和配套措施。另一方面，要积极引进国际先进汽车芯片制造企业来中国投资建厂，迅速使车规级芯片产能落地。"车规级芯片的制造不同于消费电子芯片对尖端技术与设备过分依赖，但中国在该产业布局近乎空白。"全国人大代表、长城汽车总裁王凤英建议，实现车规级芯片自主可控可分为三个阶段：短期优先解决"缺芯"问题，保证产能；中期逐渐完善产业布局，改善由于供应链问题引起的"缺芯"情况；着眼长期，王凤英强调要重视相关人才培养，构建汽车芯片相关产业的人才引进和培养机制，以实现长期可持续发展。

集成电路产业是一个典型的资本密集型产业，需要大规模、长时间的持续投入才能看到结果。我们要有"宝剑锋从磨砺出，梅花香自苦寒来"的定力，攻坚克难，扎实耕耘，持续推进集成电路行业发展。相信春天播种的"芯"种子会在不久的将来萌发，焕然"芯"生。

（来源：人民邮电报）

思考练习

一、填空题

1. 发电机充电电流过大的原因一般是调节器________________或调节器________________造成的。

2. 启动系统主要由________________、________________、________________和线束等组成。

3. 传统点火系统主要由________________、________________、________________、分电器、________________和高压线等组成。

4. 电子点火系统分为________________、________________和________________3 种类型。

5. 信号系统主要由________________、________________、________________和________________等组成。

6. 电子控制系统主要由各种传感器、电控单元（ECU）和各种________________组成。

7. 自动变速器电路图主要由________________、________________和________________等组成。

二、简答题

1. 如何排除充电指示灯不亮故障？

2. 简述普通启动控制电路的工作过程。

3. 如何排除接通启动开关后起动机不转的故障？

4. 仪表系统电路有哪些特点？

第六章

汽车电子控制系统的分析与检测

本章导读

汽车电子控制系统主要由发动机电子控制系统、自动变速器电子控制系统、防抱死制动系统、安全气囊系统及其他辅助电子控制电路组成。本章将对汽车各主要电子控制系统逐一进行介绍，全面解析汽车电子控制系统的组成及其工作原理。

学习目标

1. 熟悉汽车各电子控制系统的基本特点。
2. 了解汽车各电子控制系统的工作原理。
3. 能够对汽车各电子控制系统电路图的识读与分析。
4. 能够对汽车各电子控制系统电路进行故障分析与检修。

第一节 发动机电子控制系统

一、发动机电子控制系统的组成

汽车发动机电子控制系统主要由各种传感器、电子控制单元 ECU 与执行器等部分组成。发动机系统 ECU 对接收到的各种传感器信号进行分析、运算，然后向对应的执行器发出指令，通过各种执行器，控制发动机燃油供给系统及时、准确、适量地喷油，以使发动机的动力性、经济效能、排放控制等性能保持在最佳状态。

汽车发动机电子控制系统各种控制信号与执行器间的控制关系如表 6－1 所示。

表 6－1　发动机电子控制系统与执行器间的控制关系

控制项目	执行器	相关信号
燃油喷射控制	喷油器 燃油泵	进气量信号（空气流量、节气门位置、进气压力、进气温度）
		发动机工况信号（曲轴位置、凸轮轴位置、发动机转速、发动机温度）
		与其他系统匹配信号（空调压缩机、动力转向等是否启动及自动变速器挡位）
点火控制	点火线圈 点火器 点火模块 火花塞	点火正时（发动机转速、冷却液温度、启动系统、空调系统、自动变速器等电路）
		通电时间（发动机转速、蓄电池电压）
		爆燃控制（爆震信号）
怠速控制	怠速控制阀	发动机工况（转速、节气门位置、冷却液温度、启动负荷）
		启动工况（空调、变速器挡位、动力转向）
废气排放控制	喷油器 EGR 阀 二次气泵 二次空气阀 炭罐排放阀	空燃比闭环控制
		废气再循环控制（发动机温度、车速、EGR 阀位置）
		二次空气喷射（排气温度、节气门位置、发动机转速）
		活性炭罐（发动机转速、温度、空气温度）
进气控制	各类电磁阀	进气惯性增压（发动机转速）
		废气涡轮增压（进气压力）
		可变进气相位升程（发动机转速）

汽车发动机电子控制系统电路根据控制项目的不同可以分成 ECU 电源电路、燃油泵控制电路、喷油器控制电路、发动机怠速控制电路和发动机排放控制电路等分支电路。

（一）ECU 电源电路

ECU 电源电路分为由点火开关直接控制的 ECU 电源电路、点火开关与 ECU 共同控制的电源电路两种类型，其各自电路图如图 6－1 所示。

图中 ECU 的 BAT 端子直接与蓄电池连接，能够保证在点火开关断开时，ECU 内储存故障码及其他信息的 RAM 存储器不会断电，从而确保信息不丢失。ECU 的主电源端子 +B 由触点常开的主继电器控制。ECU 电源电路的工作原理如下。

1. 点火开关直接控制

当点火开关接通时，主继电器线圈通电，触点闭合，使 ECU 的主电源电路与蓄电池接通，ECU 开始工作。当点火开关断开时，主继电器线圈断电，触点断开，ECU 的主电源电路断开并立即停止工作。

2. 点火开关与 ECU 共同控制

（1）当点火开关接通时：ECU 的 IGSW 端子通电，由 ECU 内部的主继电器控制电路控制主继电器线圈通电，由 ECU 的 MREL 端子输出高电平，此时继电器触点闭合并接通 ECU 主电源电路，ECU 开始工作。

（2）当点火开关断开时：ECU 内的主继电器控制电路控制 ECU 的 MREL 端子继续输出高电平并保持 2 s 左右，从而使 ECU 的主电源在点火开关断开约 2 s 后才断开。

ECU 主电源延时关闭，是因为当点火开关断开、发动机熄火时，ECU 仍有部分功能需要完成。例如，对热丝式空气流量传感器输出大电流脉冲，以清洁热丝；对步进电机怠速控制阀输出控制脉冲，使怠速控制阀退回到全开位置等功能。

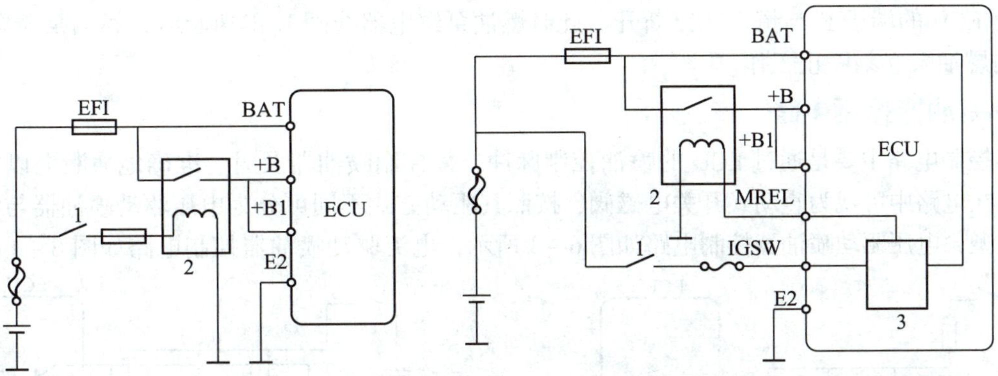

(a) 点火开关直接控制　　(b) 点火开关与ECU共同控制

1－点火开关；2－主继电器；3－主继电器控制电路。

图 6－1　典型的 ECU 电源电路

（二）燃油泵控制电路

典型的燃油泵控制电路如图 6－2 所示，燃油泵控制电路主要功能如下。

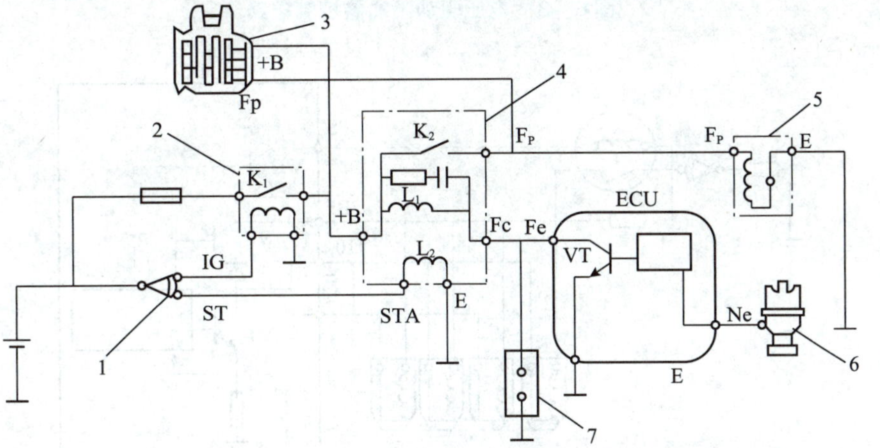

1－点火开关；2－主继电器；3－故障检查插座；4－燃油泵继电器；
5－燃油泵；6－发动机转速传感器；7－燃油泵检查插座。

图 6－2　典型的燃油泵控制电路

（1）在发动机启动与运转时：用来控制燃油泵工作。

（2）在发动机异常熄火时：用来控制燃油泵停止工作。

（3）在发动机不工作时：即便接通点火开关，也会控制燃油泵不工作。

主继电器控制 ECU 主电源电路，同时也与燃油泵继电器相连接，控制着燃油泵电源电路。

燃油泵继电器的触点为常开触点，控制着燃油泵电路的通断电。燃油泵继电器有两个线圈，其中 L_1 由 ECU 内部的燃油泵控制电路来控制，L_2 则是在点火开关拨至启动挡时通电。线圈 L_1 与 L_2 中有一个线圈通电时，就可以控制燃油泵继电器触点 K_2 闭合。

燃油泵控制电路的工作原理如下。

（1）启动时：点火开关拨至启动挡，启动开关接通燃油泵继电器线圈 L_2 的电路，线圈 L_2 通电并控制燃油泵继电器触点 K_2 闭合，此时燃油泵开始工作。燃油泵控制电路的电流回路为：蓄电池正极→熔断器→主继电器 K_1→燃油泵继电器 K_2→燃油泵→搭铁→蓄电池负极。

（2）启动后：启动开关断开，燃油泵继电器先去 L_2 断电，但此时发动机已正常运转，ECU 接收到发动机转速传感器的电信号，ECU 内部的燃油控制电路控制 ECU 的端子 F_e 搭铁，燃油泵继电器线圈 L_1 通过继电器端子 F_C 与 F_e 相连并搭铁导通，燃油泵继电器触点 K_2 保持闭合，燃油泵正常通电工作。

（3）发动机熄火时：发动机转速传感器无转速信号输出，ECU 接收不到发动机转速信号，其内部控制电路使 ECU 的端子 F_e 与搭铁线路断开，此时燃油泵继电器线圈 L_1 迅速断电，燃油泵继电器触点 K_2 断开并控制燃油泵立刻停止工作。

（三）喷油器控制电路

喷油器控制电路主要是通过 ECU 的喷油控制脉冲，来控制喷油器及时、准确地通断电以完成喷油工作。喷油器在电路中可视为直动式开关电磁阀，按照其驱动方式不同可分为电压驱动喷油器与电流驱动喷油器两种类型，电压驱动喷油器控制电路如图 6－3 所示，电流驱动喷油器控制电路如图 6－4 所示。

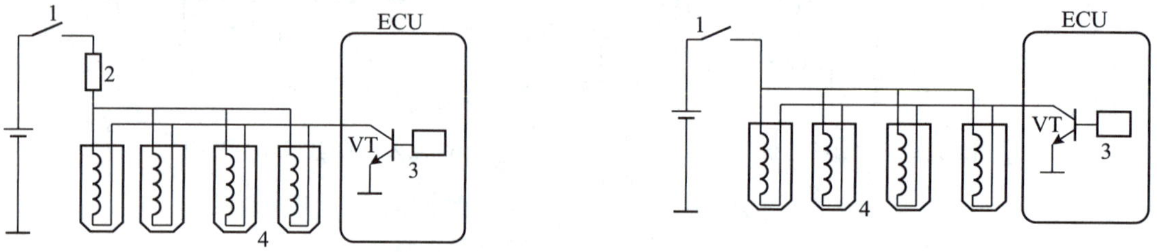

(a) 低电阻型喷油器　　(b) 高电阻型喷油器

1－点火开关；2－附加电阻；3－喷油器驱动电路；4－喷油器。

图 6－3　电压驱动喷油器控制电路

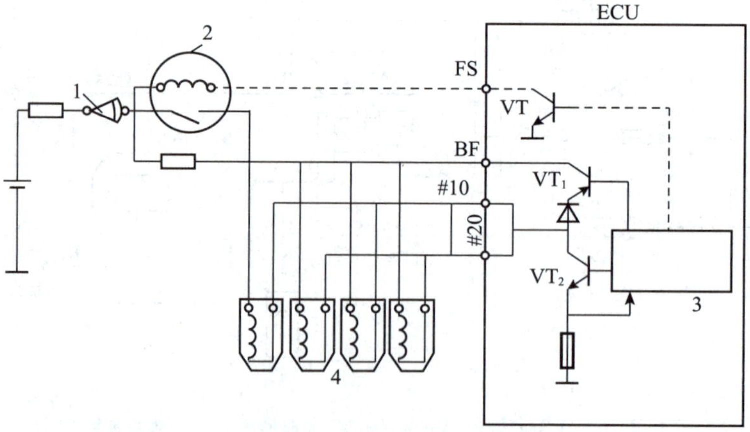

1－点火开关；2－安全主继电器；3－喷油器驱动电路；4－喷油器。

图 6－4　电流驱动喷油器控制电路

以上两图中，喷油器都是通过点火开关与蓄电池正极连接，在电流驱动喷油器控制电路中增加了安全主继电器。另一端则都是由 ECU 内的驱动电路控制喷油器搭铁。喷油器根据其电磁线圈的电阻值不同可分为低电阻型与高电阻型两种。

各电路的工作原理如下。

1. 电压驱动喷油器控制电路

当 ECU 接收到相应信号并向驱动电路发出喷油指令时，驱动电路中的 VT 导通使喷油器电路搭铁通电，并保证喷油器在喷油时间内拥有一固定工作电压。这种驱动方式由于喷油器线圈自感电动势的阻碍作用，使得喷油器喷油相应较慢，喷油器开启滞后时间较长。

低电阻型喷油器比高电阻型喷油器减少了电磁线圈的匝数，在工作时其自感电动势影响较小，可以提高电磁线圈电流的上升速率，提高喷油器的响应速度。但同时也减小了电磁线圈的内阻，容易造成喷油器线圈因工作电流过大而损坏，因此在其驱动电路中必须串联附加电阻以降低其工作电流。

2. 电流驱动喷油器控制电路

当 ECU 发出喷油指令时，驱动电路中的晶体管 VT 迅速饱和导通，安全主继电器控制其触点闭合使喷油器电磁线圈电流迅速上升至 8 A 左右，喷油器全开。此后控制电路至喷油器电磁线圈减小至仅能维持喷油器电磁阀打开，以防止电磁线圈过热。

虽然电流驱动喷油器的控制电路较为复杂，但由于喷油器电磁线圈采用低电阻型喷油器，动态响应好，因此得到较为广泛的应用。

（四）发动机怠速控制电路

发动机怠速控制电路根据执行器的结构与工作原理不同，又可分为步进电机式怠速控制电路、旋转电磁阀式怠速控制电路与开关电磁阀式怠速控制电路等。

1. 步进电机式怠速控制电路

步进电机式控制电路如图 6－5 所示。步进电机、丝杆机构与空气阀等组成怠速控制阀；步进电机的转子与丝杆组成丝杆机构，将步进电机转子的转动转换成为丝杆的直线运动，并通过阀杆带动空气阀开启与关闭。

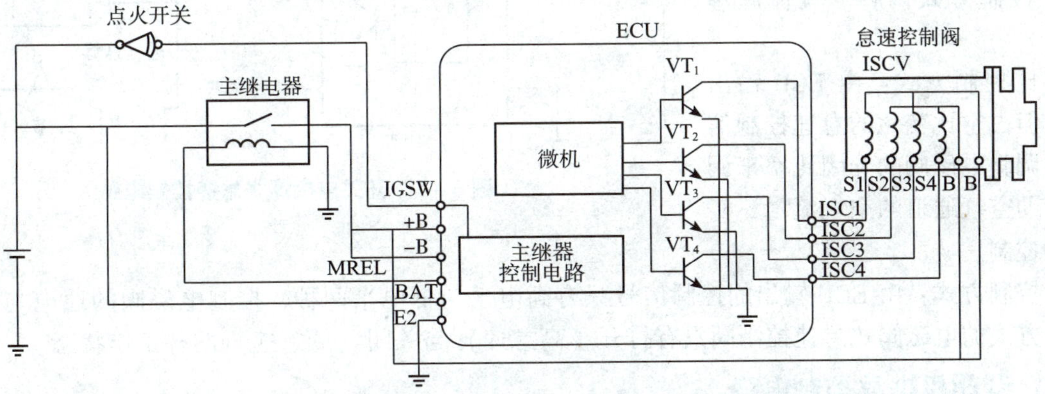

图 6－5　步进电机式怠速控制电路

ECU 内设有主继电器控制电路，当点火开关断开时仍能保证 ECU 持续通电 2 s，以便使 ECU 完成怠速控制电磁阀启动初始位置的设定，控制步进电机转动至空气阀开启最大位置，为下次开启做好准备。

电路中，ECU 根据节气门位置传感器、发动机转速传感器、发动机冷却液温度传感器、空调开关、自动变速器挡位开关等传感设备所提供的信号进行怠速控制。当需要调整怠速时，ECU 输出控制信号，通过其内部的步进电机驱动电路产生步进电机转动控制脉冲，使步进电机转动相应的角度，以将空气阀调整至适当的开度。

2. 旋转电磁阀式怠速控制电路

旋转电磁阀式怠速控制电路如图 6－6 所示。旋转电磁阀式怠速控制电路中，旋转电磁阀与旋转式空气阀等组成控制阀。旋转电磁阀的定子为永久磁铁，转子中有两组绕组，转子绕组的电流通过电刷与滑片引入。

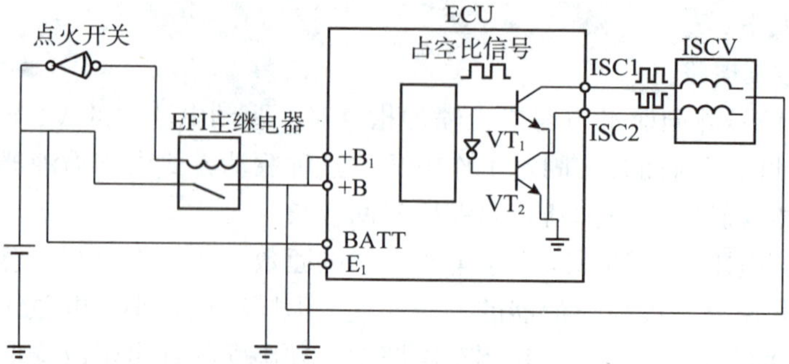

图 6－6 旋转电磁阀式怠速控制电路

旋转电磁阀的形式有多种，但无论何种形式的旋转电磁阀，其控制电路都相同，即电源端子连接主继电器，在主继电器的触点闭合时电磁阀电源被接通；旋转电磁阀的两个控制端子分别由 ECU 的两个怠速控制端子 ISC1 与 ISC2 来控制。

当 ECU 根据相关传感器及开关信号确定需要调整怠速时，便输出相应的占空比信号经驱动电路（反相器及 VT_1，VT_2）输出同频反向的电磁阀控制脉冲至 ISC1 与 ISC2 两端子，控制两个电磁线圈的通电时间，使电磁阀转子进行相应的转动，以改变空气阀的开关及开启程度。

3. 开关电磁阀式怠速控制电路

开关电磁阀式怠速控制电路如图 6－7 所示。

开关电磁阀式怠速控制电路只有开与关两种状态，电磁线圈通电时电磁阀开启，电磁线圈断电时电磁阀关闭。其控制方式可分成占空比控制方式与开关控制方式两种。具体原理如下。

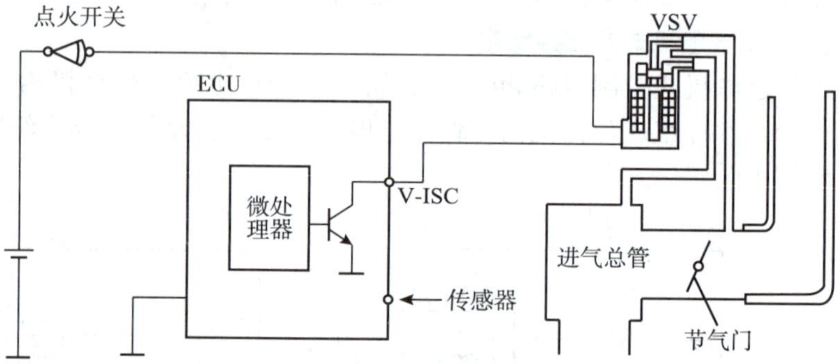

图 6－7 开关电磁阀式怠速控制电路

占空比控制方式：由 ECU 输出频率固定但占空比变化的怠速控制信号，通过调整电磁阀的开闭比率来调节怠速辅助空气通道的空气流量，实现怠速的控制。

开关控制方式：由 ECU 输出的控制信号只有高电平与低电平两种，控制电磁阀的通电与断电。故此种控制方式的电磁阀式怠速控制阀只有打开（高怠速）与关闭（低怠速）两种工作状态。

（五）发动机排放控制电路

为了进一步降低汽车尾气排放对环境的影响，一些汽车上配置了废气再循环控制系统、燃油蒸气排放控制系统等排放控制装置。

1. 废气再循环控制系统

废气再循环电子控制系统的基本组成如图 6－8 所示。

废气再循环（EGR）控制系统是将发动机排出的部分废气引入进气管新鲜空气，混合后进入气缸，利用废气中含有的大量二氧化碳（CO_2）的不参与燃烧却能吸收热量的特点，降低燃烧温度，以减少 NO_x 的排放。废气再循环控制系统就是要在保证发动机正常工作的前提下，最大限度地抑制 NO_x 的排放。

废气再循环系统有机械控制方式与电子控制方式两种类型，而由于机械控制方式的控制精度不能满足发动机的实际需要，已逐渐被电子控制方式所取代。

废气再循环电子控制系统 ECU 通过控制 EGR 电磁阀的通断比率来调节 EGR 阀的开度，从而实现对废气再循环流量的控制。

（1）EGR 阀：EGR 阀为膜片式空气阀，膜片一侧通车外空气，装有弹簧的一侧为真空室，其真空度由 EGR 电磁阀控制。当 EGR 阀真空室的真空度增大时，真空吸力使膜片克服弹簧力而变形增大，EGR 阀的开度增大，废气循环流量增加。当 EGR 阀真空室真空度消失时，膜片在弹簧力的作用下复位而使 EGR 阀关闭，以阻断废气再循环。

（2）EGR 电磁阀：开关式电磁阀，有 3 个通气口。在不通电时，EGR 电磁阀在弹簧力的作用下将通气口关闭，使 EGR 阀的真空室与进气歧管相通，真空室的真空度增大。当 EGR 电磁阀的线圈通电时，通过电磁力作用推动 EGR 电磁阀将通气歧管口关闭，使 EGR 阀的真空室与外接大气相通，其真空度减小。

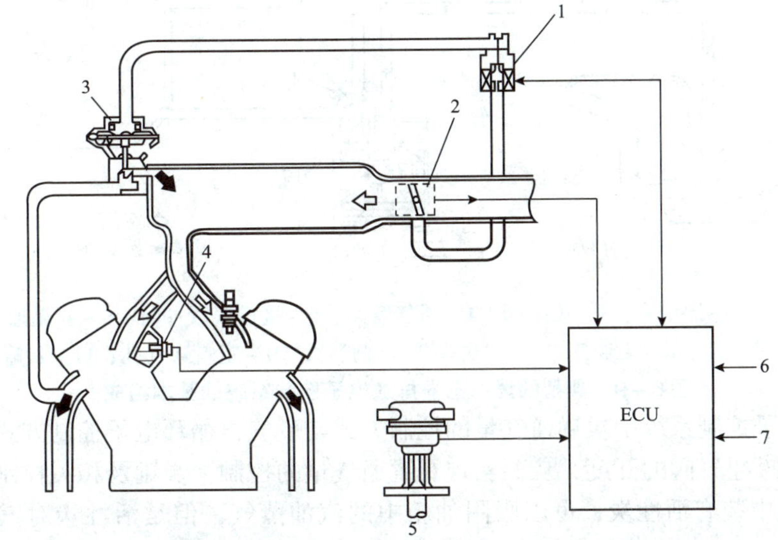

1－EGR 电磁阀；2－节气门位置传感器；3－EGR 阀；4－冷却液温度传感器；
5－发动机转速与曲轴位置传感器；6－启动信号；7－发动机负荷信号。

图 6－8　废气再循环电子控制系统的基本组成

ECU 根据相关传感器的信号判断发动机的工况与状态，并确定是否需要废气再循环以及废气再循环流量的大小。ECU 通过输出不同占空比的脉冲信号，通过控制 EGR 电磁阀的动作来调节 EGR 阀的开度，从而实现废气再循环的最佳控制，具体如下。

①当需要增大废气再循环流量时，ECU 输出信号的占空比减小，EGR 电磁阀相对的通电时间减少，EGR 阀真空室接通进气歧管的时间相对增多，其真空度增大而使 EGR 阀开度增大，从而增加废气循环的流量。

②当 ECU 输出占空比为 0 的信号，即持续输出低电平时，EGR 电磁阀断电，EGR 阀真空室与进气歧管持续相通，真空室真空度直接取决于进气歧管的真空度且达到最大值，EGR 阀的开度最大，此时废气再循环的流量也最大。

③为保证发动机正常工作，当发动机处于怠速工况时、转速低于 900 r/min 或高于 3 200 r/min 或未达到正常工作温度时以及正在启动发动机时，ECU 都将自动停止废气再循环工作。

④当 ECU 判定不需要废气再循环时，ECU 输出占空比为 100% 的信号，即持续输出高电平信号，使 EGR 电磁阀长时间通电，EGR 阀真空室与外接大气常通，此时 EGR 阀关闭，停止废气再循环工作。

2. 燃油蒸气排放控制系统

为避免油箱中的汽油蒸气直接排放到大气中而造成空气污染，在汽车中装备了一个活性炭罐，用来收集油箱中的汽油蒸气，并在发动机工作时由流经的空气将汽油蒸气一同送入进气管参与燃烧。

活性炭罐通气量控制的作用是及时地将炭罐内的汽油蒸气送入进气管，以确保活性炭罐能正常吸收油箱中的汽油蒸气，同时不影响发动机的正常工作。

较早的燃油蒸气排放控制系统主要由活性炭罐、炭罐通气阀组成，直接利用节气门处的真空度来控制膜片式通气阀的开度，使活性炭罐的通气量适应发动机工况变化的需要。

由于较早的燃油蒸气排放控制系统控制精度不高，目前已被电子控制方式所取代。典型的燃油蒸气排放电子控制系统的基本组成如图 6－9 所示。

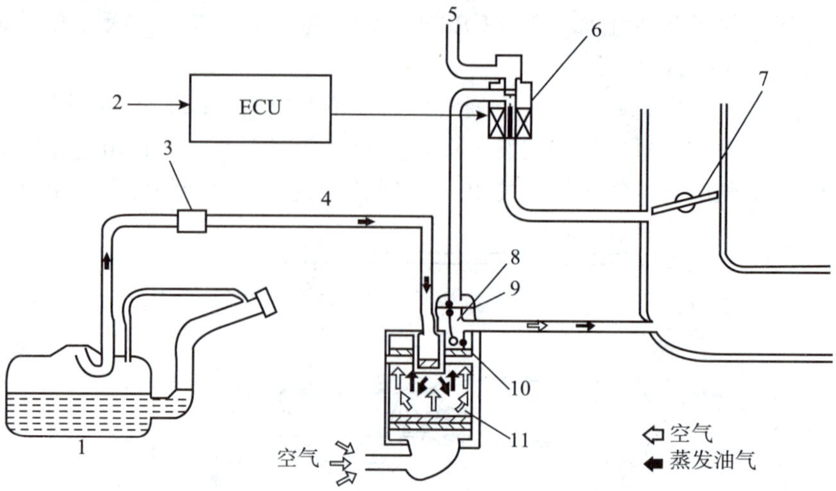

1－油箱；2－传感器信号；3－单向阀；4－通气管路；5－接进气缓冲器；6－炭罐通气电磁阀；
7－节气门；8－主通气口；9－炭罐通气阀膜片；10－定量通气孔；11－炭罐。

图 6－9 典型的燃油蒸发排放电子控制系统的基本组成

燃油蒸发排放电子控制系统中炭罐通气量的控制方式与废气再循环电子控制方式相似，ECU 通过电磁阀来调节膜片式炭罐通气阀的开度，从而实现炭罐通气量的控制。炭罐及相关控制部件的功能如下。

（1）炭罐：炭罐中装有活性炭，可以吸附油箱中的汽油蒸气，但是活性炭对汽油蒸气的吸附力不强，当有空气流过时，汽油蒸气就会与活性炭脱离，随空气一同进入进气歧管。

（2）炭罐通气阀：炭罐通气阀膜片的上部为真空室，其真空度由炭罐通气电磁阀控制。当真空度增大时，炭罐通气阀膜片上顶，主通气口通气量增加。

（3）炭罐通气电磁阀：其结构与废气再循环电磁阀相同，也有 3 个通气口。电磁阀不通电时，电磁阀使炭罐通气阀真空室与进气管于节气门处相通，其真空度增大。电磁阀通电时，炭罐通气阀真空室与接近外界大气压的进气缓冲室相通，其真空度减小。ECU 通过输出不同占空比的脉冲信号控制电磁阀的通断电比率，以控制炭罐通气阀真空室的真空度，改变通气阀的开度。

知识链接

有些汽车上使用的是两个通气口的炭罐通气电磁阀来控制炭罐的通气量，其电磁阀结构及工作原理与开关电磁阀式怠速控制阀相似。在这种燃油蒸气排放控制系统中没有炭罐通气阀，直接通过炭罐通气电磁阀的开关占空比脉冲信号来控制通气量。

ECU 根据相关传感器的信号判断发动机工况与状态，并输出相应的控制脉冲信号，通过控制炭罐通气电磁阀的开关及占空比脉冲信号来调节炭罐通气阀的开度，使经过炭罐进入进气管的空气流量适应发动机工况、状态变化的需要。炭罐通气量的电子控制过程如下。

（1）发动机转速变化时的炭罐通气量控制：发动机转速变化时，ECU 根据发动机转速传感器获得发动机的转速信号。当发动机在高速运转时，ECU 输出控制脉冲使炭罐通气阀开度加大，以增加炭罐通气量，以便及时净化掉炭罐中的汽油蒸气。当发动机不工作、ECU 接收不到发动机转速信号时，ECU 使炭罐通气阀关闭，此时炭罐无空气流通。

（2）发动机负荷变化时的炭罐通气量控制：发动机负荷变化时，ECU 根据进气管压力传感器或空气流量传感器获得发动机的负荷信号。当发动机负荷大时，ECU 输出控制脉冲使炭罐通气阀开度加大，用较大的通气量净化掉炭罐中的汽油蒸气。当发动机处于怠速工况时，ECU 接收到由节气门位置传感器提供的发动机怠速信号，ECU 输出的控制脉冲将炭罐通气量减少，以免造成混合气过稀而使发动机怠速不稳。

（3）发动机冷却液温度低时的炭罐通气量控制：ECU 通过冷却液温度传感器获得发动机温度信号，当温度低于 60 ℃时，炭罐通气阀完全关闭，使炭罐无空气流通，以免影响发动机工作。

（4）空燃比反馈时的炭罐通气量控制：ECU 根据氧传感器信号判断混合气的空燃比，当氧传感器输出混合气过浓或过稀的信号时，ECU 输出控制脉冲，及时调整炭罐通气阀的开度，以此来调节混合气的浓度，保证发动机获得浓度合适的混合气。

二、典型发动机电子控制系统的分析

丰田 2JZ—GE 型发动机电子控制系统 ECU 与其自动变速器控制系统 ECU 合二为一，并与汽车巡航控制 ECU 进行信息交流，可使相关控制更加协调。发动机电子控制系统除了常用的燃油喷射控制、点火时间控制、怠速控制等主要控制功能外，还具有谐波增压控制、燃油泵工作状态控制等功能。

丰田 2JZ—GE 型发动机电子控制系统电路原理图如图 6－10 所示，其发动机 ECU 各端子的连接部件及功能如表 6－2 所示。

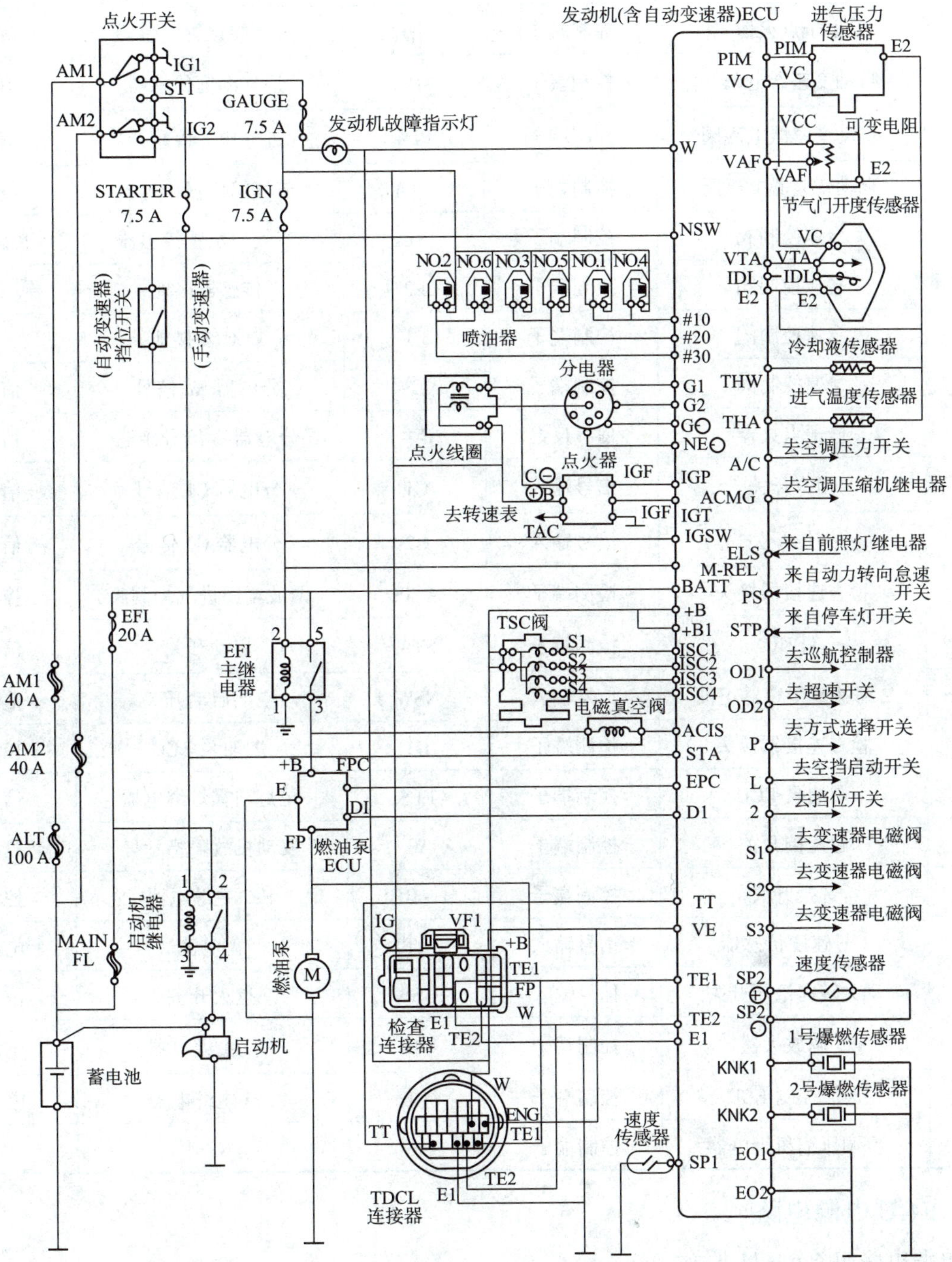

图 6－10　丰田 2JZ—GE 型发动机电子控制系统电路原理图

表 6－2　丰田 2JZ—GE 型发动机 ECU 各端子的连接部件及功能

端子代号	连接部件	功能说明	端子代号	连接部件	功能说明
EO1	电源接地	—	TE2	故障指示灯接头	检测端子
EO2	电源接地	—	KNK1	1 号爆燃传感器	信号输入
#10	喷油器	控制端子	KNK2	2 号爆燃传感器	信号输入
#30	喷油器	控制端子	SP2－	2 号速度传感器	信号输入
#20	喷油器	控制端子	THW	冷却液温度传感器	信号输入
E1	搭铁	—	VAF	可变电阻	信号输入
IGT	电子点火器	控制端子	IDL	节气门位置传感器	信号输入
S1	自动变速器电磁阀	控制端子	THA	进气温度传感器	信号输入
S2	自动变速器电磁阀	控制端子	PIM	进气压力传感器	信号输入
S3	自动变速器电磁阀	控制端子	VTA	节气门位置传感器	信号输入
ISC1	怠速控制阀	控制端子	VC	节气门位置传感器	传感器电源
ISC2	怠速控制阀	控制端子	E2	传感器接地	—
ISC3	怠速控制阀	控制端子	E1	ECU 盒接地	—
ISC4	怠速控制阀	控制端子	NE－	分电器 Ne 信号	信号输入
IGP	电子点火器	信号反馈	G－	分电器 G 信号接地	信号输入
L	挡位开关	信号输入	G1	分电器 G1 信号	信号输入
2	挡位开关	信号输入	G2	分电器 G2 信号	信号输入
VF	检查连接器接头	检测端子	ACIS	谐波增压进气控制阀	控制端子
TT	TDCL	检测端子	STA	启动开关	信号输入
SP2＋	2 号速度传感器正极	信号输入	NSW	空挡启动开关	信号输入
TE1	检查连接器接头	检测端子	D1	燃油泵 ECU	控制端子
FPC	燃油泵 ECU	控制端子	ELS	尾灯与雾灯继电器	信号输入
OD2	超速挡开关	控制端子	W	发动机故障指示灯	控制端子
P	选挡开关	控制端子	M－REL	EFI 主继电器	控制端子
SP1	1 号速度传感器	信号输入	BATT	蓄电池	电源端子
PS	动力转向液压开关	信号输入	IGSW	点火开关	信号输入
A/C	空调放大器	控制端子	＋B1	EFI 主继电器	电源端子
OD1	巡航控制 ECU	控制端子	＋B	EFI 主继电器	电源端子
ACMG	空调压缩机继电器	控制端子			

（一）ECU 电源电路

ECU 电源电路如图 6－11 所示。

发动机电子控制 ECU 有一个常接电源（BATT）端子，用于向 ECU 内的存储器等相关设备提供不间断电源。ECU 的主电源（+B1 端子与 +B 端子）由 EFI 主继电器触点控制。该 ECU 电源电路具有延时关闭功能。

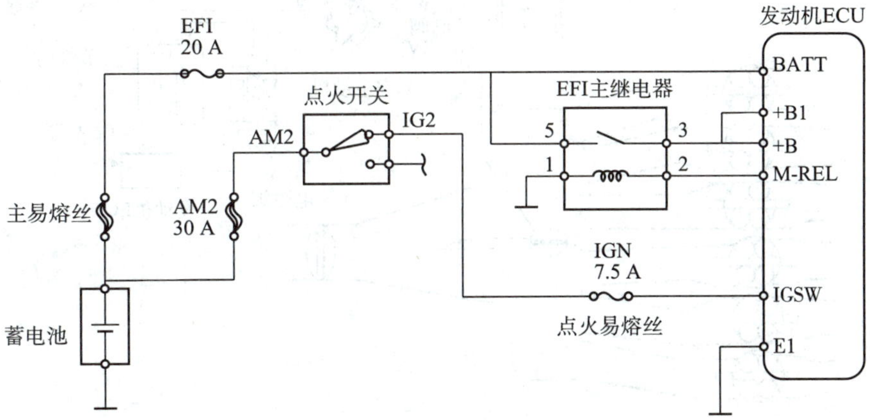

图 6－11 ECU 电源电路

（二）燃油泵工作状态控制电路

丰田 2JZ—GE 型发动机燃油泵工作状态控制电路如图 6－12 所示。

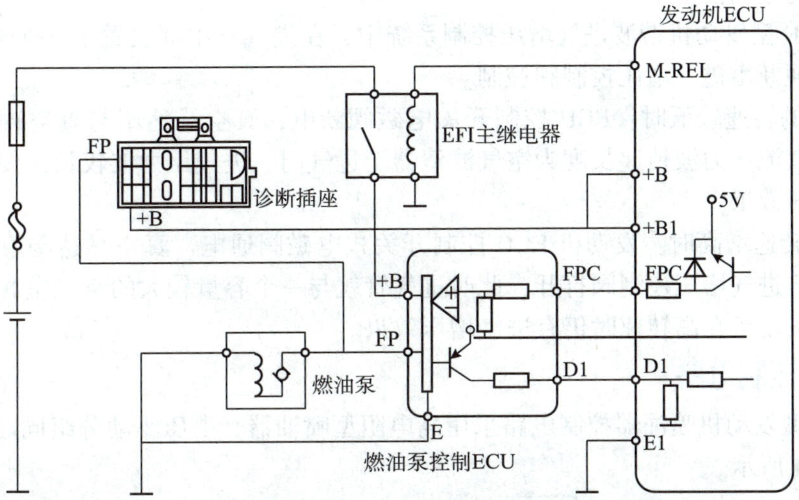

图 6－12 丰田 2JZ—GE 型发动机燃油泵工作状态控制电路

丰田 2JZ—GE 型发动机燃油泵工作状态控制电路除了具有通常的燃油泵控制功能外，还可根据发动机的工况对燃油泵的转速进行控制，使燃油泵的泵油量与发动机的转速及负荷相适应。

（1）当发动机在启动、高转速或大负荷工况时：发动机 ECU 会向燃油泵控制 ECU 的 FPC 端子输出一个高电位信号。燃油泵控制 ECU 得到此控制信号后，从 FP 端子输出一个较高（约为蓄电池电压）的电压信号，使燃油泵高速运转。

（2）当发动机处于怠速工况时：发动机 ECU 向燃油泵控制 ECU 的 FPC 端子输出一个低电位信号。这时燃油泵控制 ECU 的 FP 端子输出一个较低（约 9 V）的电压，燃油泵将在较低的转速下工作。

（三）谐波进气增压控制电路

丰田 2JZ—GE 型发动机谐波进气增压控制系统的组成如图 6－13 所示。在汽车发动机的设计中，在进气门从关闭到开启的这段时间里，高速进气流由于惯性的作用，会在进气管内形成脉动压力波。

如果进气门打开时进气压力波正好到达，就可促使进气量增加。由于进气压力波的波长与进气管的长度有关，进气管长，进气压力波就较长，可使中低速时有进气增压效果；若进气管短，压力波较短，可使高速时有进气增压效果。

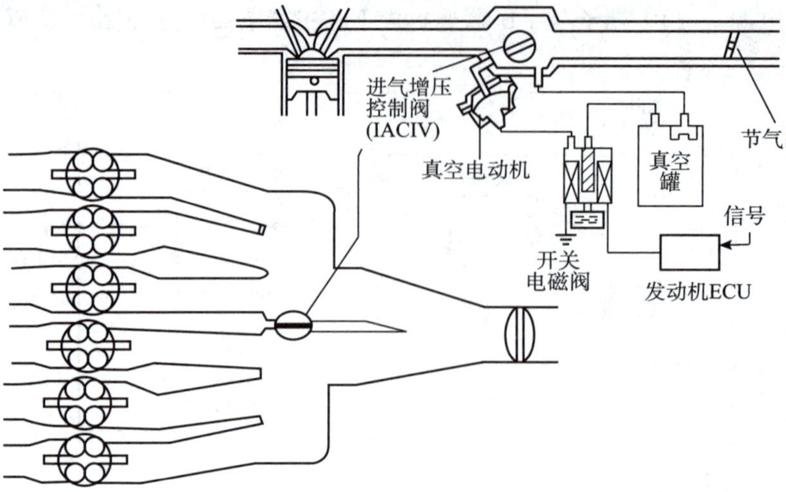

图 6－13　丰田 2JZ －GE 型发动机谐波进气增压控制系统的组成

发动机进气管的长度不可改变，一般是根据在最大扭矩所对应的转速区域能有进气增压效果来设计进气管长度的。而谐波进气增压的设计，是为了使发动机在中低速与高速运转时都有进气增压效果，以提高发动机的动力与适用性。

在丰田 2JZ—GE 型发动机谐波进气增压控制系统中，在进气管中部设置了一个容量较大的空气室，空气室与进气管的通断由进气增压控制阀控制。

（1）当发动机的转速较低时：ECU 控制开关电磁阀断电，真空马达不与真空罐相通，进气增压控制阀关闭，此时进气流压力波传递长度为空气滤清器至进气门，进气压力波较长，使得中低速时的发动机有进气压力波增压效果。

（2）当发动机转速增高时：发动机 ECU 控制开关式电磁阀通电，真空马达与真空罐相通，在真空罐真空度的作用下将进气增压控制阀打开，此时进气管就与一个容量较大的空气室相通，缩短了进气压力波的波长，使得发动机在高转速时仍有进气增压效果。

（四）喷油器控制电路

丰田 2JZ—GE 型发动机喷油器控制电路采用高电阻型喷油器、电压驱动分组同时喷射方式，喷油器控制电路如图 6－14 所示。

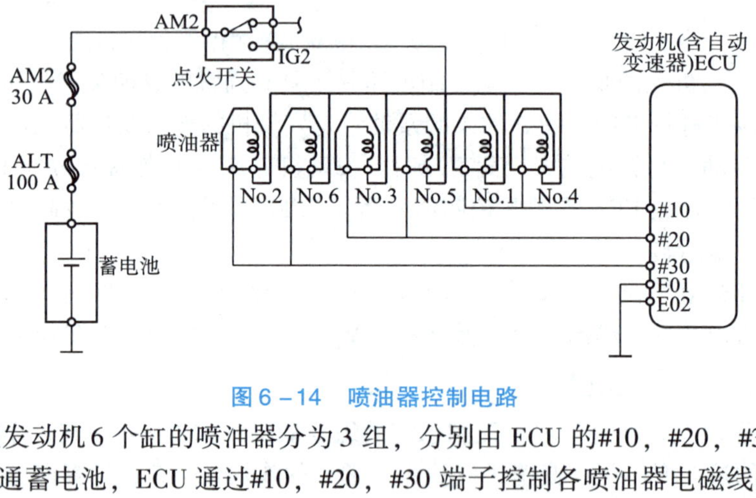

图 6－14　喷油器控制电路

丰田 2JZ—GE 型发动机 6 个缸的喷油器分为 3 组，分别由 ECU 的#10，#20，#30 端子控制。接通点火开关后，喷油器连通蓄电池，ECU 通过#10，#20，#30 端子控制各喷油器电磁线圈的通断电，实现喷油量的控制。

（五）发动机怠速控制电路

丰田 2JZ—GE 型发动机采用步进电机式怠速控制阀，发动机怠速控制电路如图 6－15 所示。

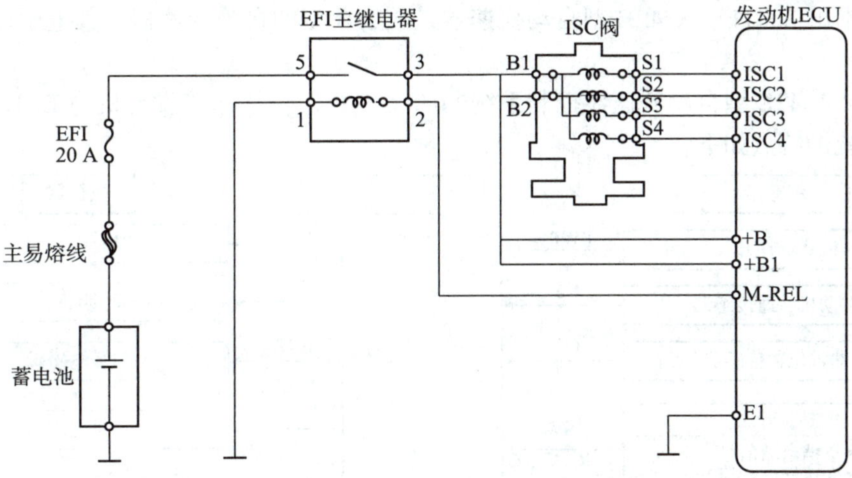

图 6－15　丰田 2JZ—GE 型发动机怠速控制电路

EFI 主继电器触点闭合时，怠速控制阀的电源端子与电源连接。发动机 ECU 的 ISC1，ISC2，ISC3，ISC4 分别控制怠速控制阀的 4 个线圈的通断电。

当需要怠速控制阀动作时，ECU 向 4 个怠速控制端子输出脉冲控制信号，使怠速控制阀的 4 个线圈按顺序通电，就可以使怠速控制阀打开或关闭。ECU 通过控制输出脉冲控制信号的数量来控制怠速控制阀的开启程度。

点火开关断开时，EFI 主继电器延时断开，可以让 ECU 有一个使怠速控制阀开启到最大的控制时间，以方便下次发动机的启动。

（六）怠速混合气浓度调节电路

怠速混合气浓度调节装置如图 6－16 所示，怠速混合气浓度调节装置为一个可变电阻器。通过旋转怠速混合气浓度调节螺钉，可以改变 ECU 的 VAF 端子输出电压，ECU 根据此电压变化来改变发动机怠速时的混合气浓度，用以控制发动机怠速时的 CO 排放量。

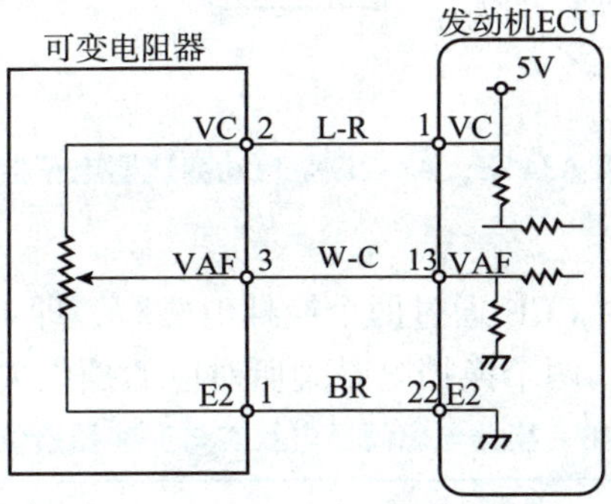

图 6－16　怠速混合气体浓度调节装置

第二节　自动变速器电子控制系统

一、自动变速器电子控制系统的组成

不同车型的自动变速器，其控制电路的构成及电子控制部件的结构形式也会有所不同，但基本工作

原理大致相同。丰田 A341E，A342E 型自动变速器是较为典型的自动变速器，其电子控制系统的组成如图 6－17 所示。

丰田 A341E，A342E 型自动变速器控制系统共用一个 ECU，并称“发动机与 ECT ECU”，以下简称“ECU”。控制系统的特点如下。

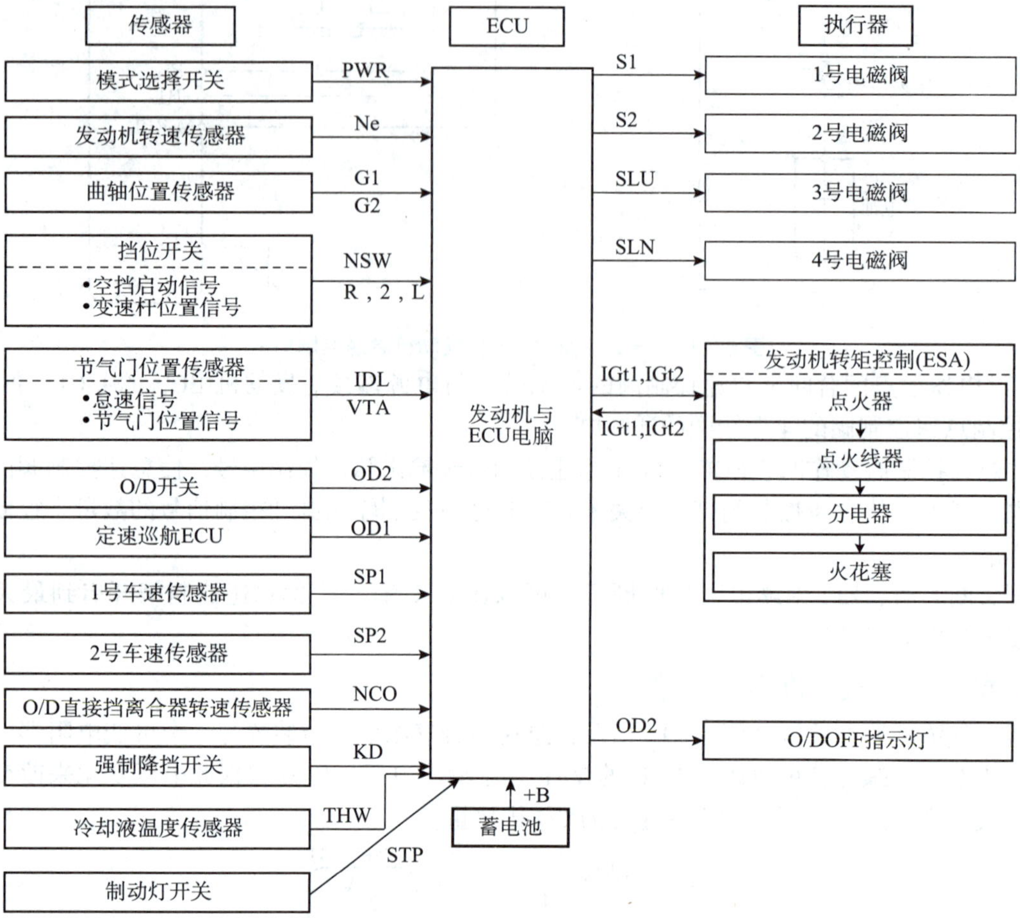

图 6－17　丰田 A341E，A342E 型自动变速器电子控制系统的组成

（一）换挡控制

A341E，A342E 型自动变速器由 ECU 通过两个换挡电磁阀，即 1 号电磁阀与 2 号电磁阀的组合控制来实现 4 个前进挡的自动换挡控制。两个换挡电磁阀所对应的挡位关系如表 6－3 所示。

表 6－3　换挡电磁阀通电状态与变速器挡位关系

变速器操纵手柄位置	变速器挡位	电磁阀工作状态	
		1 号电磁阀	2 号电磁阀
P	驻车挡	接通	断开
R	倒挡	接通	断开
N	空挡	接通	断开
D	Ⅰ挡	接通	断开
	Ⅱ挡	接通	接通
D	Ⅲ挡	断开	接通
	Ⅳ挡	断开	断开

续表

变速器操纵手柄位置	变速器挡位	电磁阀工作状态	
		1 号电磁阀	2 号电磁阀
2	Ⅰ挡	接通	断开
	Ⅱ挡	接通	接通
	Ⅲ挡	断开	接通
L	Ⅰ挡	接通	断开
	Ⅱ挡	接通	接通

（二）变矩器锁止控制

A341E，A342E 型自动变速器的变矩器配备了锁止离合器，控制离合器分离或接合的 3 号电磁阀采用占空比脉冲信号控制，变矩器锁止离合器的接合过程较为平滑，并可实现滑动锁止控制（半离合状态），提高了变矩器的传动效率。

（三）变速器油压控制

变矩器通过油压调节器、蓄压器来稳定变速器的油压，4 号电磁阀是 ECU 控制主油路油压的执行器，同样采用占空比脉冲信号控制。通过控制蓄压器的背压来调节变速器的油压，以减少换挡冲击。

（四）点火提前角控制

当驾驶员通过变速杆改变挡位（从“N”挡、“P”挡挂入行车挡位，或从行车挡位挂入“N”挡、“P”挡）时，ECU 通过短时间的点火提前角控制，适当地增大或减小发动机的转矩，以便使发动机的转速保持稳定。

二、自动变速器电子控制系统的工作原理

丰田 A341E，A342E 型自动变速器电子控制系统电路原理如图 6－18 所示。

（一）自动变速器 ECU

自动变速器 ECU 有 4 个代号为 E7，E8，E9，E10 的插接器，图中 ECU 各端子的连接及功能如表 6－4 所示。

表 6－4　自动变速器 ECU 各端子的连接部件及功能

端子代号	连接部件	功能说明	端子代号	连接部件	功能说明
NCO＋	O/D 直接挡离合器转速传感器	信号输入（＋）	THW	冷却液温度传感器	信号输入
S2	2 号换挡电磁阀	换挡控制端子	TE1	检查连接器	检查与诊断
S1	1 号换挡电磁阀	换挡控制端子	SP2＋	2 号车速传感器（＋）	信号输入（＋）
E01	电源搭铁	—	VCC	传感器电源（＋）	电源输出
SLU	3 号锁止控制电磁阀	变矩器锁止离合器控制端子	TT	检查连接器	检查与诊断
SLN	4 号油压控制电磁阀	变速器油压控制端子	B	EFI 主继电器	电源输入
NCO－	O/D 直接挡离合器转速传感器	信号输入（－）	B1	EFI 主继电器	电源输入
E02	电源搭铁	—	NSW	空挡启动开关	信号输入
IDL1	主节气门位置传感器	信号输入	VTA2	副节气门位置传感器	信号输入

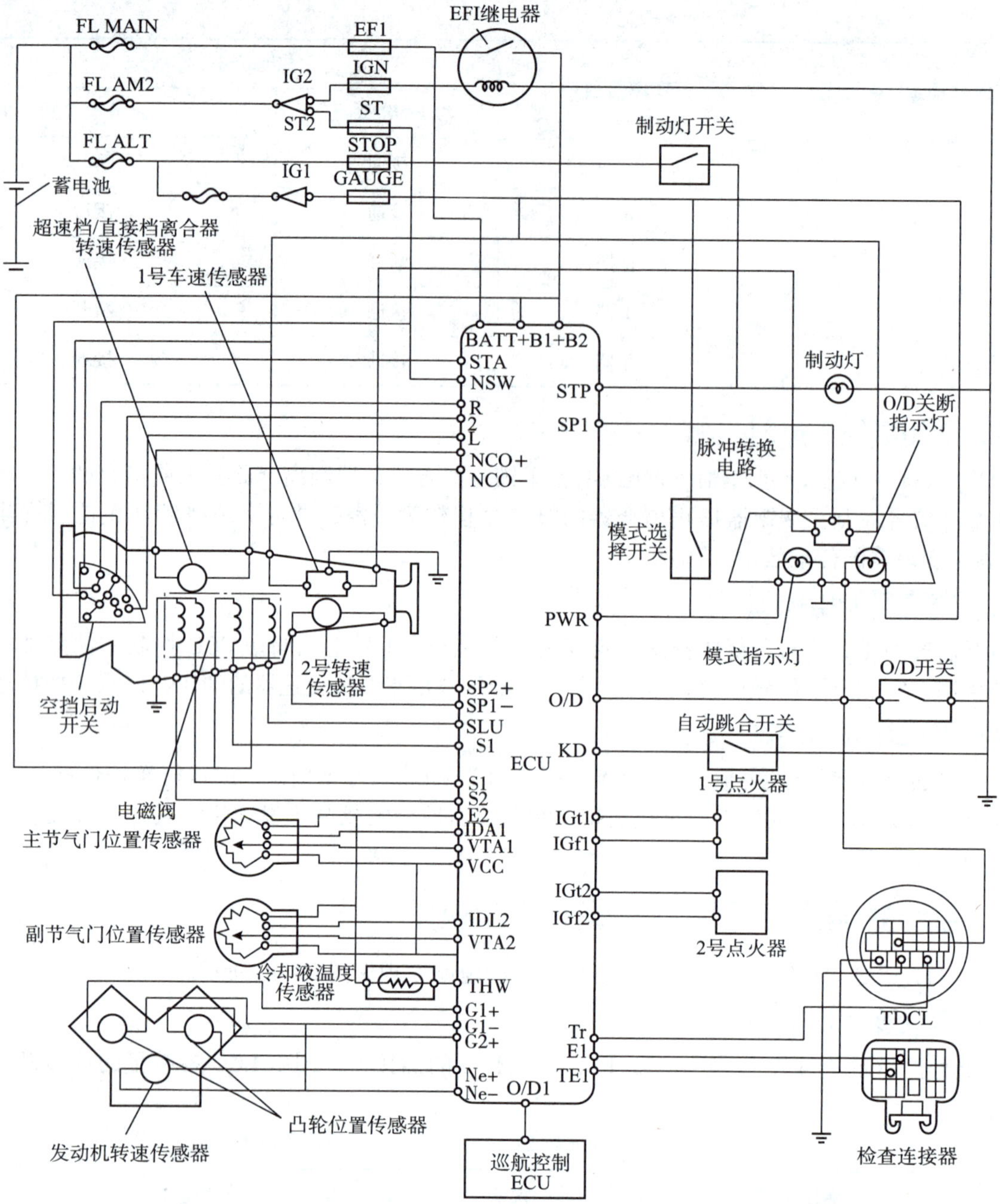

图 6－18　丰田 A341E，A342E 型自动变速器电子控制系统电路原理

续表

端子代号	连接部件	功能说明	端子代号	连接部件	功能说明
IGF1	1 号电子点火器	点火反馈信号	E2	传感器搭铁	—
IGT1	1 号电子点火器	点火定时信号	SP1	1 号车速传感器	信号输入
G2 +	2 号曲轴位置传感器	信号输入	SP2 -	2 号车速传感器（－）	信号输入（－）
G1 +	1 号曲轴位置传感器	信号输入	E1	ECU 搭铁	—
NE +	发动机转速传感器	信号输入（＋）	O/D	巡航控制 ECU	信号交流
IDL2	副节气门位置传感器	信号输入	O/D2	O/D 开关	信号输入
IGF2	2 号电子点火器	点火反馈信号	2	挡位开关	信号输入

续表

端子代号	连接部件	功能说明	端子代号	连接部件	功能说明
IGT2	2 号电子点火器	点火定时信号	L	挡位开关	信号输入
G	曲轴位置传感器	信号输入（－）	PWR	模式选择开关	信号输入
NE－	发动机转速传感器	信号输入（－）	STR	制动灯开关	信号输入
IGSW	点火开关	信号输入	KD	强制降挡开关（自动跳合开关）	信号输入
STA	启动继电器	信号输入	BATT	蓄电池正极	—
VTA1	主节气门位置传感器	信号输入			

（二）换挡控制电路

丰田 A341E，A342E 型自动变速器换挡电磁阀控制电路如图 6－19 所示。

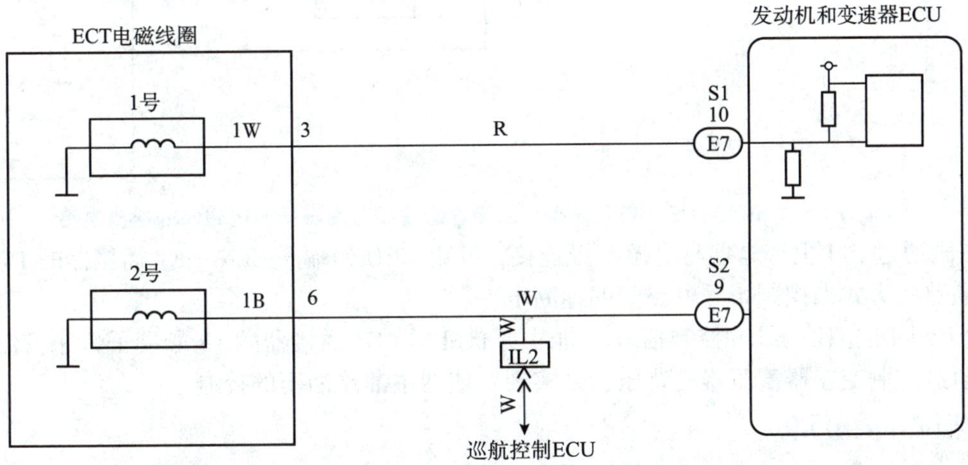

图 6－19　丰田 A341E，A342E 型自动变速器换挡电磁阀控制电路

ECU 通过端子 S1（E7 插接器 10 号插脚）、S2（E7 插接器 9 号插脚）分别控制 1 号换挡电磁阀与 2 号换挡电磁阀；通过对阀板中的 1 号换挡电磁阀与 2 号换挡电磁阀的组合控制，实现自动变速器前进挡挡位的自动换挡控制。

（三）变矩器锁止控制电路

丰田 A341E，A342E 型自动变速器变矩器锁止离合器电磁阀控制电路如图 6－20 所示。

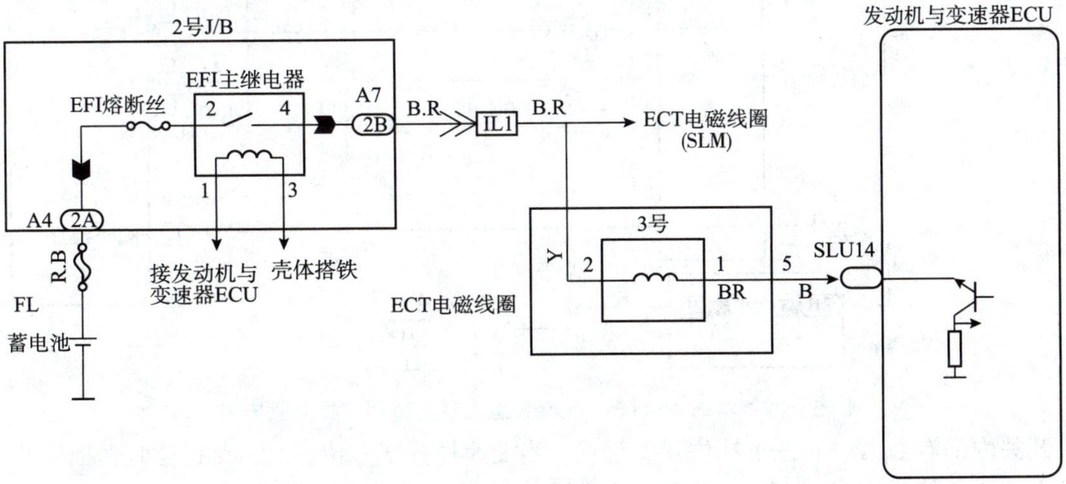

图 6－20　丰田 A341E，A342E 型自动变速器变矩器锁止离合器电磁阀控制电路

3 号电磁阀通过 EFI 主继电器与电源正极连接，并由 ECU 的端子 SLU（E7 插接器的 14 号端子）通过提供搭铁通路的方式来控制 3 号电磁阀的通断电。

ECU 输出不同占空比的脉冲控制信号，通过端子 SLU（E7 插接器的 14 号端子）来控制 3 号电磁阀的工作，以实现对变矩器锁止离合器的快速接合、逐渐接合、半接合等接合方式的控制。

（四）变速器油压控制电路

丰田 A341E，A342E 型自动变速器蓄压器油压调节电磁阀的控制电路如图 6－21 所示。

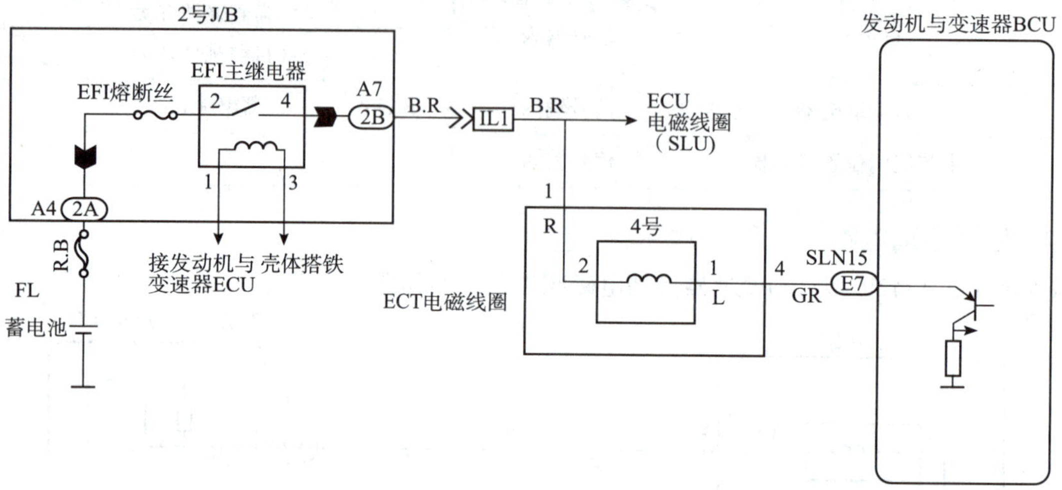

图 6－21　丰田 A341E，A342E 型自动变速器蓄压器油压调节电磁阀的控制电路

4 号电磁阀通过 EFI 主继电器与电源正极连接，并由 ECU 的端子 SLN（E7 插接器的 15 号端子）通过提供搭铁通路的方式来控制 4 号电磁阀的通断电。

ECU 输出不同占空比的脉冲控制信号，通过端子 SLN（E7 插接器的 15 号端子）来控制 4 号电磁阀的工作，以通过控制变速器蓄压器的背压，来实现变速器主油路油压的控制。

（五）挡位开关电路

丰田 A341E，A342E 型自动变速器挡位开关电路如图 6－22 所示。

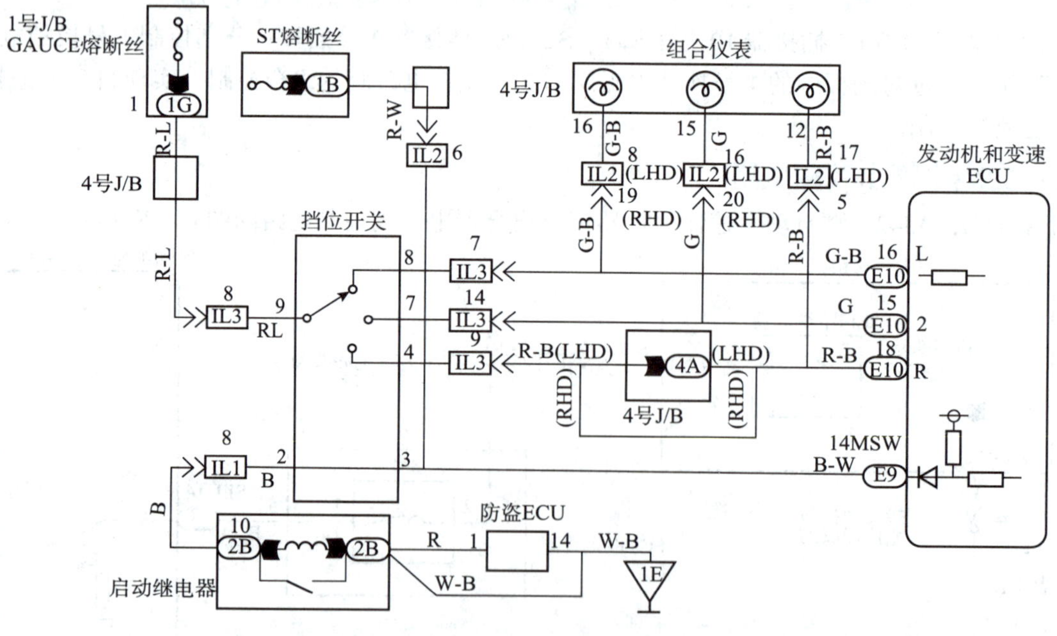

图 6－22　丰田 A341E，A342E 型自动变速器挡位开关电路

挡位开关内部有 L，2，R 三个挡位开关触点。当变速杆置于 L 位、2 位或 R 位时，挡位开关中相应的开关触点接通，使 ECU 的端子 L、端子 2 或端子 R 连接从而获得电源电压，ECU 获得相应的挡位信

号。挡位开关中的空挡启动开关在变速杆置于N位或P位时接通，并通过NSW端子使ECU获得N位或P位的信号。

空挡启动开关串联在启动继电器线圈电路中，在变速杆置于P位或N位时，空挡启动开关才会接通，使得发动机只能在P位或N位时才能够启动。

第三节　ABS防抱死制动系统电路

一、防抱死系统的结构

汽车上一般都安装有防抱死制动系统（ABS）。在紧急制动时，车轮可能会出现抱死现象，此时ABSECU会根据车轮转速传感器发出的信号，对车轮是否抱死进行判断，并及时输出控制信号，通过制动压力调节器迅速对制动力进行调整，先降低该车轮制动缸的油压，减小制动力矩，经一定时间后，再恢复原有的油压，不断的往复循环（每秒可达5~10次），使车轮始终维持在有微弱滑移的滚动状态下制动，既能拥有最大的制动力矩而又不会抱死，以达到防止车轮抱死、提高制动效能的目的。

知识链接

在汽车行驶中如果用力踩下制动踏板，车轮转速会急速降低，当制动力超过车轮与地面的摩擦力时，车轮就会被抱死，完全抱死的车轮会使车辆在路面滑行。如果前轮被抱死，驾驶员就无法控制车辆的行驶方向，如果后轮被抱死，就极容易出现侧滑现象。

ABS一般由车轮转速传感器、ECU、制动压力调节器等组成。

（一）车轮转速传感器

车轮转速传感器将车轮的转速转变为电平信号，并传输给ECU，是ABS进行防抱死控制的重要信号。车轮转速传感器有电磁式、光电式与霍尔效应式等类型，其结构及工作原理与相同类型的发动机转速传感器、曲轴位置传感器相同。

1. 车轮转速传感器的结构

在现代汽车ABS中，广泛使用电磁式车轮转速传感器，其结构如图6-23所示。电磁式车轮转速传感器主要由齿圈与传感头两部分组成。传感头与齿圈的端面有一空气间隙，一般宽度为1 mm，通常可移动传感头的位置来调整空气间隙。

（1）齿圈：一般安装在轮毂或轴座上。齿圈随车轮或传动轴一起转动，通常用磁阻很小的铁磁材料制作而成。

（2）传感头：通常由永久磁铁、电磁线圈与磁极组成，一般安装在靠近齿圈但不随齿圈转动的部件上。

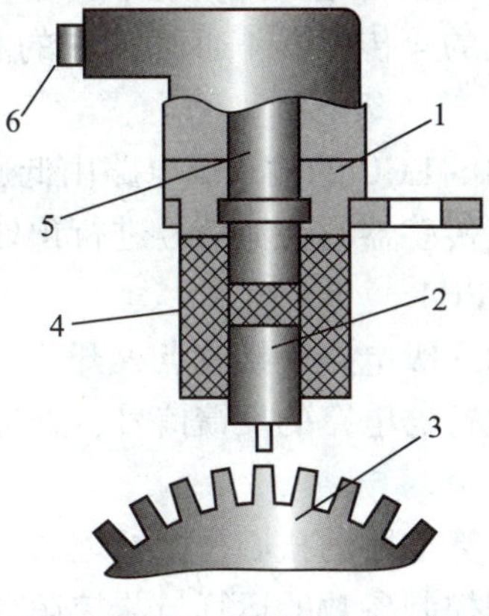

1-传感器外壳；2-极轴；3-齿圈；
4-电磁线圈；5-永久磁铁；6-导线。
图6-23　电磁式车轮转速传感器的结构

2. 车轮转速传感器的工作原理

电磁式车轮转速传感器的工作原理如图6-24所示。

图中，传感器齿圈在随车轮旋转的同时，与传感头极轴做相对运动。当传感头的极轴与齿圈的齿隙相对时，极轴与齿圈之间的空气间隙最大，此时的磁阻最大。当传感头的极轴与齿圈的齿顶相对时，两者之间的空气间隙最小，此时的磁阻最小。齿圈随车轮旋转，使得传感头电磁线圈周围的磁场周期性变化，电磁线圈的感应电压随着磁场变化，产生交变电压信号，即为车轮转速信号，其图形如图 6－25 所示。

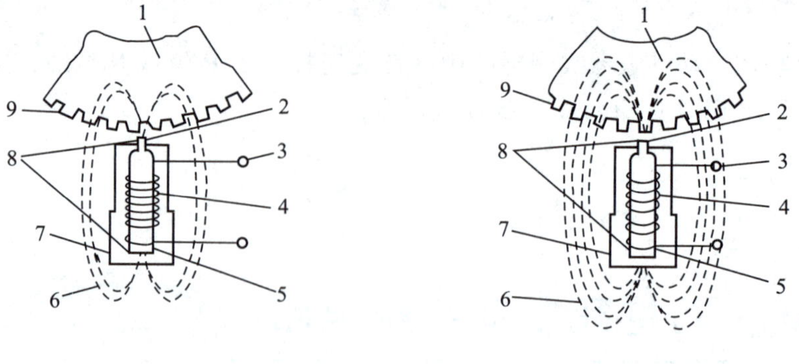

1－齿圈；2－极轴；3－电磁线圈引线；4－电磁线圈；5－永久磁铁；6－磁力线；
7－电磁式车轮转速传感器；8－磁极；9－齿圈齿顶。

图 6－24　电磁式车轮转速传感器的工作原理

交变电压信号的频率与齿圈的齿数及转速成正比，当齿圈的齿数一定时，车轮转速传感器输出的电压信号频率只与相应的车轮转速成正比。车轮转速传感器由电磁线圈引出两根导线，将其速度变化产生的交变电压信号送至 ABS 的 ECU。

为防止外部电磁波对传感器的干扰，传感器的引出线采用屏蔽线，以保证反映车轮转速变化的交变电压信号准确地送至 ABS 的 ECU。

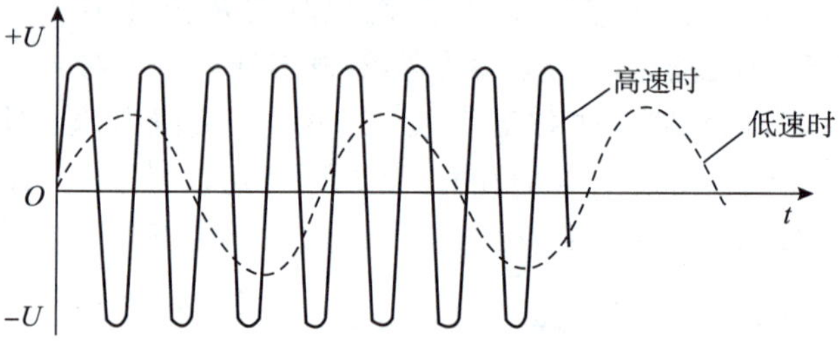

图 6－25　电磁式车轮转速传感器输出的电压信号

（二）ABS ECU

ABS 的 ECU 主要用来接收车轮转速传感器及其他相关传感器输入的信号，并对输入信号进行测量、比较、分析、放大及判别处理，通过精确的计算，得出制动时车轮的滑移率、车轮的加速度与减速度，以判断车轮是否抱死，然后发出控制信号，通过制动压力调节器对制动压力进行调节。

ECU 还具有故障自诊断、监控报警及保护功能。当 ABS 出现故障时，ECU 能使车辆及时转换成常规制动，并点亮故障指示灯以警示驾驶员注意。

EUC 内部电路通常包括：输入级电路、运算电路、输出级电路与安全保护电路等。如图 6－26 所示为常见的 4 传感器 4 通道 ABS 的 ECU 电路连接方式。

1. 输入级电路

ABS ECU 的输入级电路由低通滤波电路、整形电路、放大电路、A/D 转换电路等组成，用于对车轮转速传感器的交流信号进行预处理，将其转换为 ECU 可以接收的数字信号后送入运算电路（微型计算机 CPU）。

输入级电路还接收点火开关、制动开关、制动液液位开关等开关信号与电磁阀继电器、燃油泵继电器等执行器电路的反馈信号，处理后送入运算电路。

2. 运算电路

运算电路的核心是微处理器，主要作用是进行车轮线速度、滑移率、加速度及减速度的运算，调节电磁阀控制参数的运算与监控运算。

车轮转速传感器的信号经转换放大后输入车轮线速度运算电路，由电路计算出车轮的瞬时速度。初始速度、滑移率及加/减速度运算电路根据车轮瞬时线速度加以积分，计算出初速度，再把初速度与车轮瞬时线速度进行比较运算，最后得到滑移率与加/减速度。电磁阀控制参数运算电路根据计算出的滑移率、加/减速度信号，计算出电磁阀控制参数并输入至输出级电路。

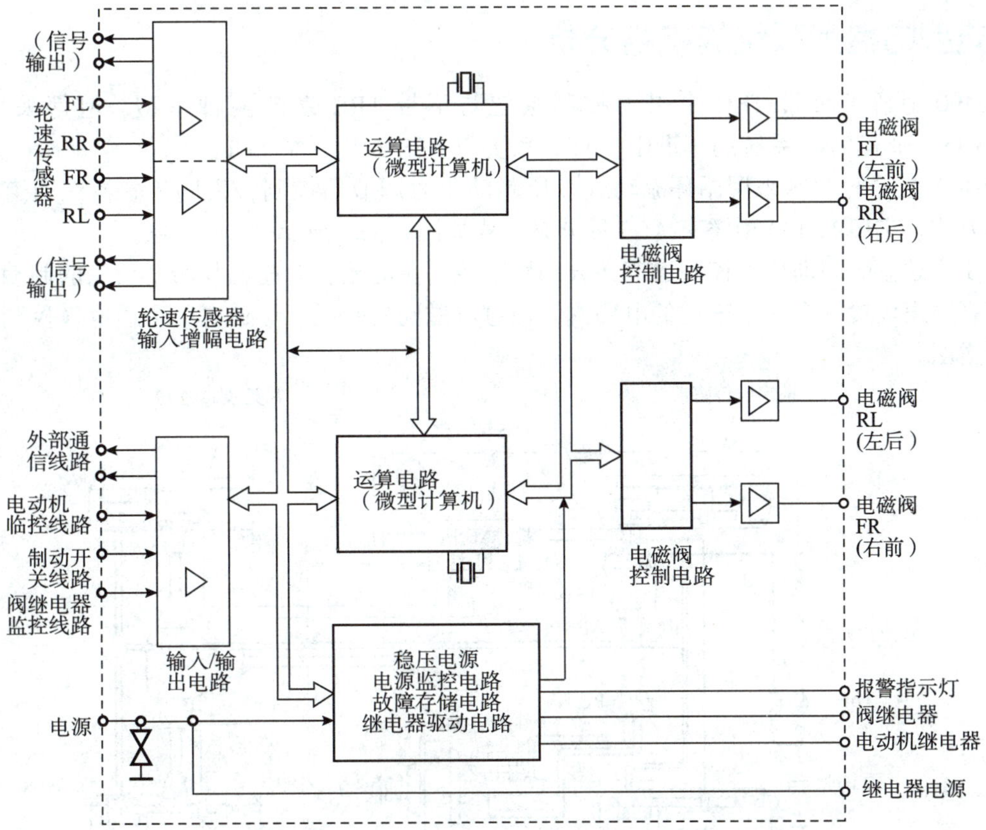

图 6－26　常见的 4 传感器 4 通道 ABS 的 ECU 电路连接方式

运算电路通常会有两个微处理器，以确保系统工作的可靠性。两个微处理器同时接收信号并进行运算与处理，并对运算结果进行交互式通信来比较，如果处理结果不一致，微处理器就立即停止 ABS 的工作，以防止系统因发生故障而导致错误的动作。当运算电路检测到传感器、执行器等外部电路出现故障时，会立即向安全保护电路输出停止 ABS 工作的控制指令，以确保汽车仍然有正常的制动器制动功能。

3. 输出级电路

输出级电路由电磁阀控制电路、燃油泵电机控制电路等组成。其作用是将运算电路的控制指令转换成为模拟控制信号，并通过功率放大器控制执行器按照运算电路的指令来工作。

4. 安全保护电路

安全保护电路主要由电源监控电路、故障储存电路、继电器控制电路、ABS 报警灯控制电路等组成。主要功能如下。

（1）将汽车电源提供的 12 V 电压变为 ECU 内部所需的 5 V 标准的稳定电压，同时对汽车电源电路的电压是否稳定在规定范围内进行监控。

（2）对车轮转速传感器输入放大电路、运算电路与输出级电路的故障信号进行监视。当出现故障信号时，关闭制动阀门，停止 ABS 的工作，转入常规制动方式，同时点亮 ABS 故障指示灯。

（3）将故障信息以故障码的形式储存在存储器中。

（三）制动压力调节器

制动压力调节器是 ABS 的执行器，在紧急制动时，根据 ECU 的控制信号，自动调节制动轮缸制动压力的大小，防止车轮抱死，并使车轮处在理想滑移率的状态。

根据动力源的不同可将制动压力调节器分为液压式与气压式两类。目前，汽车上普遍使用液压式制动压力调节器，包括循环流通式制动压力调节器与变容积式制动压力调节器两种。

二、典型防抱死系统的电路分析

丰田 LS400 型轿车有带 TRC 牵引力控制系统与不带 TRC 系统两种车型，但都采用德国博世（BOSCH）ABS。带有 TRC 系统的车型中，TRC 系统与 ABS 共用一个 ECU。

丰田 LS400 型轿车 ABS 采用循环流动式液压制动压力调节器控制，为四传感器三通道、左右前轮独立控制的方式。丰田 LS400 型轿车 ABS 的分布形式如图 6－27 所示。

图中有 3 个独立的制动压力控制通道，分别用于控制左前轮、右前轮与两个后轮的制动压力。每个制动压力控制通道设置一个三位三通的电磁阀，通过电磁阀的断电、半通电、全通电来控制制动压力减压、保持与增压。

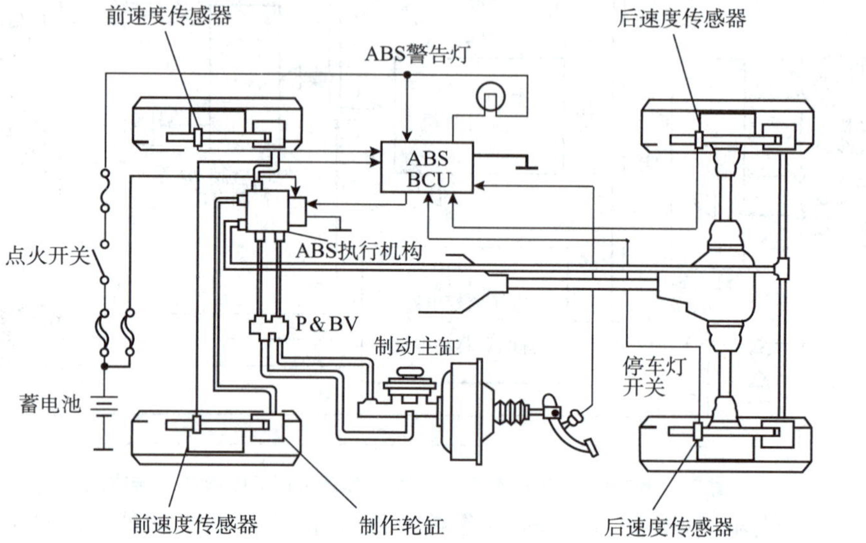

图 6－27　丰田 LS400 型轿车的 ABS 防抱死制动系统的分布形式

丰田 LS400 型轿车 ABS 控制电路如图 6－28 所示。

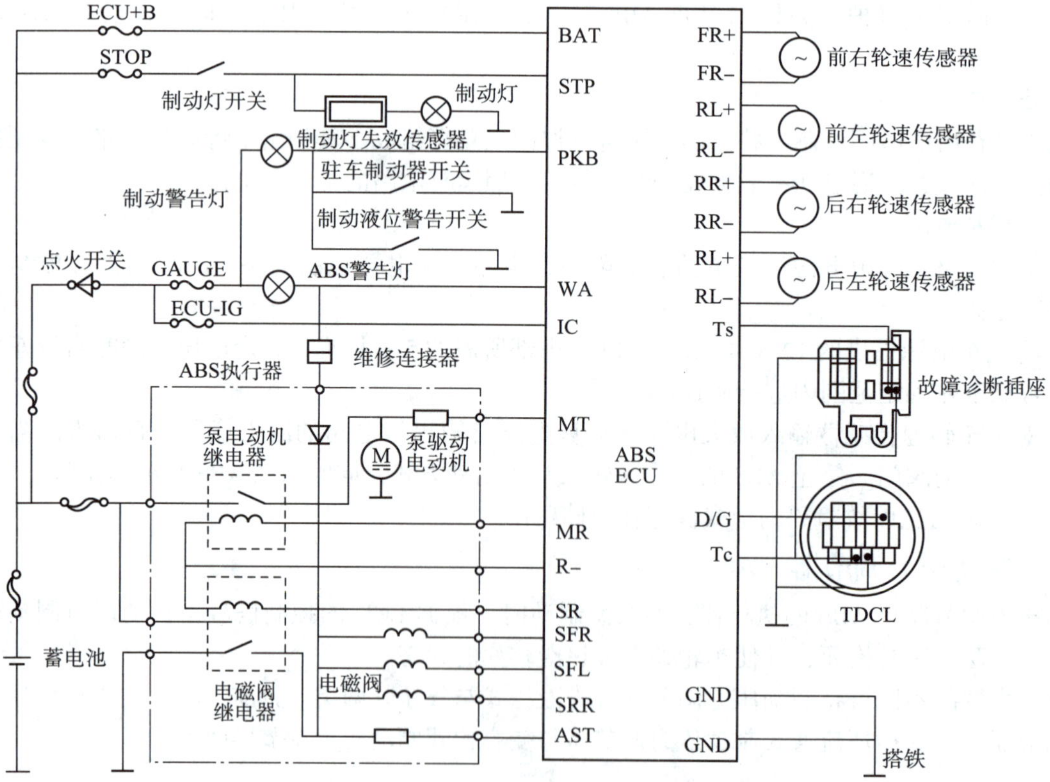

图 6－28　丰田 LS400 型轿车 ABS 防抱死制动系统控制电路

ABS 的 4 个车轮转速传感器将车轮转速信号通过端子 FR +，FR -，FL +，FL -，RR +，RR -，RL +，RL - 输入 ECU 内相关电路。ECU 有两个插接器，插接器代号为 A16，A17。ECU 各端子符号及含义如表 6 - 5 所示。

表 6 - 5　丰田 LS400 型轿车的 ABS 防抱死制动系统 ECU 各端子符号及含义

编号	端子符号	含义	编号	端子符号	含义
A16—1	D/G	诊断	A16—16	GND	接地
A16—2	RR -	后右车速传感器	A16—17	—	—
A16—3	RL -	后左车速传感器	A16—18	—	—
A16—4	TC	诊断	A17—1	SER	右前电磁线圈
A16—5	GND	接地	A17—2	WA	ABS 报警指示灯
A16—6	BAT	备用电源	A17—3	STP	制动灯开关
A16—7	IG	电源	A17—4	—	—
A16—8	SFL	前左电磁线圈	A17—5	PKB	驻车制动开关
A16—9	RR +	后右车速传感器	A17—6	SRR	后电磁线圈
A16—10	R -	继电器接地	A17—7	—	—
A16—11	RL +	后左车速传感器	A17—8	MT	电动机继电器监控器
A16—12	FR -	前右车速传感器	A17—9	SR	电磁继电器
A16—13	FR +	前右车速传感器	A17—10	MR	电动机继电器
A16—14	FL -	前左车速传感器	A17—11	TS	传感器检查用
A16—15	FL +	前左车速传感器	A17—12	AST	电磁继电器监控器

(一) 电磁阀继电器电路

ABS 电磁阀继电器为复合式触点，用来为 ABS 各电磁阀供电，其电路图如图 6 - 29 所示。

当点火开关置于 ON 挡位置时，若 ABS ECU 初始检查正常，则该继电器将接通。常闭触点使 ABS 各电磁阀搭铁，常开触点闭合时接通各电磁阀线圈电源，并通过 AST 端子向 ECU 提供 ABS 电磁阀继电器工作反馈信息。ECU 通过 SR 端子输出电压来控制 ABS 电磁阀继电器工作。

若 ABS 电磁阀继电器电路发生故障，则 ABS ECU 执行故障防护功能，切断通往 ABS 电磁阀继电器的电路，以阻止 ABS 的控制，切换为普通制动方式。同时，ECU 将故障码 11 与 12 储存在存储器中。

(二) 油泵电动机继电器电路

油泵电动机通过电动机继电器来供电，电动机继电器电路如图 6 - 30 所示。

油泵电动机继电器有一常开触点，当 ABS 启动时，ABS ECU 通过端子 MR 与端子 R - 为电动机继电器线圈供电，并控制继电器触点闭合。油泵电动机通电开始工作，并通过 MT 端子向 ECU 提供油泵继电器工作的反馈信号。

若 ABS 电动机继电器电路发生故障，则 ABS ECU 执行故障防护功能，切断通往 ABS 电磁阀继电器的电路，以阻止 ABS 的控制，切换为普通制动方式。同时，ECU 将故障码 13 与 14 储存在存储器中。

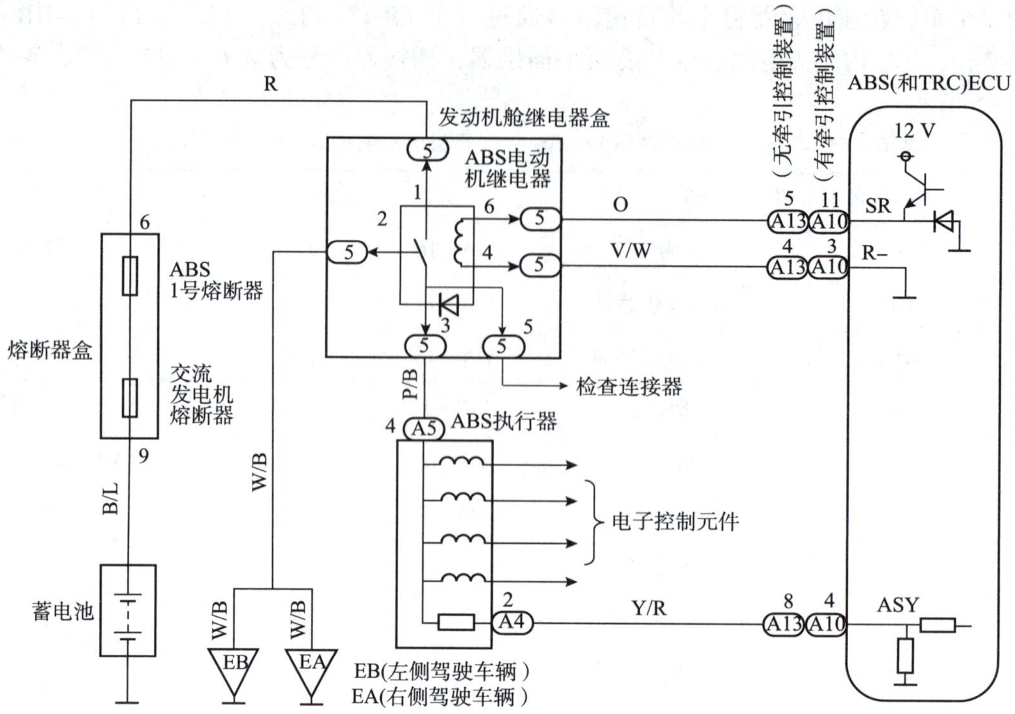

图 6－29　ABS 电磁阀继电器供电电路

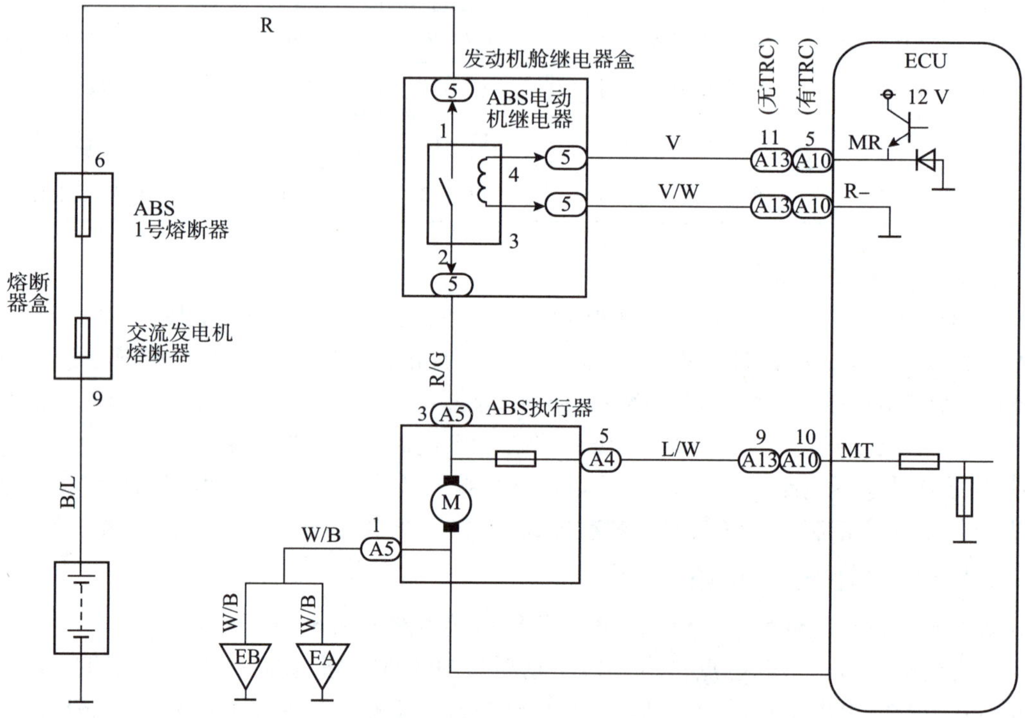

图 6－30　油泵电动机继电器电路

（三）制动压力调节器电磁阀控制电路

制动压力调节器电磁阀控制电路如图 6－31 所示。

当电磁阀继电器线圈通电，常开触点闭合时，ECU 通过端子 SFR，SFL，SRR 控制相应的电磁阀线圈全通电、半通电、断电，以调节制动分泵上的液压压力，从而控制制动力的大小。

若制动压力调节器电磁阀发生故障，ABS ECU 将执行故障防护功能，切断通往 ABS 电磁阀继电器的电路，以阻止 ABS 的控制，切换为普通制动方式。同时，ECU 将故障码 21，22，23 与 24 储存在存储器中。

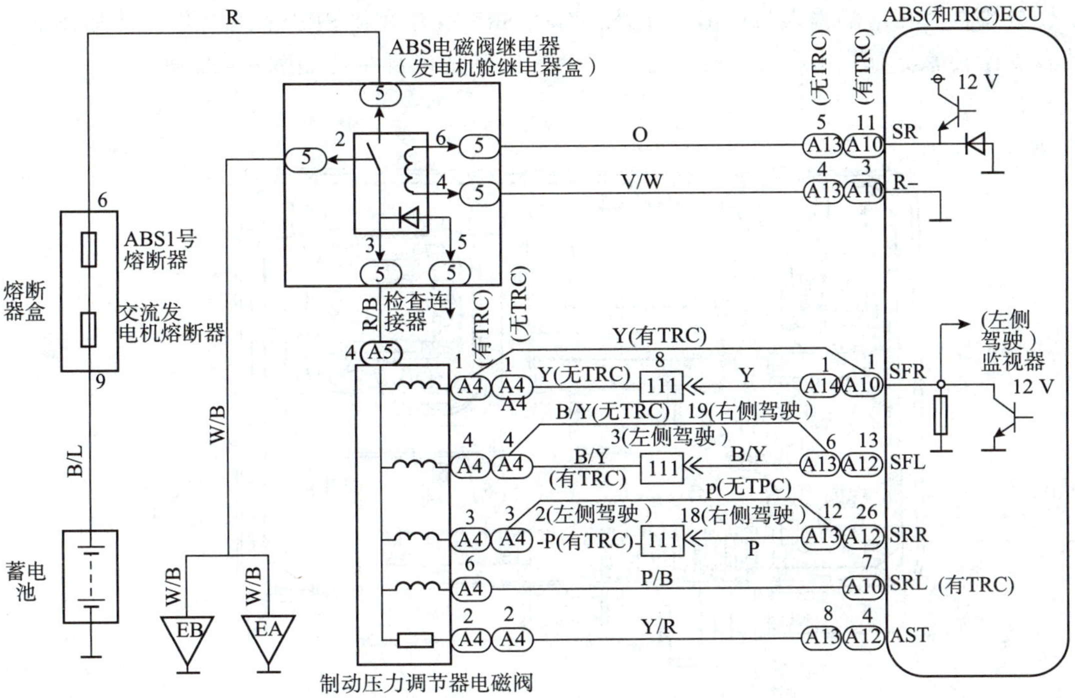

图 6－31 制动压力调节器电磁阀控制电路

第四节 安全气囊系统电路

汽车安全气囊系统（SRS）是汽车上的一种辅助保护系统，必须与座椅安全带配合使用，方可为乘员提供有效的防撞保护。

安全气囊系统

一、安全气囊系统的基础结构

汽车安全气囊系统主要由 SRS 传感器、SRS ECU、安全气囊组件、SRS 报警指示灯等部件组成。

（一）SRS 传感器

SRS 传感器用于检测、判断汽车发生事故后的撞击信号，并把信号输入 SRS ECU。SRS 传感器包括碰撞传感器与安全传感器。

碰撞传感器：用于感知碰撞强度，把碰撞强度转换成电信号，输入到 SRS ECU，作为 ECU 判断安全气囊是否需要打开的依据。一般安装在汽车前部两侧及中间。

安全传感器：也称作保险传感器或碰撞防护传感器，一般安装在 SRS ECU 内部。安全传感器与碰撞传感器设定的阈值不同。原则上安全传感器所设定的减速度阈值要比碰撞传感器所设定的减速度阈值要稍小一些。

（二）SRS ECU

SRS ECU 根据接收的各种碰撞传感器信号判断汽车是否发生了碰撞以及碰撞的强度，并确定是否输出点火信号来引爆气囊与安全带预紧器，并对系统故障进行自诊断。

除了微处理器及相应的输入与输出电路外，有些 SRS ECU 还将 SRS 备用电源、点火引爆电路、SRS 诊断电路及安全传感器都集中在一个控制盒中。SRS ECU 的内部结构如图 6－32 所示。

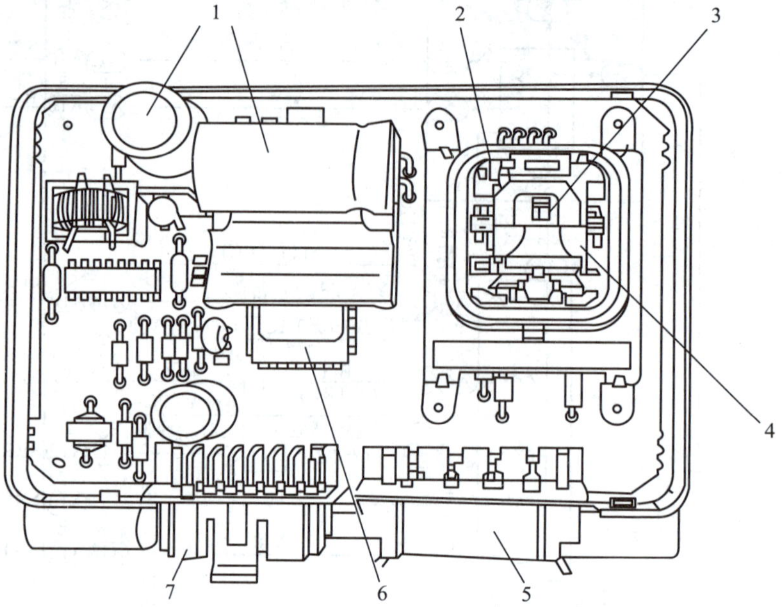

1－备用电源；2－安全传感器；3－传感器触点；4－传感器平衡块；
5－四端子插接器；6－SRS 微处理器模块；7－SRS 控制器插接器。

图 6－32　SRS ECU 的内部结构

（三）安全气囊组件

安全气囊组件包括充气装置、气囊、气囊衬垫、底板等部分。充气装置是气囊电子控制电路的执行器，主要由气体发生剂、点火剂、点火器、过滤器等组成。

主驾驶位置的安全气囊组件一般安装在转向盘中心位置，副驾驶位置的安全气囊组件一般安装在仪表板右侧、杂物箱上方，车门两侧的安全气囊组件一般安装在前排座椅的靠背中。

（四）SRS 报警指示灯

SRS 报警指示灯用来指示安全气囊是否处于正常状态。当点火开关接通后，汽车进行系统自检，SRS 报警指示灯先亮后灭则表示安全气囊系统正常。若 SRS 报警指示灯不亮或常亮，则表示 SRS 发生故障。应及时检修，排除故障。

二、安全气囊电子控制系统的工作原理

当汽车前方一定角度范围内受到高速碰撞时，安装在汽车前端的碰撞传感器、安装在 SRS 电控单元内部的中心碰撞传感器与安全传感器都会检测到汽车突然减速的信号。此时传感器就会将减速信号传送到 SRS ECU，经过运算后若 ECU 判定碰撞程度达到设定值，则立即向 SRS 气囊组件的点火器发出点火指令，接通引爆电路，引爆电雷管，使点火剂受热爆炸。

点火剂引爆时产生大量热量，使充气剂受热分解，释放大量氮气并冲入气囊，气囊便冲开气囊组件的装饰盖板并迅速膨胀，使驾驶员头部与胸部压在充满气体的气囊上，在人体与车体之间形成保护气垫，达到保护人体的目的。

安全气囊系统的控制原理如图 6－33 所示。

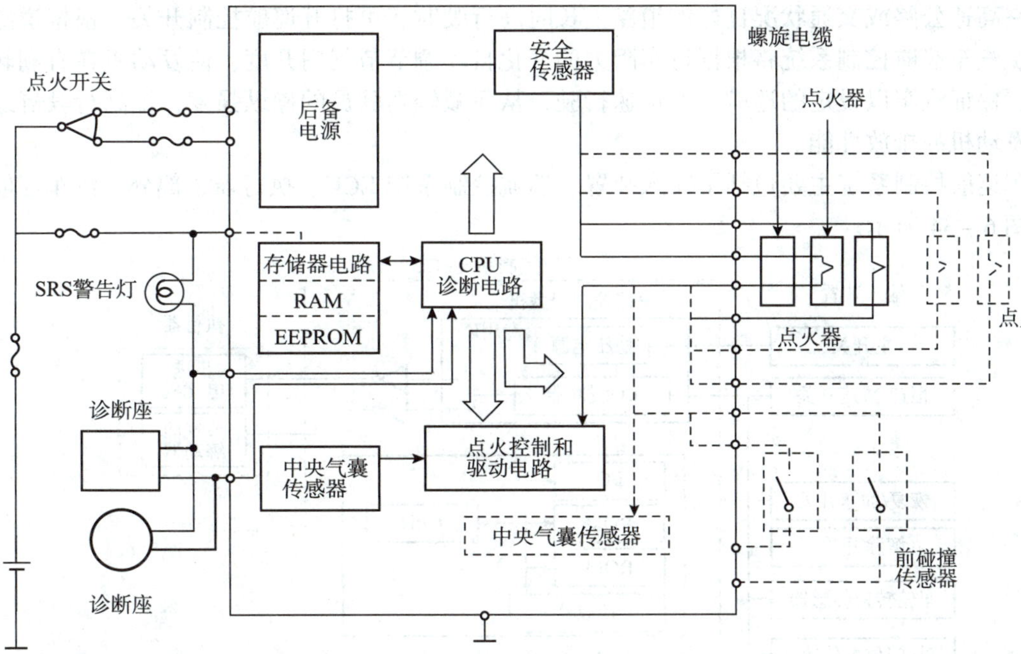

图 6－33　安全气囊系统的控制原理

（一）电源电路

在单个安全气囊控制模块中，设有一个 ECU 备用电源与两个点火备用电源，即每个点火电路各配一个备用电源，备用电源电路由电源控制电路与若干个电容器组成。当点火开关接通 10 s 后，若汽车电源电压高于 SRS ECU 的最低工作电压，ECU 备用电源与点火备用电源即可进行储能。

当汽车遭受碰撞，导致蓄电池及交流发电机均与 SRS 电路切断，无法再为 SRS 供电时，备用电源能够保证在 6 s 之内向 SRS 供电，使 SRS 保持正常功能，检测碰撞信号并进行运算，及时发出点火指令来控制点火器点火，引爆点火剂，顺利打开气囊。

（二）信号处理电路

信号处理电路主要用来对传感器检测的信号进行整形、放大及滤波处理，以便 ECU 能够对信号进行接收、识别及运算。

（三）保护电路与稳压电路

电感线圈迅速地接通或关闭、负载设备的连接与断开、负载电流突然变化等原因都会引起脉冲电压，会对 SRS 产生过电压。为了防止汽车电路中的过电压对 SRS 的元器件造成损坏，在 SRS 电路中设置了保护电路与稳压电路。

第五节　汽车巡航控制系统电路

一、汽车巡航控制系统的结构

汽车巡航控制系统（CCS）可根据驾驶员设定的巡航速度，使汽车保持在设定的速度自动稳速的行驶。汽车巡航控制系统也被称为恒速行驶系统或车速自动控制系统。

当汽车在高速公路或交通状况良好的道路上长时间行驶时，可打开巡航控制开关，根据道路状况设定巡航速度。汽车巡航控制系统将根据行车阻力的变化自动调节节气门开度，使发动机在有利转速范围内稳定运行，保证汽车以设定的巡航速度恒速行驶，从而减轻驾驶员的操纵强度，提高行驶舒适性、燃油经济性及发动机的排放性能。

一般汽车巡航控制系统主要包括了输入装置、巡航控制系统 ECU、执行器 3 部分。汽车巡航控制系统的组成如图 6－34 所示。

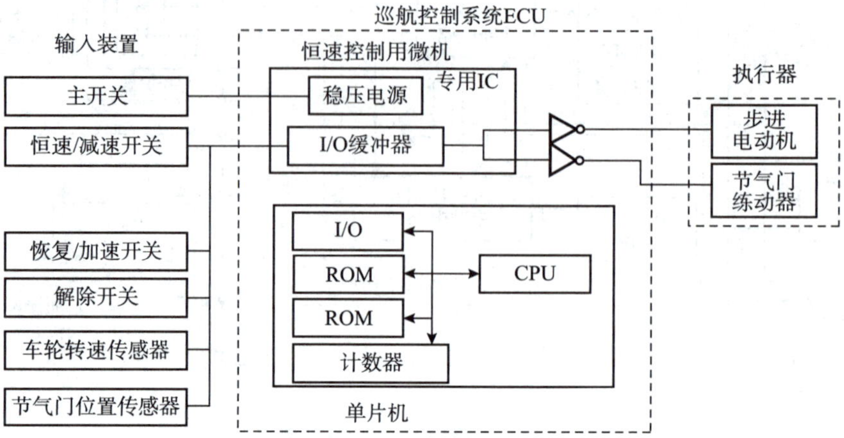

图 6－34　汽车巡航控制系统的组成

（一）输入装置

汽车巡航控制系统的输入装置包括车轮转速传感器、节气门位置传感器及操作开关等。车轮转速传感器用来监控车速并将车速信息以脉冲电压信号的方式输入巡航控制系统 ECU；节气门位置传感器用来向 ECU 输入节气门位置信号。

操作开关主要用于设置巡航车速、重置或退出巡航，包括主开关与控制开关。主开关即为巡航系统的电源开关，为按键式接合开关，只有在发动机工作的电源线路接通后，巡航系统的电源才会接通。当发动机停转断电时，巡航系统电源也会随之自动切断。

手柄式的控制开关具有设置（LET）、减速（COAST）、重置（RES）、加速（ACC）、取消（CANCEL）等 5 种功能。除了取消开关，其他包括停车灯开关、驻车制动开关、离合器开关与空挡启动开关等开关都可使巡航控制取消。

（二）巡航控制系统 ECU

如图 6－35 所示为数字式巡航控制系统 ECU 的组成方框图。

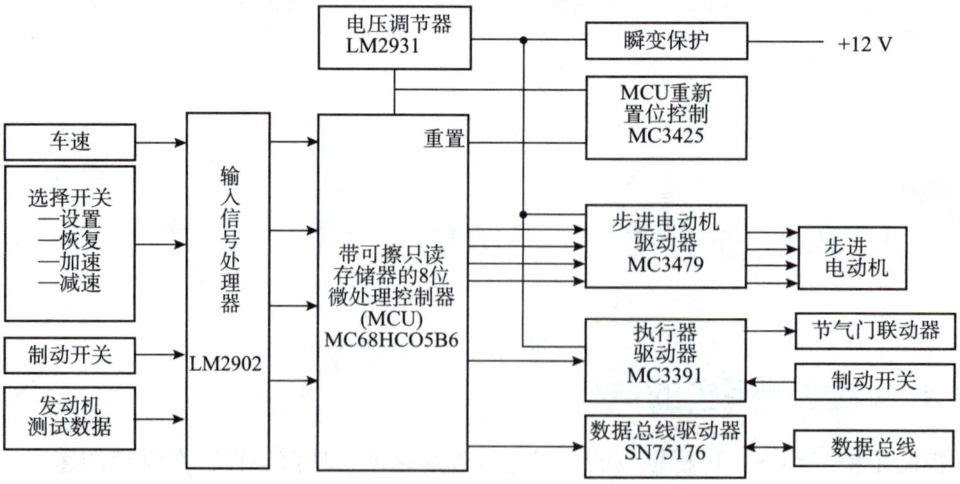

图 6－35　数字式巡航控制系统 ECU 的组成方框图

巡航控制系统 ECU 通过接收来自车速与发动机工作状态参数信号及各种控制开关信号，通过内部电路进行处理。当 ECU 判定汽车实际行驶速度偏离了设定的巡航速度时，便会向执行器输出电子控制信号，通过执行器的动作，使汽车实际行驶速度与设置的巡航速度保持一致。

当车辆制动、车速低于 40 km/h 或实际车速与巡航车速相差 6～8 km/h 时，ECU 便会自动取消巡航控制，以保证行车安全。

（三）执行器

执行器根据 ECU 发出的控制信号来相应地调节节气门的开度。节气门开度调节方式可分为真空驱动式与电动机驱动式。通过节气门开度的调节可以使发动机加速、保持或减速行驶。

二、汽车巡航控制系统的工作原理

如图 6－36 所示为汽车巡航系统的基本原理方框图。

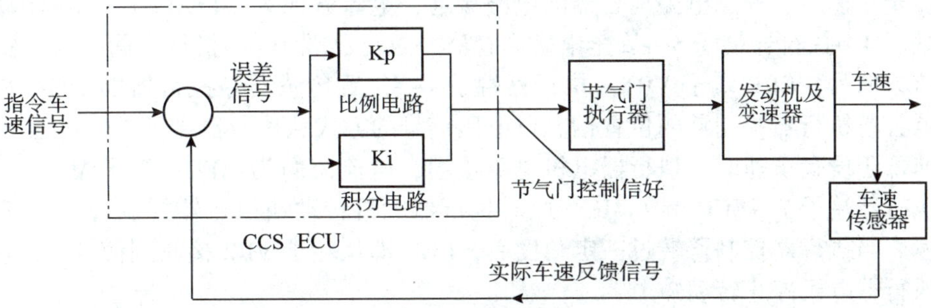

图 6－36　汽车巡航系统的基本原理方框图

汽车巡航系统 ECU 有两个输入信号：一个是驾驶员设定的巡航车速信号；另一个是实际车速的反馈信号。当监测的实际车速高于或低于驾驶员设定的巡航车速时，ECU 对这两个信号进行比较，得出两者信号差，即误差信号。经过放大处理后将误差信号转变为节气门开度控制信号，并将控制信号输送至执行器，由执行器对节气门的开度进行适当的调节，以修正实际车速与设定的巡航车速的误差，使实际车速及时恢复至巡航车速，以保持行驶稳定。

三、典型汽车巡航控制系统的电路分析

如图 6－37 所示为丰田 LS400 汽车巡航控制系统电路。

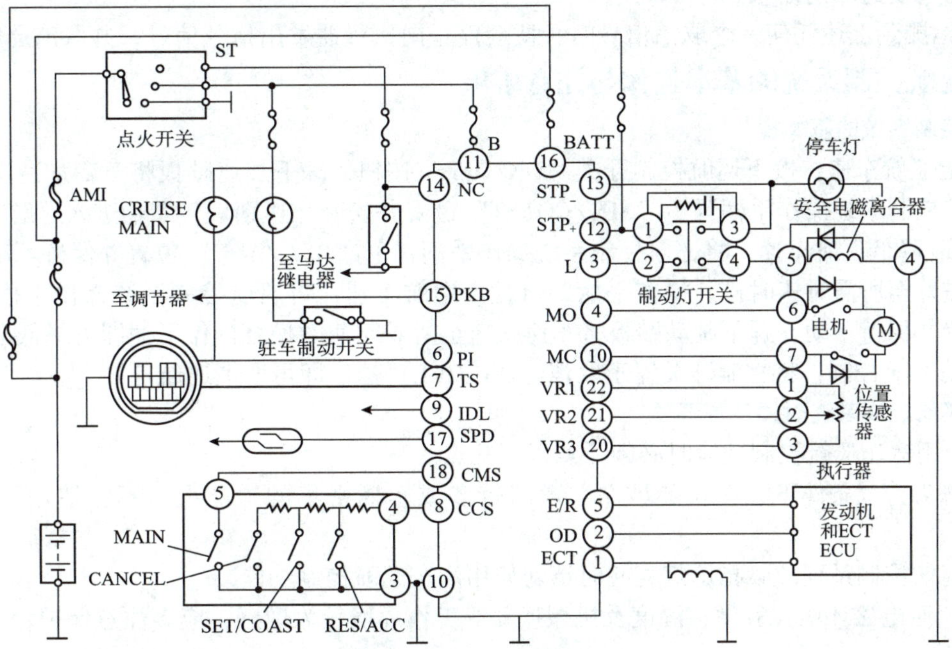

图 6－37　丰田 LS400 汽车巡航控制系统电路

图 6-37 中巡航控制开关包括主开关（MAIN）与 3 个换挡位，即设置/巡航（SET/COAST）、复位/加速（RES/ACC）及取消（CANCEL）挡位。丰田 LS400 汽车巡航控制系统工作原理如下。

（一）接通主开关

主开关（MAIN）接通后，控制开关部分的电流方向为：ECU 的 CMS 端子→控制开关端子 5→MAIN 开关→控制开关端子 3→搭铁。ECU 处于预备状态，且 CRUISE MAIN 指示灯亮。

（二）接通控制开关

控制开关具有设置/巡航、复位/加速及取消功能。当开关调至不同挡位时，控制开关部分的电流方向为：ECU 的 CCS 端子→控制开关端子 4→控制开关（SET/COAST 或 RES/ACC 或 CANCEL）→控制开关端子 3→搭铁。ECU 根据控制开关设置的挡位进行相应的操作。

（三）车速控制过程

在驾驶员设定车速后，安全电磁离合器的电路接通，电流方向为：ECU 端子 L→制动灯开关端子 2→制动灯开关端子 4→执行器端子 5→安全电磁离合器→执行器端子 4→搭铁。同时执行器的位置传感器电路接通，电流方向为：ECU 端子 VR1→执行器端子 1→位置传感器→执行器端子 3→ECU 端子 VR3。此时位置传感器会将执行器控制臂的位置信息以电压信号的方式从执行器端子 2 输送至 ECU 端子 VR2。

当实际车速低于设置车速时，执行器电机电路接通，电流流向为：ECU 端子 MO→执行器端子 6→执行器电机→执行器端子 7→ECU 端子 MC。此时执行器电机转动使执行器控制臂沿节气门打开方向转动，以提高车速。当执行器控制臂转过一定角度后，ECU 即从端子 VR2 接收到信号，并切断从端子 MO 输出的信号，执行器电机停止转动。

当实际车速高于设置车速时，电流由 ECU 端子 MC 流出，使执行器电机沿相反的方向转动，以降低车速。

（四）取消巡航控制

通过下列方式可取消汽车巡航控制。

（1）控制开关：将控制开关置于取消（CANCEL）挡位。

（2）驻车制动开关：拉紧制动杆，驻车制动开关接通并向 ECU 端子 PKB 发送取消信号。

（3）空挡启动开关：将换挡杆置于“N”挡或“P”挡位时，空挡启动开关打开并向 ECU 端子 NC 发送取消信号。

（4）制动灯开关：踩下制动踏板时，制动灯开关闭合，安全电磁离合器被释放，经制动开关向 ECU 端子 STP-发送取消信号。

当 ECU 检测到上述任何一个取消信号时，便会停止向执行器发出指令信号，并取消巡航控制。

（五）巡航控制系统的基本操作与注意事项

1. 巡航控制系统的基本操作

（1）设定巡航车速：按下巡航控制开关“ON/OFF”按钮，踩下加速踏板将车辆加速至需要设定的车速，将巡航控制系统操作手柄置于“SET/COAST”位置并松开加速踏板，车辆进入巡航状态。

（2）提高/降低巡航车速：将巡航控制系统操作手柄置于“REC/ACC”位置并保持不动，踩下加速踏板将车速提升至所需时速时松开操作手柄即可提高巡航车速；将巡航控制系统操作手柄置于“SET/COAST”位置并保持不动，踩下制动踏板将车速减速至所需时速时松开操作手柄即可降低巡航车速。

（3）取消巡航控制：将控制开关置于取消（CANCEL）挡位即可取消巡航控制。

2. 使用巡航控制系统时的注意事项

在选择使用汽车巡航控制功能时必须注意以下几点。

（1）在恶劣天气条件下、在长陡坡路、弯路较多或车辆密集的道路上，不宜使用汽车巡航控制功能。

（2）当巡航控制系统故障指示灯亮起时请勿使用汽车巡航控制功能。

（3）ECU 对电磁环境、温度、湿度及机械振动等工作环境较为敏感，应多注意保护。

第六节　其他控制电路

一、电动座椅控制电路

如图 6－38 所示为科鲁兹轿车驾驶员侧电动座椅的控制电路。

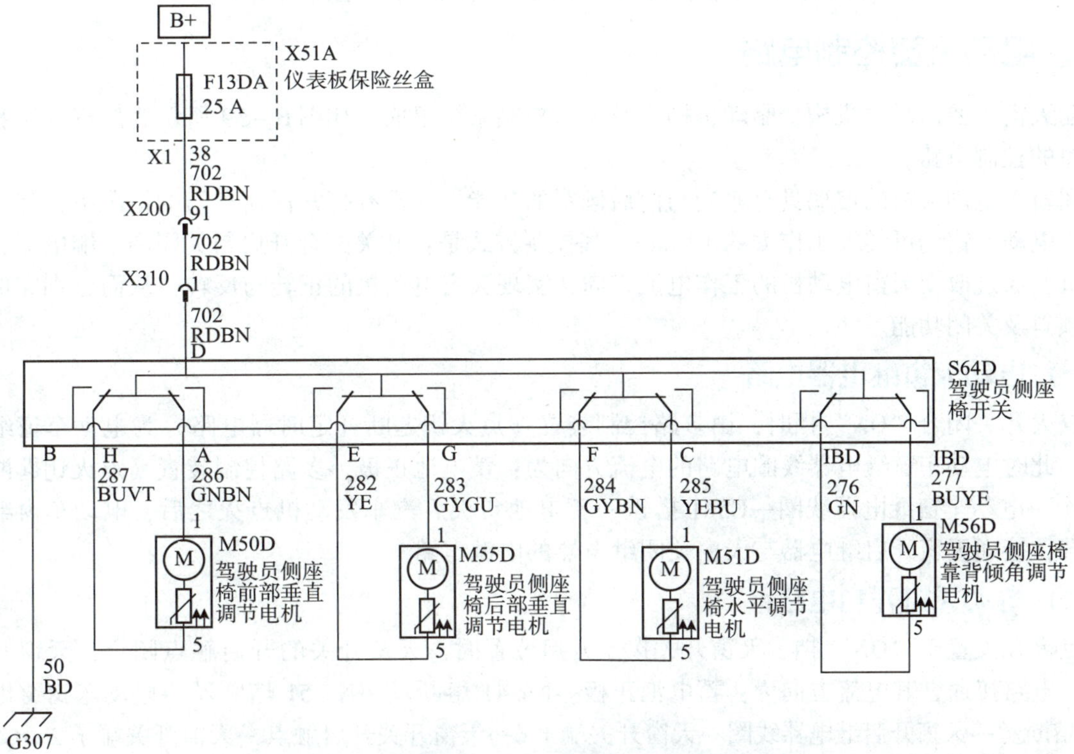

图 6－38　科鲁兹轿车驾驶员侧电动座椅的控制电路

从图 6－38 中可以看出，科鲁兹轿车驾驶员侧电动座椅的控制电路没有 ECU 及存储器，不具备故障自诊断功能。电路中装备了 4 个调节电机，分别是座椅前部垂直调节电机（M50D）、座椅后部垂直调节电机（M55D）、座椅水平调节电机（M51D）、座椅靠背倾角调节电机（M56D）。座椅水平调节电机可使整个座椅向前或向后移动；座椅垂直调节电机可以单独工作，使坐垫的前部与后部分别向上或向下移动，两台垂直电机也可以同时工作，使整个座椅向上或向下移动；座椅靠背倾角调节电机可使座椅靠背向前或向后倾斜。

驾驶员侧电动座椅的调节完全由座椅开关 S64D 进行控制。蓄电池电压始终通过位于仪表板保险丝盒中的 F13DA 保险丝（25 A）提供给座椅开关，电路中所使用的电机 M51D，M50D，M55D，M56D 都是双向直流电机，所有电机都通过座椅开关的端子 B 于 G307 处搭铁。

（一）座椅的上下调节

当按下电动座椅开关 S64D 前部垂直调节按钮的右侧触点时，前部垂直调节电机的电流通路为：B＋→F13DA→S64D 开关端子 D→S64D 开关端子 H→M50D 电机端子 5→M50D 电机端子 1→S64D 开关端子 A→端子 B→G307 搭铁，此时电动机 M50D 控制座椅前部坐垫向下调节。

当按下电动座椅开关 S64D 前部垂直调节按钮的左侧触点时，前部垂直调节电机的电流通路为：

B +→F13DA→S64D 开关端子 D→S64D 开关端子 A→M50D 电机端子 1→M50D 电机端子 5→S64D 开关端子 H→S64D 开关端子 B→G307 搭铁，此时电动机 M50D 控制座椅前部坐垫向上调节。

驾驶员侧座椅后部垂直调节电机的工作原理与前部垂直调节电机相同，此处不再赘述。

（二）座椅的前后调节

当按下电动座椅开关 S64D 水平调节按钮的右侧触点时，水平调节电机的电流通路为：B +→F13D A→S64D 开关端子 D→S64D 开关端子 F→M51D 电机端子 5→M51D 电机端子 1→S64D 开关端子 C→S64D 开关端子 B→G307 搭铁，此时电动机 M51D 控制座椅前部坐垫向后调节。

当按下电动座椅开关 S64D 水平调节按钮的左侧触点时，水平调节电机的电流通路为：B +→F13D A→S64D 开关端子 D→S64D 开关端子 C→M51D 电机端子 1→M51D 电机端子 5→S64D 开关端子 F→S64D 开关端子 B→G307 搭铁，此时电动机 M51D 控制座椅前部坐垫向前调节。

二、电动天窗控制电路

电动天窗主要由滑动机构、驱动机构、开关与控制系统组成。如图 6 – 39 所示为广汽本田雅阁轿车电动天窗的控制电路。

雅阁轿车电动天窗的玻璃具有遮光与前后倾斜的功能。在没有打开任何车门的情况下，将点火开关断开后，电动天窗仍可继续工作大约 10 min。其控制方式是：开关配合开启与关闭两个继电器，控制天窗电动机，通过改变天窗电动机的工作电流方向，实现天窗电动机的正转与反转，从而分别完成天窗的开启、倾斜及关闭功能。

（一）电动天窗继电器电路

当点火开关闭合“ON”挡时，由多路控制装置（点火钥匙断开定时器电路）为电动车窗继电器线圈供电，此时电动车窗继电器线圈电路的电流方向为：蓄电池正极→多路控制装置（点火钥匙断开定时器电路）→电动车窗继电器线圈→G581 搭铁→蓄电池负极。汽车发动机点火之后，电动车窗继电器的触点闭合，接通天窗开启继电器与天窗关闭继电器的电源电路。

（二）电动天窗开启电路

当点火开关置于“ON”挡、天窗开关拨至开启位置时，天窗开关的开启触点闭合，天窗开启继电器线圈的电路接通，其电流方向为：蓄电池正极→No. 41 熔断丝→No. 51 熔断丝→电动车窗继电器触点→No. 7 熔断丝→天窗开启继电器线圈→天窗开关端子 6→天窗开关开启触点→天窗开关端子 2→G501 搭铁→蓄电池负极。此时天窗开启继电器的线圈通电并控制其触点移动至左边位置，接通天窗电动机电路。

天窗电动机电路的电流方向为：蓄电池正极→No. 41 熔断丝→No. 51 熔断丝→No. 1 熔断丝→天窗开启继电器触点→天窗电动机端子 1→天窗电动机→天窗电动机端子 2→天窗关闭继电器触点→黑色导线→G501 搭铁→蓄电池负极。天窗电动机通电工作以开启天窗。

（三）电动天窗关闭电路

当点火开关置于“ON”挡、天窗开关拨至关闭位置时，天窗开关的关闭触点闭合，天窗关闭继电器的线圈电路接通，其电流方向为：蓄电池正极→No. 41 熔断丝→No. 51 熔断丝→电动车窗继电器触点→No. 7 熔断丝→天窗关闭继电器线圈→天窗状态开关端子 1→天窗状态开关端子 3→天窗开关端子 4→天窗开关关闭触点→天窗开关端子 2→G501 搭铁→蓄电池负极。此时天窗关闭继电器的线圈通电并控制其触点移动至右边位置，接通天窗电动机电路。

天窗电动机电路的电流方向为：蓄电池正极→No. 41 熔断丝→No. 51 熔断丝→No. 1 熔断丝→天窗关闭继电器触点→天窗电动机端子 2→天窗电动机→天窗电动机端子 1→天窗开启继电器触点→黑色导线→G501 搭铁→蓄电池负极。此时流经天窗电动机的电流与天窗开启时流经天窗电动机的电流方向相反，天窗电动机反向工作以关闭天窗。

天窗延时关闭电路：将点火开关断开时，在没有打开任何车门的情况下，电动天窗电路可以延时断电。此时由多路控制装置为电动车窗继电器供电。

（四）电动天窗倾斜电路

在天窗关闭状态，若将天窗开关拨至倾斜挡，天窗开关的倾斜触点闭合，天窗关闭继电器线圈的电路接通，其电流方向为：蓄电池正极→No. 41 熔断丝→No. 51 熔断丝→电动车窗继电器触点→No. 7 熔断丝→天窗关闭继电器线圈→天窗状态开关端子 1→天窗状态开关端子 2→天窗开关端子 5→天窗开关倾斜触点→天窗开关端子 2→G501 搭铁→蓄电池负极。此时天窗关闭继电器的线圈通电并控制其触点移动至右边位置，接通天窗电动机电路。

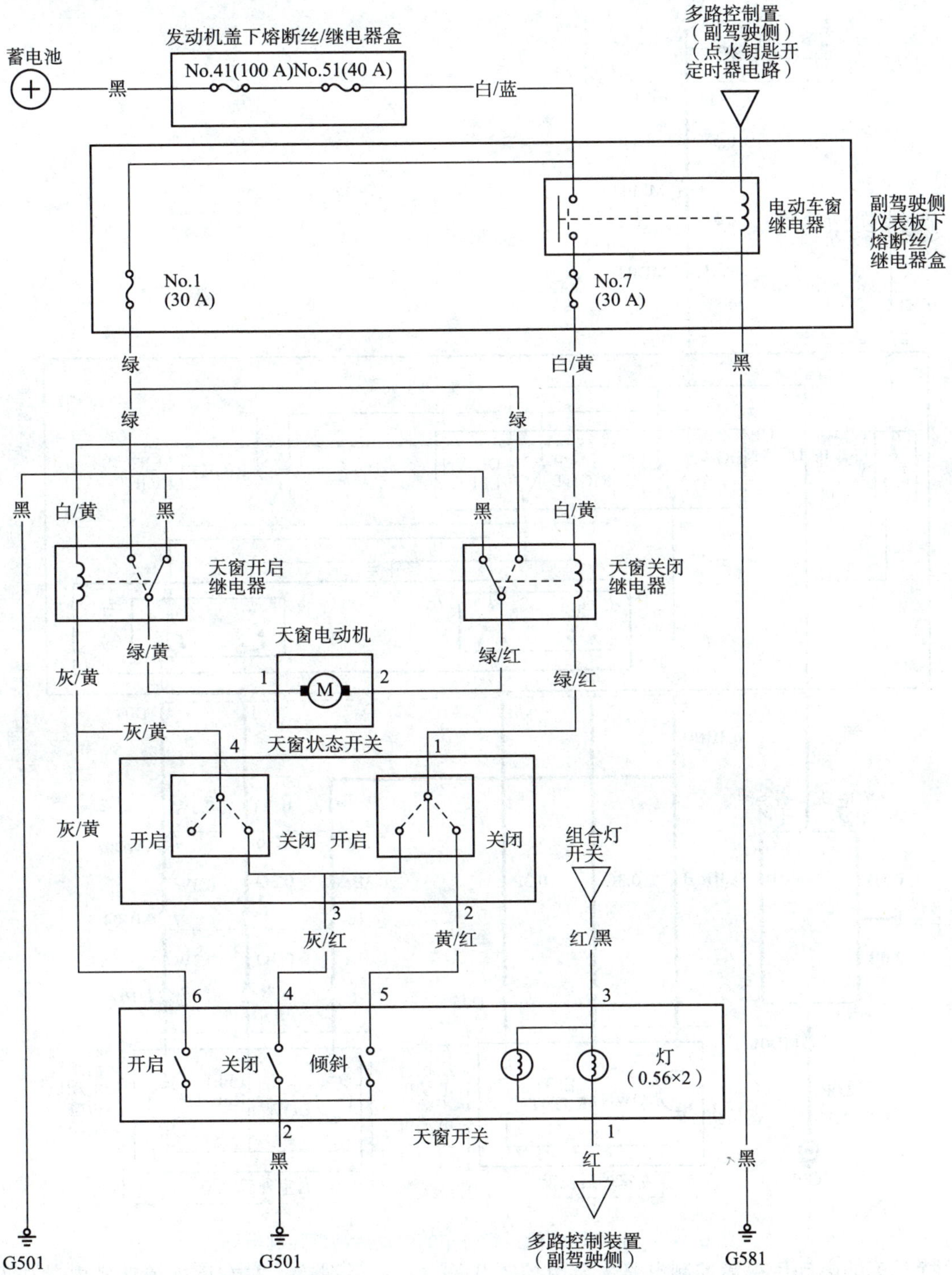

图 6－39　广汽本田雅阁轿车电动天窗的控制电路

三、电动后视镜控制电路

汽车上使用的电动后视镜一般包括后视镜的上下、左右方向的调节功能，如图 6－40 所示为北京现代伊兰特轿车的电动后视镜控制电路。

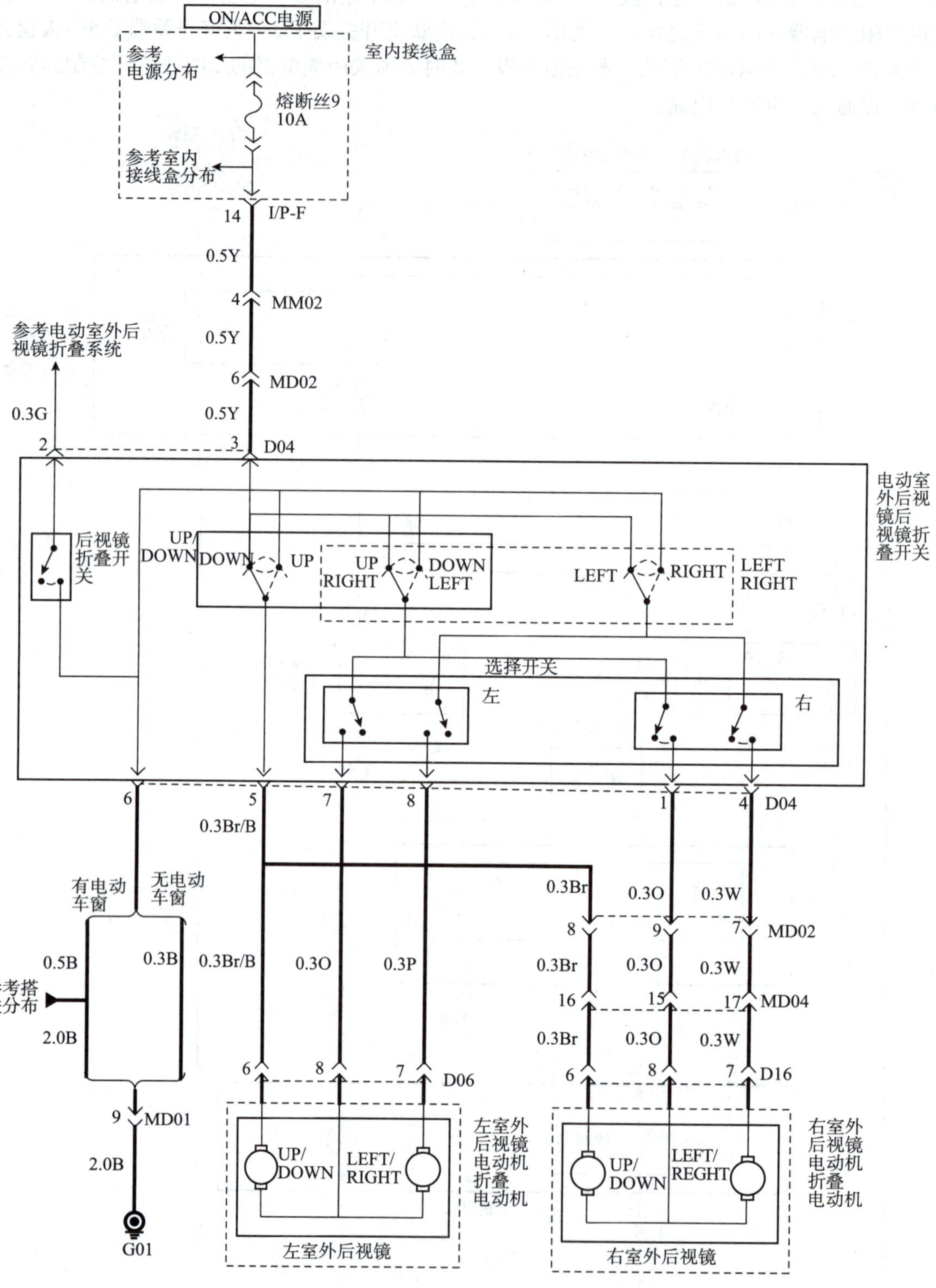

图 6－40　北京现代伊兰特轿车的电动后视镜控制电路

伊兰特轿车的电动后视镜控制电路主要由控制开关、左右后视镜、左右后视镜调整电动机及相关配线组成，控制开关包括了左右选择开关、上下调节开关、左右调整开关等基本功能。当点火开关置于

"ACC"或"ON"挡时，电动后视镜控制电路通电工作，此时可以通过电动后视镜控制开关调整后视镜的位置。

（一）电动后视镜上下调节

在图6-40中，当选择开关位于左位置，上下调整开关位于UP位时，左侧后视镜UP/DOWN电动机通电，完成向上调节，UP/DOWN电动机电路的电流方向为：蓄电池正极→点火开关"ACC"或"ON"挡→室内接线盒的熔断丝9→I/P—F插接器的端子14→MM02插接器的端子4→MD02插接器的端子6→D04插接器的端子3→后视镜控制开关→UP RIGHT触点→选择开关左边触点→D04插接器端子7→D06插接器的端子8→左侧后视镜UP/DOWN电动机→D06插接器的端子6→D04插接器的端子5→后视镜控制开关UP触点→D04插接器的端子6→MD01插接器的端子9→G01搭铁→蓄电池负极。

当选择开关位于左位置，上下调整开关位于DOWN位时，左侧后视镜UP/DOWN电动机通电，且电流方向与向上调节时的电流相反，以此来完成向下调节，UP/DOWN电动机电路的电流方向为：蓄电池正极→点火开关ACC或ON挡→室内接线盒的熔断丝9→I/P—F插接器的端子14→MM02插接器的端子4→MD02插接器的端子6→D04插接器的端子3→后视镜控制开关→DOWN触点→D04插接器端子5→D06插接器的端子6→左侧后视镜UP/DOWN电动机→D06插接器的端子8→D04插接器的端子7→选择开关左边触点→DOWN LEFT触点→D04插接器的端子6→MD01插接器的端子9→G01搭铁→蓄电池负极。

（二）电动后视镜的左右调节

当选择开关位于左位置，左右调整开关LEFT/RIGHT位于LEFT位时，左侧后视镜LEFT/RIGHT电动机通电，完成向左调节，LEFT/RIGHT电动机电路的电流方向为：蓄电池正极→点火开关ACC或ON挡→室内接线盒的熔断丝9→I/P—F插接器的端子14→MM02插接器的端子4→MD02插接器的端子6→D04插接器的端子3→后视镜控制开关→LEFT触点→选择开关左边触点→D04插接器端子8→D06插接器的端子7→左侧后视镜LEFT/RIGHT电动机→D06插接器的端子8→D04插接器的端子7→选择开关左边触点→后视镜控制开关UP/LEFT触点→D04插接器的端子6→MD01插接器的端子9→G01搭铁→蓄电池负极。

当选择开关位于左位置，左右调整开关LEFT/RIGHT位于RIGHT位时，左侧后视镜LEFT/RIGHT电动机通电，且电流方向与向左调节时的电流相反，以此来完成向右调节，LEFT/RIGHT电动机电路的电流方向为：蓄电池正极→点火开关ACC或ON挡→室内接线盒的熔断丝9→I/P—F插接器的端子14→MM02插接器的端子4→MD02插接器的端子6→D04插接器的端子3→后视镜控制开关UP RIGHT触点→选择开关左边触点→D04插接器端子7→D06插接器的端子8→左侧后视镜LEFT/RIGHT电动机→D06插接器的端子7→D04插接器的端子8→选择开关左边触点→后视镜控制开关RIGHT触点→D04插接器的端子6→MD01插接器的端子9→G01搭铁→蓄电池负极。

有些轿车上的电动后视镜除了上述基本功能外，还包括了后视镜的记忆存储功能、后视镜自动折叠功能、加热除霜功能及洗涤功能等附加功能。

实践操作

识图作业

一、ABS电路故障检测

某丰田LS400型轿车ABS电路发生故障，其检测的具体步骤如下。

（一）电磁阀继电器电路的检测

在点火开关置于"OFF"挡情况下，对电磁阀继电器进行检测。

步骤一：用万用表检测发动机舱5号继电器盒ABS电磁阀继电器端子1与端子2之间的电压，正常情况下两端子之间的电压应与蓄电池电压相同，如不相同则可能为继电器触点故障。

步骤二：检测电磁阀继电器端子3与ABS ECU端子AST之间是否导通。制动压力调节器电磁阀的A5插接器4号端子与A4插接器2号端子之间有一个4~6 Ω的电阻器，用万用表检测电磁阀继电器端子3与ABS ECU端子AST之间的电阻值应与之相近，否则说明电阻器或相关线路发生故障。

步骤三：检测电磁阀继电器是否正常。从5号继电器盒中拆下ABS电磁阀继电器，检测继电器端子1与端子3之间、端子2与端子3之间以及端子3与端子5之间的导通情况。在继电器端子4与端子6之间施加12 V电压，重新检测继电器端子1与端子3之间、端子2与端子3之间以及端子3与端子5之间导通情况的变化。电磁阀继电器端子1连接其常开触点，通电应闭合并与端子3导通；端子2连接继电器常闭触点，通电应断开并与端子3不导通。

步骤四：检测电磁阀继电器与ABS ECU之间的导线及插接器是否短路或断路。

（二）油泵电动机继电器电路的检测

油泵电动机继电器电路的检测与电磁阀继电器电路的检测方法相同，此处不再赘述。

（三）制动压力调节器电磁阀电路的检测

步骤一：检测制动压力控制器电磁阀插接器A5的4号端子与插接器A4的1号、3号、4号、6号端子之间是否导通。正常情况下应导通，且每个线圈的电阻值为1.1 Ω。

步骤二：检测ABS ECU与制动压力控制器电磁阀之间的导线及插接器是否短路或断路。

（四）ABS ECU各端子电压及通断情况的检测

通过对ABS ECU各端子电压及通断情况的检测，可判断ECU及相关线路与部件是否正常。ABS ECU各端子电压及通断情况如表6–6所示。

表6–6　ABS ECU各端子电压及通断情况

端子编号	检测状态	正常情况	检测异常时可能的故障部位
BATT（A16—6）	测电压	蓄电池电压	ABS ECU与蓄电池之间的电源线路或相关的熔断丝
STP（A17—3）	踩下制动踏板	蓄电池电压	制动灯开关电路
	松开制动踏板	导通（有电阻）	制动灯或制动灯传感器
PKB（A17—5）	点火开关“ON”挡，拉紧手制动器	约0 V	手制动器开关；制动液液面开关；制动报警指示灯及其线路
	点火开关“ON”挡，放下手制动器	蓄电池电压	
WA（A17—2）	点火开关“ON”挡，ABS报警指示灯亮	约0 V	ABS报警指示灯及其线路；ABS ECU
	点火开关“ON”挡，ABS报警指示灯不亮	蓄电池电压	
IG（A16—7）	点火开关“ON”挡	蓄电池电压	ECU—IG熔断器；点火开关及相关线路
	点火开关“OFF”挡	约0 V	
MT（A17—8）	点火开关“OFF”挡	导通	制动压力调节器
MR（A17—10）	变速器在行驶挡位，放下手制动器，点火开关“ON”挡，ABS报警指示灯不亮	蓄电池电压	制动压力调节器；制动压力调节器与ECU之间的线路；ABS ECU
R—（A16—10）	点火开关“OFF”挡	导通	ABS ECU

续表

端子编号	检测状态	正常情况	检测异常时可能的故障部位
SR（A17—9）	点火开关“ON”挡，ABS 报警指示灯亮	约 0 V	制动压力调节器；ABS ECU
	点火开关“ON”挡，ABS 报警指示灯不亮	蓄电池电压	
SFR（A17—1）	点火开关“ON”挡，ABS 报警指灯示亮	约 0 V	
	点火开关“ON”挡，ABS 报警指示灯不亮	蓄电池电压	
SFL（A16—8）	点火开关“ON”挡，ABS 报警指示灯亮	蓄电池电压	
	点火开关“ON”挡，ABS 报警指示灯不亮	约 0 V	
SRR（A17—6）	点火开关“ON”挡，ABS 报警指示灯亮	约 0 V	
	点火开关“ON”挡，ABS 报警指示灯不亮	蓄电池电压	
AST（A17—12）	点火开关“ON”挡，ABS 报警指示灯亮	约 0 V	
	点火开关“ON”挡，ABS 报警指示灯不亮	蓄电池电压	
TS（A17—11）	检查连接器 TS—E1 不连接	断路	检查连接器；检查连接器与 ECU 之间的线路
	检查连接器 TS—E1 连接		
TC（A16—4）	检查连接器 TS—E1 不连接	断路	检查连接器；检查连接器与 ECU 之间的线路
	检查连接器 TS—E1 连接	导通	
GND（A15—5/6）	点火开关“OFF”挡	导通	ECU 搭铁线路

二、巡航控制系统线路故障检测

某丰田 LS400 型轿车巡航控制系统线路存在故障，其检测方法如下。

在巡航控制系统工作中，若 ECU 在预定的时间内没有收到车速反馈信号，或由于操作开关或执行元件故障而导致车辆自动解除巡航控制功能，ECU 会控制仪表盘上的巡航控制系统指示灯闪烁 5 次，表明巡航控制系统发生故障。

将点火开关置于“ON”挡，用跨接线将诊断座 TDCL 上的端子 TD 与端子 E1 短接，根据指示灯的闪烁来读取故障码，根据故障码的提示进行相关的检修工作。

汽车巡航控制系统常见的故障主要有：汽车不能进入巡航控制模式、间歇性故障、不能维持巡航车速、安全保护系统故障等。汽车巡航控制系统常见故障的诊断方法如表 6－7 所示。

表 6－7　汽车巡航控制系统常见故障的诊断方法

故障现象	故障原因	诊断方法
不能进入巡航控制模式	巡航控制操作开关失效	检查操作开关状态及其线路
	节气门传感器无信号输出	检查节气门传感器接线端子及线路
	车速传感器无信号输出	检查车速传感器接线端子及线路
	节气门不能动作	检查节气门控制臂及拉线
	安全保护系统故障	按安全保护系统相关故障处理
	ECU 故障	检查 ECU
	执行器不工作	检查执行元件工作状态及相关线路

续表

故障现象	故障原因	诊断方法
间歇性故障	有时可以进入巡航控制模式，有时无法进入巡航控制模式	检查电源继电器、车速传感器及其线路
		检查操作开关、ECU、执行元件
		检查各接线端子、插接器是否连接牢固
不能维持巡航车速	巡航控制车速比设定车速高或低	检查执行元件工作状态
		检查 ECU
		检查车速传感器
安全保护系统故障	车速传感器信号不正确或无信号	检查车速传感器
	高速限制电路故障	检查高速限制开关及其线路
	低速限制电路故障	检查低速限制开关及其线路
	电磁离合器故障	检查电磁离合器及其线路
	无制动开关、空挡启动开关信号	检查制动开关、空挡启动开关及其线路
	ECU 故障	检查 ECU

三、电动座椅控制电路的检测

故障车辆为科鲁兹轿车，故障现象为电动座椅各个方向均不能调节，根据以下步骤进行检测，找出故障原因。

步骤一：断开点火开关，打开仪表板保险丝盒，找到熔断丝 F13DA，观察其是否熔断，并用万用表检测其是否导通。正常情况下熔断丝 F13DA 应导通，如不导通应更换新熔断丝。

步骤二：将点火开关置于“ON”挡，检测座椅开关 S64D 的接线端子 D 处的电压，正常值应为蓄电池电压，若无电压则说明电源线路出现断路，应对电源线路逐段检测，找出断点。

步骤三：按下座椅开关 S64D 任一调节触点，检测座椅开关 S64D 的接线端子 B 处的电压，正常值应近似为 0，若为蓄电池电压则说明搭铁线路断路，应对搭铁线路进行检测，找出断点。

步骤四：断开点火开关，根据图 6 –38 检查座椅开关 S64D 各端子的导通情况。根据检测结果判断座椅开关 S64D 是否发生故障，如发生故障则更换新开关。

四、电动天窗控制电路的检测

故障车辆为广本雅阁轿车，故障现象为电动天窗无法打开，根据以下步骤进行检测，找出故障原因。

步骤一：断开点火开关，打开发动机盖下的保险丝盒，找到 No. 41 熔断丝与 No. 51 熔断丝，观察其是否熔断，并用万用表检测其是否导通。正常情况下 No. 41 熔断丝与 No. 51 熔断丝均应导通，如不导通应更换新熔断丝。

步骤二：打开副驾驶侧仪表板下继电器盒，找到电动车窗继电器，检测其线圈电路是否导通。将点火开关置于“ON”挡，检测继电器各端子的电压并判断继电器是否正常。

步骤三：检测天窗开关端子 4、端子 5 与端子 6 的电压，正常情况应为蓄电池电压，否则应分别检查天窗开启继电器、天窗关闭继电器、天窗状态开关及相关线路。

步骤四：拔下天窗电动机两端导线，在电动机两端加上 12 V 直流电压，观察电动机是否工作。如电动机不工作则表明电动机发生故障，应更换电动机。

课程思政

工信部：欢迎全球集成电路产业加大在华投资

“集成电路产业是智力密集型产业，从未来看，集成电路仍然是高度的全球化产业，也凸显了加强全球产业链、供应链合作的重要性。”工业和信息化部总工程师、新闻发言人田玉龙2022年2月28日在国新办就促进工业和信息化平稳运行和提质升级有关情况举行新闻发布会上表示，各国产业界加强分工协作，只有这样才能推动集成电路技术的不断进步，市场规模的不断扩大。

“我国是全球规模最大、增速最快的集成电路市场，为全球企业发展提供了广阔的市场机会。同时也是集成电路重要的生产国和提供者，一直为全球的集成电路产业作出贡献。”在田玉龙看来，保证产业链、供应链的稳定，不仅为中国的自给自足提供支持，同时也为全球的发展提供资源。

田玉龙说，继续欢迎全球集成电路产业加大在华的投资，开展多种形式的合作，共同为稳定全球集成电路产业链、供应链作贡献，“也将继续为国内外的集成电路企业提供良好的政策、市场环境，平等对待各类市场主体，依法给予内外资同等待遇，特别是加强知识产权保护，共同推动集成电路产业的创新发展，维护全球集成电路产业链、供应链的稳定。”

关于我国集成电路产业相关情况，田玉龙介绍，2020年国务院也出台了新时期促进集成电路产业和软件产业高质量发展若干政策，这个政策对集成电路产业的发展提出了很多重要举措，工信部会同有关部门和地方积极落实这个政策，对我国的集成电路产业发展，特别是对稳定集成电路产业链、供应链发挥了重要作用。主要做了以下三方面的工作。

首先，会同有关部门公布了《集成电路企业免税进口产品清单（第一批）》，并对享受相关政策的企业条件进行了公告。这些政策对内外资企业一视同仁，目的就是支持不同所有制集成电路企业加大产业发展力度。

其次，鼓励技术创新。指导各地建设了一批制造业创新中心，提高技术供给能力，特别是加快新技术、新工艺、新设备的转移应用和商业化发展。同时制定相关标准，推广集成电路的应用、质量评价规范，进一步加大在汽车、医疗、能源等领域的应用推广，以应用和市场来牵引集成电路产业快速发展。

最后，进一步营造集成电路产业发展的良好环境。发挥资本对产业带动作用，引导鼓励社会资本投资集成电路产业。特别是按照若干政策要求，加强知识产权保护，营造市场化、法治化、国际化的营商环境。工信部和教育部推动高校建设集成电路一级学科，建设高水平的微电子学院，加强校企合作，培养高素质人才。

（来源：人民网）

思考练习

一、填空题

1. 汽车发动机电子控制系统主要由各种传感器、____________与____________等部分组成。

2. 汽车 ABS 系统一般由____________、____________、____________等组成。

3. ABS 防抱死制动系统只有在汽车____________时才会启动。

4. SRS 传感器可分为____________与____________。

5. 一般汽车巡航控制系统主要包括了____________、____________、____________三部分。

二、简答题

1. 汽车发动机电子控制系统的主要功能有哪些？

2. 请简述汽车 ABS 防抱死制动系统的作用。

3. 假设汽车在高速公路上采用巡航控制功能行驶时，巡航控制系统发生故障导致无法取消巡航控制功能，变速箱与制动踏板同时失灵，此时应该采取什么措施让汽车制动？

参考文献

[1] 董宏国. 汽车电路分析 [M]. 3 版. 北京：北京理工大学出版社，2018.
[2] 娄云. 汽车电路分析 [M]. 2 版. 北京：北京机械工业出版社，2018.
[3] 李如，郭超，黄世雄. 汽车电路分析 [M]. 北京：航空工业出版社，2018.
[4] 田小农. 汽车电路识图 [M]. 北京：人民交通出版社，2016.
[5] 毕见武. 汽车电路识读与电气检修 [M]. 北京：机械工业出版社，2016.
[6] 杜子文. 汽车电路与电气系统构造与检修 [M]. 成都：西南交通大学出版社，2016.
[7] 陈建昌，王忠良. 汽车电路分析 [M]. 西安：西安电子科技大学出版社，2015.
[8] 张大鹏，张宪. 学看汽车电路图 [M]. 2 版. 北京：化学工业出版社，2015.
[9] 董宏国. 汽车电路故障分析手册 [M]. 北京：化学工业出版社，2015.